高所綱渡り師たち

残酷のユートピアを生きる

石井達朗
TATSURO ISHII

青弓社

高所綱渡り師たち——残酷のユートピアを生きる

目次

第3章 「ブロンディン」を名乗り、ブロンディンに挑む

第4章　体でジェンダーイメージをくつがえす女たち　60

第5章　当代最高の綱渡り師だった男の数奇な行路　73

第9章　完全なる犯罪――創造する者はアウトローでなければならない

装画——いしさか玲奈
装丁——ナカグログラフ［黒瀬章夫］

第1章　ロープの上の途方もない可能性

1　ロープ上で観客を魅了する幼女

十九世紀で最も知られた綱渡り師はチャールズ・ブロンディン（フランスではシャルル・ブロンダン）である。この唯一無二の男を生み出した血筋については興味が尽きることがない。同様に、マダム・サキという天性の綱渡り師についてもその血筋に思いを馳せてみたくなる。もちろん、もって生まれたＤＮＡがすべてではないし、後天的な環境の影響が大きいのはよくわかっているのだが……。彼ら／彼女らの体の血管と筋肉には、隅々に至るまで天から譲り受けた何か特別なものが宿っていたと思えてならないのだ。

マダム・サキの父親ジャン＝バティストは、もともと南フランスのラングドックやプロバンスで地元の人たちを相手に薬売りなどをしていた。しばらくして同じ地域を巡回興行している旅芸人の一座と出会い、ともに旅するようになる。一座にはエレーヌという綱渡りを見せる娘がいてジャン＝バティストは彼女と恋仲になり、彼女からタイトロープの芸を学んだ。瞬く間に上達した彼は、芸人として公演できるまでになる。夫婦で綱渡りを見せるジャン＝バティストとエレーヌとのあいだに生まれたのがマルグリット――のちのマダム・サキ（Madame Saqui、一七八六―一八六六）である。この一座が一七九一年にパリに赴いて公演するころには、この娘は綱渡り師として社会にその名を知られるまでになっていた。

夫妻は、当時の著名なサーカス団の座長ニコレに雇われる。座長は幼い娘マルグリットの天分を見極めて、娘役として舞台に立たせることにする。プログラムのキャッチコピーには、「かわいいバスク娘（La Petite Basquaise）」というニックネームが記された。十八世紀末、バスク地域に対して多くの人が抱いていたエキゾチシズムを利用してのことだろう。バスクはスペインとフランスにまたがる地域であり、独自の歴史と言語文化をもつことで知られている。マルグリットはパリ公演のとき五歳だったが、ぐんぐん頭角を現す。父のジャン＝バティストと一緒に綱渡りをしただけでなく、マルグリット一人でも堂々と芸を披露したのである。万一落下した場合の安全対策などしていなかった時代のことだ。幼女が、なかでもとくに体が小さかったマルグリットがロープの上に立った瞬間、観衆から驚きの声が沸き上がる。

サーカスやアクロバットを生業とする社会でも、優位な立場にあるのは男性だ。そのなかで女たちは自らの権利をどのように獲得してきたのか。そのことを歴史のなかに検証するスティーヴ・ウォードは、著書 *Sawdust Sisterhood* で以下のように語る。

幼いマルグリットはとても自然にロープの上で芸をすることに慣れていった。彼女の境遇からすれば驚くべきことではないが、もって生まれた何らかの才能があることは明らかだった。しかしながらジャン＝バティストは娘が彼のやっている仕事を続けていくことを望んでいなかった。とくにこの政治的に不安定な時期に、サーカス芸人のようなパフォーマーが思いがけずに直面するかもしれないリスクのことを、彼は自分の経験からよくわかっていたのだ。革命が進行しつつあった。二年が経過して一七九〇年には比較的に社会は平穏だったが、九一年になると動乱が激しさを増していくのが目に見えてきた。街頭での争いが頻発し、国

王の退位と共和制宣言が嘆願された[1]。

革命で社会状況がますます混沌としてくるなかで、幼子マルグリットを抱える家族は危険を感じ、一七九二年九月、家財道具をすべて売り払い、パリを去る決意をする。パリのあちこちで暴動が頻発していたのだ。フランス革命が八九年に始まっていて、当時は革命のまっただなかだった。とてもサーカスを見せるような状況ではない。マダム・サキは長い生涯を通じて、どんな立場や地位の人間を相手にしても、ひるむことなく自分の主張をとおした女性だった。その一端を彷彿とさせる幼少のころの出来事が記録されている。パリから馬車で脱出したあとの道中で、不穏な一味が立ちはだかった。そのうちの一人は切り落とした頭を持っていて血がしたたっていた。そのときマルグリットは「来なさい、トラども、わたしを殺すがいい！（Venez, tigres, assassinez-moi!）」と叫んだという。六歳の女の子の果敢な言葉に一味はびっくりして、家族が乗っている馬車をそのまま行かせたのである。

無事に地方に逃げおおせたものの、サーカスの芸人という生業はしばらく休まざるをえなくなり、一家はノルマンディー地方のカーンやトゥーレーヌ地方のトゥールなどを転々としていた。ジャン＝バティストは薬売りをしたり、請われれば歯を抜いたりして一家の生計を立てた。娘のマルグリットはレース編みで婦人用の帽子などを作って自ら店頭に立って販売し、売り上げを家計の足しにしていた。このマルグリットの小さな店に買い物にきた常連客の一人にシャルロット・コルデーがいたことは、当時の状況を生々しく想像させるエピソードとして興味深い。コルデーは十三歳のときからカーンの修道院に入っていたが、修道院は革命政府によって閉鎖された。革命に強く共感する彼女は、パリからこの地方に逃れてきた闘士たちと接触していた。のちにコルデーは単身パリに赴き、一七九三年七月十三日、浴槽に入っていたジャン＝ポール・マラーをナイフで刺殺する。マラーは医師で、革命運動の指導者の一人だった。マラーとコルデーは両者とも革命を目指していたが党派が違い、革命の目標や手段をめぐって党派間の紛争が激化したことがこの暗殺につながった。同月十七日に彼女は革命広場（現在のコンコルド広場）でギロチンの露となって消えた。弱冠二十四歳だった。

余談だが、ペーター・ヴァイスの戯曲『マルキ・ド・サドの演出のもとにシャラントン精神病院患者たちによって演じられたジャン＝ポール・マラーの迫害と暗殺』をピーター・ブルックが演出し一九六四年に発表した舞台は、まさにコルデーによるこの事件を扱った実験演劇の金字塔である。これは映画化もされている。

シャルロット・コルデーは、暗殺者としてフランスの歴史に名を残している。マルグリットはレース編みの小物を売っているときに、コルデーと言葉を交わしていたはずだ。だがマルグリットは当時六、七歳であり、いくら並外れた直感と感性をもっていたとはいえ、コルデーのことをどれほど記憶にとどめていたのかは不明である。コルデーは、レース編みを売っていたあの女の子が綱渡り師として一世を風靡するのを見ることなく断頭台に消えたのだ。

革命の動乱から社会が少しずつ落ち着きを取り戻してくると、マルグリットの一家はふたたびサーカス稼業を開始する。家族以外にもジャグラーや軽業師などを雇い入れ、演目を充実させていた。そのなかでも自信に満ちたきびきびした動きが際立つ十代の小柄な少女マルグリットは、〝綱渡りの少女〟としてヨーロッパのどの街に行っても圧倒的な人気を博した。ベネチアでは、綱渡り師として家族外のサーカス団に雇われることもあった。

フランス北東部の街エピナルで公演していたとき、マルグリットはライバルのサーカス団団長の息子ジュリアン・サキに出会う。二人は一八〇四年に結婚。マルグリットは十八歳だった。「マダム・サキ」の誕生である。彼女は「マダム・サキ」として歴史上あまりに有名なので、これ以降、そう呼ぶことにする。

2　代役がセンセーショナルな人気を博す

一般的に綱渡りといえば、地上とほぼ平行に空中に設置されたロープを歩行する。このほかに、地上から高所に向けて急角度に張られたロープを昇っていき、てっぺんに着いてからロープを一気に降りてくるというのもあり、サーカスのテントのなかでときたまおこなわれる。日本のサーカスでは「サカヅナ」（逆綱、坂綱）と呼ばれるが、最近は見る機会が少なくなった。なかなか難しい芸なのである。角度があればあるほど難度が増してくる。とくに降りるときは細心の注意が必要だ。ほかに、角度はそれほどつけないが、野外の塔や建物の頂上から地上に向けて張られた緩やかな長い距離のロープを、バランス棒を持った綱渡り師がゆっくりと昇っていき、到着点から降りてくるというのもある。この芸は、まわりの景色と綱渡り師の身体との魅力的なスペクタクルを紡ぐ。

　十九世紀ヨーロッパで描かれたアクロバット関連の図版のなかには、この傾斜したロープを昇り降りする様子を描いたものが多い。マダム・サキはロープを渡るばかりでなく、昇って降りる芸も得意にしていた。これが得意なのは、真の実力者である証拠だ。結婚二年後の一八〇六年、マダム・サキはかねてから望んでいたように、念願のパリに戻っていた。彼女がチボリ庭園（一八四二年までパリにあった庭園兼遊園地）でグレート・フォリオーソという綱渡り師のパフォーマンスを見ていたときのことである。フォリオーソは地上から建物のてっぺんまで張られたロープを昇り、降りる途中で落下してしまった（先に述べたように昇りよりも降りるほうが難しい）。フォリオーソのけがの程度は不明である。この庭園を取り仕切っているディレクター、ムッシュー・ダノーは窮地に陥った。一部始終を目撃していたマダム・サキは、ダノーに自分が代役を務めたいと申し出た。この時点で綱渡り師としてすでに誰もが知っていたマダム・サキである。二つ返事で了解された。

　翌日、マダム・サキは地上から十八メートルもある高所に張られたロープを昇っていき、またそこから降りるというショーを一点の淀みなくやってのけた。建物の一階を三メートルとすると、六階建ての建物のてっぺんまで地上から少しずつ昇っていき、そして降りてきたことになる。十九世紀初頭のことである。万一のときの事故対策などはしていなかっただろう。想像すると戦慄を覚える。ところが、彼女はそんな恐れなどみじんも感じさせない。前日フォリオーソがやった芸はすべてやってみせたばかりか、加えて回転したり踊ってみせたりもした。そのほかフォリオーソがやらない即興のパフォーマンスを加え、ハラハラしながら見ている観衆を驚嘆させ、熱狂の渦に巻き込んだのである。その後のマダム・サキの人気が、以前にも増してうなぎ上りだったことはいうまでもない。

3 婚外子を出産、そしてナポレオンと出会う

マダム・サキが人気と実力に加えて、並外れた大胆さを備えていたことを彷彿とさせる事件が起こる。先に述べたように彼女にはジュリアン・サキという同業者の夫がいたが、ロシアの役人とも親密な関係をもっていた。そのロシア人とのあいだの子どもを出産したのである。ジュリアン・サキはおとなしい夫だったようで、ことを荒立てることをせず、なるべく見て見ぬふりをしていた。何しろマダム・サキは押しも押されもせぬ人気綱渡り師であり、一家の稼ぎ頭である。ジュリアンも綱渡り師だったけれど、マダム・サキほどの突出した技量をもっていたわけではない。いまは現役を引退し、マダム・サキのマネージャーとして働いていたのである。

マダム・サキは観客をハラハラさせるような難しい技を次々と繰り出し、さらに新機軸を打ち出した。兵士の制服を身につけ、サーベルを手に、ロープの上でナポレオン戦争の一コマを再現する一人剣劇を演じた。またセーヌ川をまたいで両河岸をロープで結び、ここでもナポレオン戦争がらみのショーをやってみせた。演劇、アクロバット、綱渡り、ダンスを取り混ぜたハイブリッドなパフォーマンスを自己演出したのである。

セーヌ川には数メートルおきに船を停泊させ、その船上に綱渡りのロープの揺れを防ぐ補助綱を設置した。そんな情景のなか、小柄なマダム・サキが兵士のいでたちでセーヌ川を渡る姿は視覚的にもかなり印象的だったにちがいない。やがて、その彼女が本物のナポレオンと出会うときがやってくる。

マダム・サキとナポレオン・ボナパルトとの邂逅はよく知られている。パリのボージョン庭園でさまざまなショーをおこなっているとき、護衛兵たちに囲まれたナポレオンが見物していた。彼女がロープを渡り始めたとき、

誤って発射された花火が彼女の腕に当たり、彼女はロープから落下してしまった。おそらく足から落ちたのだろう。命に別状はなかったが、マダム・サキは体を強く打ち苦痛にもがいていた。それにしてもロープの上でバランスをとっている彼女に花火を発射するなど許せないことだが、パフォーマンスをより盛り上げようとしたのかもしれない。

ナポレオンは彼女に駆け寄り、それほどひどいけがでないことを確認したが、彼女が綱渡りを続けることはやめさせた。そして楽屋になっていたパビリオンまで彼女をエスコートした。この事故がきっかけでマダム・サキはテュイルリー宮殿に何回かナポレオンを訪ねている。ナポレオンはチボリ公園で自らが主催するイベントに彼女を招待して綱渡りをやらせたこともある。

その後、マダム・サキは「皇帝陛下そして国王の最高のアクロバット芸人」（Première Acrobate de Sa Majesté l'Empereur et Roi）というキャッチフレーズを使うようになる。この言い方はナポレオンが彼女に与えたのか、彼女が勝手に考案したのかは不明で、双方の説がある。ただし、彼女がナポレオン紋章である鷲のエンブレムを使うようになると、さすがにナポレオンはこれを禁じ、マダム・サキは従わざるをえなくなる。彼女はこの命令にかなり立腹し、二人は互いに距離を置くようになってしまった。ナポレオンはその後失脚していくが、マダム・サキの綱渡り師としての名声は衰えることを知らない。

4　土砂降りのなかでロープを……——ロンドンっ子の驚きと称賛が止まらない

フランスにマダム・サキという飛び抜けた綱渡り師がいるという噂は海を越えてイギリスにまで響き渡っていた。あのブロンディンが登場する数十年も前のことである。そして一八一六年、マダム・サキ一行のロンドン公演が実現する。渡英したのは、彼女のほかに、マネージャーである夫のジュリアン、彼女の弟とその妻である。

幼少のころからロープの上を歩くことを仕込まれ、五歳のときには人前で綱渡りや曲芸を披露し、身についたテクニックと物おじしない人柄でさまざまな局面を切り抜けてきたマダム・サキは、このとき三十歳。文字どおり脂が乗った年齢だ。どんな危険な技をするにも躊躇がないフランス女マダム・サキとはいったいどんな人物でどんな芸をするのか。彼女をひと目見ようと好奇心に駆られたロンドンっ子たちで公演会場はごった返している。イギリスでも彼女は大人気になった。

彼女の、無謀ともいえる勇敢さを物語る、ロンドンでのある日の公演の様子を伝える新聞記事がある。大雨のなかで濡れたロープの上を歩くのは危険極まりないが、マダム・サキはひどい荒れ模様のなかで綱渡りをキャンセルすることなく実行したのである。ウォードは、その状況を次のように語る。

昇っていくロープは雨のためあまりにひどく濡れているので、それを決行するのは危険であるどころか実現不可能である、と夕暮れの早い時分から夫が報告していた。しかしながら、そのときはやってきた。警告にもかかわらず、イギリスの人々をがっかりさせるくらいなら自分の身を危険にさらしますと宣言し、彼女は果敢にも苦難の道に乗り出したのである。そして地上から八十フィートの高さにまで張られたロープを、実際に昇り始めて観衆を驚かせた。しかも土砂降りの雨のまっただなかで可能なかぎりの速さでそれをやってのけ、非の打ちどころがない成功を収めたのである。マダム・サキの宣言に関していえば、そこには何か崇高なものがあった。しかし、イギリスの観衆は、彼女がこれほどの危険な企画に二度と相まみえることがないよう、心から望むのである。彼女の偉業に大歓声がやむことはなかった。(2)

八十フィートといえば二十四メートル。途方もない高さである。その高さから地上に向かって斜めにロープを設置し、それをマダム・サキが昇る。見上げるばかりの高所と地上を結ぶロープを昇り、そして降りるという危険な芸を得意としていたのだ。観衆もそれを目当てにしていた。それにしても土砂降りの雨のなかである。恐るべき大胆さ……。
ロンドンでも瞬く間に大成功を収めたマダム・サキは、翌年にもこの都で公演する。何しろイギリスは、十八世紀後半にフィリップ・アストリーによって近代サーカスが発祥した地である。サーカス以前にはウィリアム・シェイクスピアを生んでいる。マダム・サキの母国フランスに劣らず、イギリスの人々の演劇や見せ物芸に対する関心が高いのは昔も今も変わりがない。

5 「マダム」と「マドモワゼル」、二人のサキが出現

マダム・サキは大雨のなかでのロープウォーキング、というより驚異的なロープアセンディング（ロープ昇り）とディセンディング（ロープ降り）を成功させ、翌年もさらに翌々年の一八一八年にも彼女はロンドン公演を実現させる。一八年の公演場所は、当時ロンドンにあった代表的な遊園地ボックスホール・ガーデンズである。ただし、このときはそれ以前と様子が違っていた。一行に「マダム・サキ」ばかりでなく「マドモワゼル・サキ」という、幼い女の子が入っていたのである。同年六月十五日付の新聞に以下のような記事がある。

コンサートの合間に、マダム・サキとマドモワゼル・サキがタイトロープ上のパフォーマンスをおこなった。前者は疑いもなく最も驚くべきアーティストである。かなり工夫を凝らした花火大会の最後に、彼女はよく知られた、しかし恐るべき技を披露したのである。それは六十フィートの高さにまで張られたロープを、飛行機が傾いたようなかたちで昇っていき、星空が輝くもとでそのロープを降りてくるというものだ。途方もない試みだが、この女性にはどのような危険も寄り付かない。彼女の揺るぎがない精神は並ぶものがない。彼女はこのパフォーマンスをいともたやすく、しかも敏速にやってのけたのである。[3]

「飛行機が傾いたようなかたち」とは、長いバランス棒を両手で抱え、多少前かがみになって相当な高所に向かってロープを昇っていく姿が、そう見えたのだろう。それにしても、この記事は二人のサキがパフォーマンスし

マダム・サキ。彼女が30代前半のころのものと思われる
（出典：Hermine Demoriane, *The Tightrope Walker*, Secker & Warburg, 1989, p. 97）

たことを伝えているが、「マダム」でなく「マドモワゼル」のほうがどんなパフォーマンスをしたのかに関してはまったく言及がない。一方、七月十七日付の別の新聞には以下のような記事がある。

> マダムとマドモワゼル・サキの無比のパフォーマンスは、決して見逃してはならない。前者の大胆不敵さに太刀打ちできるものはないと長いあいだ考えられてきたが、先週の金曜日にこの二人が二本のロープの上で、アルマンドでデュエットをおこなったときの優雅そのものともいえるすばらしさは、われわれがこれまで経験したどんなものも超えていた。[4]

「アルマンド」とはバロック音楽でよく聞く言葉だが、「ドイツふう」「ドイツふう舞曲」ということだ。難しいステップではなく、気品があるシンプルな踊りが当時イギリスでもフランスでも好まれていた。おそらく楽隊がアルマンドの音楽を奏でるなか、平行に張った二本のロープの上でマダム・サキとマドモワゼル・サキがアルマンドのステップを踏んだのだろう。想像するだけで胸躍る情景である。

マドモワゼル・サキという女の子はいったい誰なのか。ほぼ確実にマダム・サキの実の娘だろう。ただし、夫であるジュリアンの子ではなく、一時期マダム・サキと付き合いがあった、あのロシアの役人の子だったようだ。いわば、マダム・サキの不義によって生まれた娘であり、夫ジュリアンはそれを知りながらこの子を娘として育てていたのである。マダム・サキが娘を出産したのが一八〇八年なので、このとき、娘は十歳だったことになる。三十代初めの母と十歳の娘が二本のロープの上でアルマンドのステップを踏む。夫ジュリアンの胸のうちは複雑だったはずだが、マダム・サキにとっては人生で幸せな時期だったのではないだろうか。

このあとも、しばらくのあいだはマダム・サキの人気は衰えることがなかった。第3章「「ブロンディン」を名乗り、ブロンディンに挑む」以降で詳しく述べるが、ブロンディンにあやかろうとその名を利用する綱渡り師があちこちに出現したころ、「サキ」の名前を名乗ることこそなかったが、彼女の芸のスタイルをまねることがはやった。

中年になって以降も、マダム・サキの人生はおよそ平穏とはほど遠いものだった。ちょっとした暴力事件の加害者として訴えられたり、フランス北部のルーアンで弟が運営していた劇場が深刻な経営難に陥り、その借金を肩代わりするために自分の家を売り払ってほとんど無一文になったり……。人気絶頂の「ロープを昇る綱渡り師」として稼いだ金はいつの間にか底をついていた。もともと老後の安定を考えて貯蓄するような堅実なタイプではなく、むしろその逆だったのだ。

6 満身創痍で芸を続ける――壮絶なる晩年

マダム・サキの後半生に暗い影を落とした事件がある。マダム・サキの圧倒的な実力と人気をみて、自分はマネージャーとして働き、彼女の婚外子を我が子として育てていた夫ジュリアンは、いつのころからか彼女から離れて行方不明になっていた。そして一八三三年の八月に自殺しているのを発見されたのである。

五十代半ばにさしかかった一八四〇年、マダム・サキは生活資金を稼ぐためにスペインへの公演旅行に出かける。二十年前と同じ難度が高い技を一本のロープの上でやり遂げるには、明らかに年を取りすぎていた。しかし背に腹は代えられない。彼女は「マダム・サキ」というかつての名声にすがり、若いころの飛び抜けた技量がまだ健在だと信じていた。だからこそ、スペインでの巡回興行を決行したのである。その興行中、彼女はロープから落下してしまう。致命的な事故にはならなかったがショーの継続は不可能になってしまった。マダム・サキは大いなる落胆のうちにフランスに帰国する。その帰国の途上、さらに追い打ちをかけるような事件が起きる。スペインとフランスの国境にそびえるピレネー山脈を越えようとしたとき、追い剝ぎに襲われたのだ。人並外れた身体能力で追い剝ぎたちを追い払ったものの、稼いだ金も衣類もすべて、文字どおり身ぐるみ剝がされてしまったのである。

　マダム・サキが年を取っても懸命に綱渡りの芸をやり、生活の糧を稼ごうとする痛ましいまでの姿を、詩人であり評論家でもあるテオドール・ド・バンヴィル（Théodore de Banville、一八二三―九一）が記している。バンヴィルが彼女のパフォーマンスを見てこれを書いたのは一八四五年、マダム・サキ五十九歳のときだった。このときバンヴィルは二十二歳の若者である。

> 　彼女のアクロバット芸をわざわざ称賛するようなことはせずに、そのかわりにわたしは踊り手の顔を見た。そこにあったのは、人並外れた美しさの、悲しいばかりの残滓である。わたしがじっと見つめていると、突然、彼女は青ざめ、唇を固くしめ、目が顔から突き出した。憐れみと同情のつぶやきが群衆から湧き上がる。彼女の芸のいちばんすばらしい部分を、いまちょうどやりそこねたところだった。その部分をどう呼んでいたかは忘れたが、そんな名称などどうでもいいことだった。わたしは彼女の表情にある哀感にあまりにも吸い寄せられていた。三回も彼女は恐ろしいほどの努力でその困難さを克服しようとしていたが、三回とも疲労困憊した肉体は、彼女の努力に報いることがなかった。彼女のほほ笑みの下に隠された怒り、絶望、そして途方もない悔恨をどのようにも表現しようがない。
> 　マダム・サキは花束と拍手で祝福された。しかし彼女がステージを去ろうとするまさにそのとき、力が抜けて、彼女の顔にどっと涙が溢れた。ショーが終わり、これが最後となる黄金色の冠を頭からはずしているとき、彼女の昔からの友人が――いまは亡くなってしまった作家だが――彼女をわたしに紹介してくれた。「詩人になりたいんですってね」。彼女は柔らかく寂しげにほほ笑みながら、わたしに言った。「でも栄光って、どんなものかわかるでしょ？」[5]

　フランスとイギリスでかつては一世を風靡した果敢な綱渡り師マダム・サキ。初老に差しかかった彼女が、彼女の肉体に無数に刻まれた栄光と自信だけを頼りに難しい技を試みる。しかし失敗。昔は難なくこなしていた技である。「こんなはずじゃない」と自分に言い聞かせながらふたたび挑戦。三度試みて、三度失敗する。悲惨を通り越して壮絶さが伝わってきて胸を打たれる。その強い精神は、幼少のころパリを家族で脱出するときに追い剝ぎを追い払ったあの少女のままだ。しかし肉体は六十年にわたって一本の綱の上を歩いてきたアクロバット芸人としての生活で人一倍消耗し、満身創痍である。

それでも彼女は六十代になっても、さらに七十代になっても、綱渡り師としての芸を観衆のなかで披露しつづけた。それは決して過去の名声にしがみつき失うまいとする行為ではなかったはずだ。しかし公演を重ねるほど、観客のなかに同情や憐憫の情が広がっていく。逼迫した生活を支えるための資金を稼ぐために、あえて老身をさらしたのかもしれない。同時に、婚外子を生み育て、自ら中心になって家族を支えてきた女性としての自負もあっただろう。しかも十八世紀末から十九世紀半ばの父権的な男性支配が強い時代のことである。そんなマダム・サキの後を継ぐように、十九世紀前半にはより若い世代の女性の綱渡り師たちが出現していた。マダム・サキは、彼女たちに最後まで自分の生きざまを見せようとしたのだ。

マダム・サキはロープの上を歩き続けて、一八六六年に八十歳で亡くなった。この時代に生きて、女性であり、綱渡り師だったマダム・サキ。パフォーマンスでも私生活でも、ジェンダーの壁を壊し続けた彼女のフロンティア魂と肉体はどんなものだったのだろうか。ウォードは次のように記している。

マダム・サキが亡くなるころまでには、たくさんのほかのロープダンサーやタイトロープウォーカーたちが彼らのアートに精を出していた。じつのところ、彼女の後半生では、「ブロンディン・マニア」がヨーロッパのあちこちで綱渡りをやり始めていたのだ。しかしながら、マダム・サキが残した遺産は、彼女こそがタイトロープという芸術を新しいレベルに昇華したことである。女性が二流の市民であるように見なされていた時代に、彼女は女性であることが途方もない可能性をもっていることを示したのだ。それは多くの人々にインスピレーションをもたらした。彼女は自分が生きたいように生きた——アーティストとして母として、そして後年はビジネス上のマネージャーとして。人生をとおして彼女は困難、成功、幸福、そして悲劇のサイクルを巡るように経験した。そんなふうにして彼女は、諦めることなど決して考えない強い女になったのである。彼女は彼女が生きた時代のイコンであり、彼女の遺産は現在の女性のパフォーマーたちに引き継がれている[6]。

注

（1）Steve Ward, *Sawdust Sisterhood: How Circus Empowered Women*, Fonthill Media, 2016, p. 77.

（2）*Ibid.*, p. 82.

（3）*Ibid.*, p. 83.

（4）*Ibid.*, p. 84.

（5）Hermine Demoriane, *The Tightrope Walker*, Secker & Warburg, 1989, p. 114.

（6）Ward, *op.cit.*, p. 87.

第2章　ブロンディン——綱渡りの代名詞になった巨人

1　天才少年、波瀾万丈の日々

ブロンディン（Blondin、一八二四—九七）は、世界の綱渡り師の歴史のなかで誰もが認める最も著名な芸人である。その名は、綱渡り師の代名詞として使われることもある。ブロンディンは本名をジャン＝フランソワ・グラヴェレといい、一八二四年二月二十八日にフランス、ノルマンディーに生まれた。「ブロンディン」という名は、初めてアメリカで興行したときに名乗ったものだ。フランス語読みでは「ブロンダン」だが、二十七歳で「Blondin」という名を得てからはアメリカを興行地とした。アメリカのサーカス界ですぐに有名になり、そのまま十年をアメリカで暮らしたあと、イギリスに拠点を移す。以来七十二歳で亡くなるまで「ブロンディン」でとおっていた。フランスで生まれて育ったが、綱渡り師として功成り名を遂げたのは主にイギリスやアメリカ、カナダ、アイルランド、オーストラリアなどの英語圏である。

ちなみに最初の妻はフランス人だが、二番目の妻はアメリカ人、三番目の妻はイギリス人であり、彼の墓はロンドンにある。最初の妻とのあいだに三人、二番目の妻とのあいだにアメリカで三人、ロンドンに住むようになってから二人の子どもをもうけ、のちにイギリスに帰化している。彼の父はもとナポレオン軍の兵士であり、そのときのニックネームが「Blondin」だった。髪の毛の色がブロンドだったからだ。息子のジャン゠フランソワも父譲りのブロンドだったので、アメリカ公演に際して「Blondin」を名乗ることに決めたのだ。彼の綱渡り師としての人生では、母国フランスでの帰郷公演を除いて、ほとんどの場合「ブロンディン」と呼ばれていたと考えられる（英米のニュース映像でも確認した）。そこで本論でも「ブロンディン」と呼ぶことにする。

「ブロンディン」が世界的に知られるようになったきっかけは、史上最初に綱渡りでナイアガラ峡谷を渡ったことである。二十世紀の最も著名な綱渡り師フィリップ・プティ（Philippe Petit、一九四九―）がニューヨークの世界貿易センタービルを綱渡りした一件だけで知られるように、十九世紀の綱渡り師ブロンディンはナイアガラを渡ったという史実だけでその名を残している。ところが、それは彼が成し遂げたことのほんの一部にすぎない。七十二年にわたる生涯で、彼は幼少のころから亡くなる前年まで、世界中の多くの街や村、あるいは山や川などの自然のなかで数えきれないほどの綱渡りをおこなってきたのである。

飛行機で国から国へ移動することが当たり前になっている現在と違って、十九世紀には移動手段が馬車や船だったことを考えれば、ブロンディンは綱渡り師としてばかりでなく、時代に先駆けたコスモポリタンだったことがわかる。二十世紀以降になり、ずっと移動しやすくなってからの時代を見渡してみても、ブロンディンほど世界の多様な場所でパフォーマンスをおこなってきた者はいないのではないか。その理由はブロンディンが飛び抜けた身体能力をもっていたことばかりではない。もう一つの理由として、十九世紀のほうが法の規制が比較的に緩やかであり、都市や地方の隅々にまで行政の管理が行き届いていなかったことがある。「見せ物」とか「大道芸」とか「大衆娯楽」の範疇で活動しているかぎり、国をまたいでの移動も大目に見られたのである。現在なら行政が安全上の観点から危険と判断して許可しないようなことも、当時は禁止されなかったのだ。

それにしてもブロンディンが空前絶後の綱渡り師になったのは、幼いころから稽古に打ち込める環境があったおかげであることはいうまでもない。しかしそればかりでなく、天賦の才に恵まれていた。史料をもとにブロンディンの血筋を調べてみると、やはりそこには特異な家族環境があった。

ジャン＝フランソワ（のちのブロンディン）の家系には、綱渡り師を含めたアクロバット芸人ばかりが連なっている。祖父のピエールはエティエンヌとアンドレという二人の息子と一緒に曲芸団をつくり、あちこちを巡回していた。ピエールが亡くなってからもアンドレは綱渡りと曲芸を続けたが、軍隊に入隊して五年ほど兵役につく。二十代半ばで除隊すると曲芸を再開し、同じように曲芸を生業としていたウラリ・メルレと結婚。この夫婦のあいだに五人の子どもができるが、一八二四年に生まれた二番目の子がジャン＝フランソワである。アンドレ／ウラリ夫婦は綱渡り専門の曲芸団を結成し、ジャン＝フランソワを含めた五人の子どもたちは、よちよち歩きができるようになるとすぐに両親の指導で綱渡りの稽古を始めたのである。この曲芸団はフランス中を旅した。子どもたちのなかでもジャン＝フランソワと四歳年上の姉ポーリーヌがずば抜けて身体能力が高かった。

ジャン＝フランソワが五歳になると息子の特別な才能を見込んだ父は、さらに才能を伸ばそうと考え、アクロバットに関して信頼できる教師がいるリヨンの体育学校（L'Ecole de Gymnase）に半年間、息子を送り込む。誕生してからの五年間、身近にこの子を見てきた父親の目は正しかった。五歳のジャン＝フランソワは驚くべき早さで頭角を現す。体育学校の校長が、ジャン＝フランソワが入学してから半年もたたないうちに、アクロバットなどの曲芸を観客の前で披露させたほどだ。年端のいかない少年の芸は大成功を収め、「小さな奇跡」とまでいわれる。ジャン＝フランソワは幼くして、瞬く間にリヨンの街で評判になった。なかでも、綱渡りが人気を博した。しばらくして、リヨンの街から広まった噂は、次第に「とてつもない少年がリヨンにいる」というふうにフランス中に拡散していった。

体育学校でアクロバット芸に磨きをかけたジャン＝フランソワは父のもとに戻り、家族ぐるみのアクロバット集団として主にフランス各地を巡回する。父アンドレが一八三七年に亡くなっても、母ウラリはこの曲芸団をやめようとはしなかった。何しろ芸達者な子どもたちが人気を博しているし、家族ぐるみ観客から慕われていたからである。母を中心とする一座は旅芸人としてあちこちを巡回した。サーカス団のように大きな集団にならなくても、当時、アクロバットを路上で見せて稼ぐことは、前もって行政に許可を求める必要もなく、現在よりもずっとやりやすかったのだ。同時にそれは、女性が男社会のなかで自立できる数少ない職業だった。母が芸人としてどれほどの芸を見せていたのかは不明だが、女主人として興行主としてこの集団を取り仕切るリーダーの役割を果たしていたのである。

　しばらくして姉のポーリーヌが結婚して家族から離れるが、姉に代わってマリー・ローザリー・ブランシェリが加わることになる。このマリーとジャン＝フランソワは一八四六年八月に結婚する。先に述べたように彼は生涯に三回結婚するが、これが最初の結婚である。二十二歳だった。このあと、ジャン＝フランソワと五歳年下の弟ルイ＝アンドレが一座の中心になり、家族以外のアクロバット芸人も加わって曲芸団は十五人にまで膨れ上がる。

　十代後半から二十代初め、少年期から青年期のジャン＝フランソワがやっていた芸は、綱渡りばかりではない。かなり難度が高い技の数々を見せていた。たとえば二脚の椅子をロープの上に置いてバランスをとりながら左右に揺らす。ロープ上の椅子の上に立つばかりでなく、そこで逆立ちして一回転し反対側に降り、見物客の度肝を抜く。またロープの上でバイオリンを弾いたりドラムを叩いたりして、エンターテインメントふうなことも見せていたことから推測すると、飛び抜けて身体能力が高い少年だったのだ。前方にも後方にも宙返りをし、しかも空高く舞い上がって回転して降りることまでやってのけた――これはすべてロープ上での話である。ジャン＝フランソワの評判はうなぎ上りになる。「彼こそはヨーロッパの最初のアクロバットアーティストだ」と称賛する人たちも出てくる。

2　歴史に残る「ブロンディン」はアメリカで誕生した

当時、曲馬やアクロバットの分野では、家族で興行する「ラヴェル・ファミリー」が活躍していた。サーカスといえば空中ブランコよりも曲馬に重きを置いた時代である。世界のあちこちで、家族がサーカス団を運営し、全員がサーカスで何らかの役割で働いていることが珍しくない。ラヴェル・ファミリーは十九世紀前半から「ファミリーサーカス」という伝統で成功した先駆けになったのだ。綱渡りや曲馬ばかりでなく道化師（クラウン）がマイム芸を見せるなどサーカス団として充実した演目で、アメリカ公演も成功させていた。ジャン＝フランソワが二十代になったころ、この業界で彼のことを知らない者はいなかったが、ラヴェル・ファミリーも早くから彼の力量に注目していた。

ラヴェル・ファミリーは一八五一年、アメリカでの長期興行に向かうことになり、ブロンディンに一緒にこないかと声をかけた。いまふうにいえば「スカウト」である。綱渡りをはじめとしてアクロバット全般に長けていて、フランスではもはや自分のライバルになるような芸人と出会うことがなかったジャン＝フランソワである。未知の大国で芸を披露できるのは、願ってもないチャンスである。ジャン＝フランソワは二つ返事でこれを承諾し、最初のアメリカ訪問が実現する。アメリカでの巡回公演にあたり、ジャン＝フランソワ・グラヴェレという名に代わって「ブロンディン」という芸名が与えられた。これ以降、彼は生涯をとおしてこの名を使い、死後も「ブロンディン」として知られることになる（母国フランスでは「ブロンダン」）。ブロンディンの将来を決定づけるアメリカデビューは一八五一年秋のこと。彼はこのとき男盛りで力が充実した二十七歳だった。

このころもう一つ、ブロンディンの私生活で注目すべきことが起こる。渡米した翌年の一八五二年、ニューヨーク、ダウンタウンのソーホー地域にあったニブロズガーデンという劇場で公演していたとき、十五歳の歌手シャーロット・ローレンスに出会う。彼女に惚れ込んだブロンディンは、同年八月に結婚してしまう。ブロンディンはフランスを離れるとき妻と三人の子どもを残してきたので、アメリカでの結婚は重婚になる。シャーロットとのあいだにはアメリカとイギリスで五人の子をもうけたので、ブロンディンは生涯に計八人の子をもったことになる。八八年、シャーロットが亡くなるまで二人は連れ添った。最初のフランス人の妻マリー・ローザリー・ブランシェリと彼女とのあいだにできた三人の子どもたちのその後については明らかではない。フランス人の妻マリー・ローザリーは八一年に亡くなっている。

3　ついにその日がやってきた——ナイアガラに挑む

ブロンディンは身長が百六十三センチと小柄で、体重が六十三・五キロほど。余分な肉がいっさいない筋肉質である。目には射抜くような鋭さをたたえていた。その体から生み出されるアクロバット芸人としての飛び抜けた技量でアメリカの都市を旅して回り、知名度は急上昇していった。いつしかラヴェル・ファミリーとは離れ、マーティネッリ・トループという曲芸団に所属し、そこで押しも押されもせぬ主役を張っていた。彼は気負いがない落ち着いた性格の持ち主であり、自己抑制ができ、綱渡りに関しては絶大な自信をもっていた。それが自信過剰になることは決してなかった。一本のロープの上での彼の行為が唯一無二のものだったからである。自分がロープの上でやること——宙返りをしたり、座ったり、寝そべってみたり——は、一見軽はずみで無鉄砲に見えるかもしれないが、じつは十分に訓練され計算されたものであり、危険なことではない、と彼はいつも語っていた。おそらく芸を誇張したりせず、堂々と、ときにはある種の威厳をもって見せていたのではないかと推測できる。

一八五九年六月三十日、歴史的な日がやってくる。午後五時、ブロンディンはナイアガラ峡谷の上に張ったロープを渡る。命知らずな行為だと思われたが、十分な準備もなく無謀に試みたわけではない。壮大で荘厳な滝と、滝を挟む峡谷の崖を前年に周到に観察して準備していたのだ。七年前にアメリカ人の女性と結婚し、サーカス団のスターとしてアメリカのあちこちを巡業し、経済も家庭生活も安定していたので、それだけの余裕があったのだろう。ナイアガラを渡るには、綱渡りの技術ばかりでなく、ロープの設置、天候、風向き、水しぶき、そのほかさまざまな点に十分に配慮し、周到な準備を抜かりなくおこなうことが必須である。この時代は鋼鉄のワイヤーはまだ一般的に使用されておらず、麻を編んだロープを使った。寒い時期であればロープが凍り付く危険もあるから、決行する時期も考えなければならない。滝からくる飛沫があり、そのせいでロープの前方が見えにくくなる霧も出る。霧が発生しやすい時間帯、季節、天候なども考慮に入れなければならない。

ブロンディンとマネージャーのハリー・コルコードは、ニューヨークからナイアガラの近辺にあるホテルに予約を入れる。「ナイアガラ滝新聞」（*Niagara Falls Gazette*）という当時のローカルな新聞の六月四日付の記事に、「タイトロープアーティストとして著名なムッシュー・ブロンディンが、彼のエージェントであるコルコード氏とともにわれわれの新聞社を訪れた。そしてゴートアイランドの東側の地点からカナダ側にロープを張り、そのロープを渡るという、とてつもないことを決行するつもりであることを伝えた」とある。

この前代未聞の挑戦を伝えるローカルな記事は次第にカナダとアメリカ中に広まっていったばかりでなく、海外にも伝わる。「ニューヨークタイムズ」紙は「ブロンディンは愚か者であり、逮捕されるべきである」とし、ロンドンでは彼は悪ふざけをしているのではないかという噂が立つ。しかしローカル紙である「ナイアガラ滝新聞」は、ブロンディンが着々と準備を進めている様子を事細かに伝えていた。一方、地元の人たちはそんな無謀な挑戦をする者がいるとはにわかには信じがたく、ローカル紙とローカルなビジネスがこれからの夏のシーズンに向けて客を呼び込むために結託しているのではないかと噂していた。

実際、すべての事前準備が順調に進行したわけではない。ナイアガラ川に位置する見晴らしのいい小島ゴートアイランドを所有するポーター家は、ブロンディンがそこを使用することを許可しなかった。そこでやむをえず、ブロンディンは二つの滝と吊り橋のあいだの中間点にロープを張ることになる。
峡谷の幅は三百三十五メートルあり、そこに三百九十六メートルのロープが設置された。ロープの直径は八・三センチ。しっかりと編まれた太い麻綱である。ロープを張った峡谷の両端にはロープの揺れをできるだけ防ぐためにガイロープ（補助綱、支え綱）が設置された。これは揺れを防いで安全性を確保するために必須のものである。ガイロープは可能なかぎり数多く張られ、蜘蛛の巣状の美しい線が青空の下に映えていた。しかし、それがどこまで安全性を高めたかは疑問である。強力に巻き上げる機械などない時代のこと、綱渡りのロープはたわんだままだったのである。ロープの中央部分は陸地に固定された箇所よりも十五メートルも低かったといわれる。つまりブロンディンは水面から五十三メートルの高さからロープを歩き始め、三十八メートルまでロープを下っていく。そのあとふたたび五十三メートルまで昇らなければならない。

カナダ側ではブラスバンドが演奏し、サーカスのサイドショーのような見せ物小屋も出現して雰囲気を盛り上げる。ブロンディンは屋根なしの四輪馬車で午後五時前にアメリカ側に現れる。トルコふうのパンタロンに派手なベストを身につけ、頭には飾りがついたキャップをかぶっていた。これらをすべて脱いで、鮮やかな色のタイツとシャツだけになり、十一・六メートルのバランス棒を手にしっかりと握り、最初の一歩を踏み出す。身長百六十三センチの男が十一・六メートルの棒を両腕に抱えるのである。身長の七倍もの長さの棒を持って太い麻のロープに立つ男――しかもロープはナイアガラの上である。この光景を想像してみるだけでも戦慄をかき立てられる。川の堤防に集まっていた観衆はその瞬間、息をのみ、口をつぐんだ。見ているだけでも恐怖が生まれ、その緊張感たるや耐えがたいものだった。

異様に長いバランス棒はかなりの重さで、左右にしなっている。この棒はロープに対してつねに直角の位置にあるので目立つのだ。サーカスの空中演技のときには安全対策としてネットや命綱があるが、綱渡りではバランス棒そのものが綱渡り師にとっては命の棒なのである（のちにサーカスのテント小屋ではネットが設置されるようになり、二十世紀になると登山家が使うハーネスのようなものが安全対策として使用されるようになる）。バランス棒を抱えて綱渡り師がロープに立つ姿は、棒とロープが十字に交錯するかたちが観衆に多少の安定感を与えるものだ。しかしバランス棒が異様に長くなると、これが途方もない挑戦であることをあらためて感じさせる。安心感と同時に不安が観衆のなかにさざ波のように広がる。

アメリカ側でブロンディンが最初の一歩をゆっくりと踏み出したとき、カナダ側から見ると、ロープの上の人間はあまりに小さく見えた。だが、ものの十五分あまりで彼はカナダ側にたどりついた。人類初の挑戦が成功したのだ。その現場にいた人たちにとっては、宇宙飛行士が月面に足を踏み下ろしたときのような驚きと感動があっただろう。しかし大歓声と喝采の祝福を受けるのもそこそこに、少し休んだあとブロンディンはふたたびアメリカ側にとって返す。戻りの時間は、来たときの半分以下の七分だった。このことは、彼がロープの状態や気候の状況をいかに素早く体で把握できたかを物語っている。この大いなる挑戦を成し遂げた日の観衆は予想よりもずっと少なかったが、それでも五千人から八千人ぐらいがこれを見届けた。ちなみにブロンディンは帽子を回して当時としては大金の計二百五十ドルを観客から集めたが、ロープ代だけでも三百五十ドルかかっていた。峡谷の両側にいた観客からの投げ銭は一人五セントぐらいが相場だったのだ。アメリカのサーカス巡業で著名な芸人としてすでに大活躍していたブロンディンにはそれなりの蓄えがあったが、歴史的な偉業は赤字だった。

4　ナイアガラでの前代未聞の行為の数々

ブロンディンはそれまで誰も成し遂げたことがないナイアガラの綱渡りを、一瞬の危うさもなく大成功に導いた。このニュースは瞬く間にカナダ、アメリカ、そしてヨーロッパに拡散した。ブロンディンにはやはり彼だけに与えられた天賦の力が宿っていたのだろうか。彼には恐怖心というものがなかったのだろうか。

一瞬の過ちが命取りになる。ナイアガラ峡谷のはるか上のロープを渡るという前代未聞の行為には、さすがのブロンディンでさえ、彼なりの恐れをもっていたにちがいない。それなら、どのような信念をもって不安や恐れを抑え、「偉業」を成し遂げたのだろうか。不思議なことにブロンディン自身は、これをそれほどの「偉業」とは思っていなかったらしい。もし誰にもできないことを自分はやったという慢心がどこかにあったなら、六月三十日の一回限りの成功を語り草にし、それを伝説化し、神話化することで、自身の名声を保つこともできたはずである。

しかしブロンディンはそれどころか、その後、何度もナイアガラの綱渡りを繰り返す。もともとナイアガラでの綱渡りを三回おこなおうと考えていたのだが、二回目、三回目と回を重ねると予想をはるかに超える二万人の観衆が集まり、方針を変えたのだ。一歩踏みはずしたら命がないことをどうしてそこまでやるのか。二つの理由がある。まずは彼が技術的に絶対といってもいいほどの自信をもっていたこと。もう一つは観客からのカンパや投げ銭を当てにしなければならない経済的な事情である。関係者の旅費、宿泊費、特注のロープ、ロープを固定する器材、綱渡りのロープをより安全にするためのガイロープ、アメリカ側・カナダ側双方の作業員に対しての支払いなど、サーカスのテント内での綱渡りと違って、このようなスケールの野外の綱渡りには莫大な金がかかる。公的な助成金や民間のファンディングなどまったくない時代である。

アクロバット芸人の家族のなかで育ち、幼いころから他人様《ひとさま》に芸を見せることで稼いできたブロンディンには体の芯まで芸人根性が身についていた。徹底したショーマンシップである。ナイアガラの綱渡りを繰り返すなかで自らの芸をますますエスカレートさせていく。想像するだけでも、「そこまでやらなくても……」と思えてしまうほどのことを、ナイアガラのロープの上でやってのける。一回目の成功から一週間もたっていない七月四日、彼は今度は目隠しをしてふたたびロープを渡った。

ブロンディンはナイアガラの綱渡りを繰り返すたびに、芸の難度を意図的に上げていった。そして七月十四日、ブロンディンより前はもちろん、ブロンディンよりあとも誰もやらない、意表を突くことをやってのける。フランス国民にとってこの日は革命記念日だが、それを念頭に置いてやったのかは不明である。この日、ブロンディンはシルクハットをかぶり、ネコ車（工事で土砂を運んだりするのに使う手押しの一輪車）を押しながら、ロープを渡る。ネコ車のタイヤはロープからずれ落ちないように真ん中をへこませた特注のタイヤである。そしてロープの半ばで静止すると、シルクハットを取り、それを持ったままの手を横に伸ばす。その瞬間、ロープの下の川に停まっている蒸気船から発砲音がして、ブロンディンが持つハットのツバをピストルの弾が射抜いた。その蒸気船に当時有名だった射撃の名手が乗っていたのである。このときネコ車を押していたのは、シルクハットを差し出すときに、体のポジションを安定させるためだったのではないかと思われる。

八月に入ってからもナイアガラの綱渡りは繰り返される。とくに八月三日と十七日の演目は危険極まりないものだった。三日は二万五千人を超える大観衆が集まっていた。ブロンディンはロープの上で六回も違うかたちの逆立ちや宙返りをやってのける。さらにロープに両手でぶら下がり、そのあと両ひざで、続いて片ひざでぶら下がり、最後はつま先をロープに引っ掛けただけでぶら下がった。あまりのことに観衆は度肝を抜かれ、この男に畏怖の念を抱いたといわれる。

それでもブロンディンはまだ収まらない。おそらく誰もがやってほしくないと思うだろう芸をやってみせる。人を自分の綱渡りに巻き込むのだ。十七日、マネージャーであるハリー・コルコードを背負って、両手には長くて重いバランス棒を握り、ナイアガラを渡ったのである。これは写真が残っているので、見て確認することができる。コルコードは体重六十六キロあり、ブーツを履いていた。ブロンディンの能力を全面的に信頼していたとはいえ、命が縮む思いをしただろう。ロープを渡りきるまでに六回も休息を取らなければならなかった。超人的な技術と体力を備えていたブロンディンが六回も休まなければならないほど、体に負荷がかかっていたのだ。小休止のたびに汗びっしょりの背中からマネージャーを下ろし、また背負った。休憩のあいだ、マネージャーは両手でブロンディンの肩をつかんでいた。コルコード自身も背負われる身であるとはいえ、相当に冷や汗をかいていたことだろう。コルコードも綱渡り師で多少でもその経験をしていたのであればそれほどの不安もなくブロンディンの背に乗ったはずだが、彼の前歴は明らかではない。

観衆は、ブロンディンが人を背負って綱渡りをすることを予告で知っていた。誰を背負うかはとくに決まっていなかったようだ。人を背中に乗せて危険な綱渡りをするなど、自分だけでなく他人の命も危険にさらすことになる。それを志願する者などいるはずがないから実現しないだろう、と多くの人はたかをくくっていたらしい。コルコードを背負ってアメリカ側から歩いてくるブロンディンを見て、カナダ側にいる人たちは驚愕した。もともとコルコード以外に依頼したが、誰からも断られたのである。やむをえずマネージャーである彼が引き受ける羽目になったのだ。神がかった綱渡り師のマネージャーとして働けば、ときに自分も命がけの状況に追い込まれる。

さらに危険なことが起こった。これはブロンディンのせいではなく、悪意ある観衆の何者かによって引き起こされた。地上での綱渡りは見たことがあっても、ナイアガラの上を渡るなんて狂気の沙汰だと決め付ける者たちがいた。それだけなら問題はないのだが、そういう少数派の人々のあいだでブロンディンが成功するか失敗するか賭けがおこなわれていた。失敗するに賭けた者が、こともあろうにガイロープを何本か故意に切っていたのだ。ガイロープはメインのロープの張りを維持するための補助ロープなので、これに不具合があると予期せぬ揺れが生じ、非常に危険である。事実、綱渡りの歴史をみるとガイロープの設置の仕方に不備があり、それが原因で起きた墜落事故もいくつかある。高所綱渡りの経験を積んでいるブロンディンは渡っている途中でロープの揺れ具合からすぐにそれに気づき、急いで渡り終えて事なきを得た。あまりに切迫した危険に、観衆のなかには気絶する者もいたといわれる。

同年八月二十四日、三十一日、九月八日に決行したのが、この年最後のナイアガラの綱渡りである。このときは、十六キロもある鉄のストーブを背負ってロープの中央まで行き、そこでオムレツを作って食べた。なにもそこまでやらなくても……と思うのだが、ブロンディンにとってはロープの上にいるのも地上にいるのも変わりがないことを見せたかったのかもしれない。観衆に対しても緊張を強いる高所の綱渡りだが、その緊張のなかに多少のユーモアも交えたかったのだろう。悲劇のなかにほんのちょっと挿入される笑いのことを「コミック・リリーフ」というが、ブロンディンのコミック・リリーフは危険と隣り合わせの時空に挿入されたユーモアである。

夜のパフォーマンスでは、バランス棒の先端にロウソクをつけてロープを渡り始めたのに、風で火が消えてしまい、真っ暗ななかでロープを渡りきったこともあった。ブロンディンは火が消えることぐらいは予測していたのかもしれない。もともと目隠しをした状態で、足の裏の感覚だけを頼りにロープを渡ることもできたのだ。

ナイアガラ峡谷にロープを設置し、そこを歩いて渡るなど誰も想像さえしなかった十九世紀半ばに、ブロンディンはそれをやり遂げた。観客からすれば、歩いて渡るだけでも十分なのに、彼はロープの上でさらにこれでもかこれでもかと言わんばかりにさまざまなことをやってのけたのである。多くの者が「そこまでやらなくても！」と心臓が飛び出しそうになるほど際どいことだった。

ナイアガラでの綱渡りがきっかけで、ブロンディンの名声は欧米の人々のあいだにますます広まり、空前絶後のものになった。ナイアガラの無二の景観を観光資源にしている業者に対し、ブロンディンが大きな利益をもたらしたことはいうまでもない。ナイアガラの知名度を一気に上げたのだから。当時のアメリカやヨーロッパにはたくさんの綱渡り師がいて、小さなアクロバット集団としてあちこちの村や街を巡って路上でのパフォーマンスをしたり、あるいはサーカス団に加わり曲馬や空中ブランコなどと一緒に芸をすることは珍しくなかった。綱渡りはほかの多様な曲芸や動物芸同様、大衆文化の一部として根付いていたのだ。それでもナイアガラで綱渡りをするということは、まったく異次元のことだった。

以前からアメリカのサーカス界でその名を知られていたブロンディンだが、このナイアガラへの挑戦を成功させたことで、彼がただのアクロバット芸人ではないことを社会に印象づけた。彼こそは後にも先にもありえない絶後の綱渡り師であることを国際的に認めさせたのだ。ブロンディンから多大な刺激と影響を受けた者として、力ある綱渡り師であり、のちにサーカス界の著名なプロデューサーになったファリーニがいる。彼もまたナイアガラでの綱渡りを成功させている。このファリーニについての浩瀚な伝記本を著したシェーン・ピーコックは、ブロンディンのことを以下のように述べている。

ナイアガラ滝は一八五九年には、前例がないほどの観光客を集めることになった。おそらくブロンディンが成し遂げた偉業が、ナイアガラという世界でも例がない自然の驚異の魅力を膨らませていたのだ。最初は奇人・変人とみられていたブロンディンだったが、公衆は彼が畏怖すべき曲芸師だと認めたのである。ブロンディンという名はいまや、最も優秀であることを示すときの宣伝としても使われ、北米中の学校の校庭では子どもたちが彼をたたえ、まねして遊んだ。どこに行っても彼の偉業は唯一無二のものだとされた。ふつうの人々の能力を超えてほとんど魔術的といえるほどのオーラをそこに感じていたのである。事実、ブロンディンと彼の支持者たちは、誰かが同じことを試みることを拒否した。(1)

ピーコックは「ブロンディンと彼の支持者たちは、誰かが同じことを試みることを拒否した」というが、現実ではブロンディンと「同じことを試みる」綱渡り師たちが次々に出現する。ブロンディンだけではない、自分だってナイアガラを征服できると意気込む一部の綱渡り師たちである。ブロンディンは丈夫な麻を編み込んだロープを使ったが、このあとの時代になるとロープに鋼鉄のワイヤーが使用されるようになる。そのことも挑戦者が増えてきたひとつの理由だろう。しかし鋼鉄のワイヤーのほうが麻のロープよりも安全でやりやすいという保証はない。ワイヤーは耐久性があるが、油分を含んでいるし、重量があるので輸送や設置のときに相当な苦労を強いられる。おまけに、設置にはかなりしっかりした工学的な知識が必要である。

話はナイアガラだけにとどまらない。「ナイアガラ」でなく「ブロンディン」という呼称がものをいい、独り歩きを始めるのである。「ブロンディン」と名乗る綱渡り師やアクロバット芸人があちこちに現れる。「ブロンディン」の名があったほうが人目を引き、客寄せになる——たとえば「オーストラリアのブロンディン」とか「ブロンディンの血を引く……」など。男たちばかりではない。果敢で有能な女性のアクロバット芸人は「女ブロンディン」などと呼ばれた。本人がそう名乗ったのではなく、主催者や広報の思惑がはたらいていたのだ。

5　ダブリンで、作業スタッフの事故死を経験する

ナイアガラの上のロープを渡った英雄ブロンディンのニュースはアメリカとカナダばかりでなく、イギリスやアイルランド、スコットランドにいち早く広がっていった。十九世紀後半、まだ国と国をつなぐ情報網が発達していない時代だが、これらの国々が英語圏だったこと、綱渡りのニュースは老若男女が共有できる数少ないビッグトピックだったことが、ブロンディンの偉業を伝える力になった。そのおかげもあって、ナイアガラ公演の翌年一八六〇年にはアイルランドの首都ダブリンでの公演が実現する。それまで九年間アメリカに住んで巡業してきたブロンディンにとっても、また彼のマネージャーにとっても、アイルランドは決して遠い異国ではなかった。二〇年代から六〇年代にかけて、アメリカに移住した移民のうちアイルランド人が三分の一を占めていたのである。

しかし、初のアイルランド公演で不幸な死傷事故が起こる。ダブリンのポートベローでのパフォーマンス中、地上十五メートルの高さに張られたロープが、ブロンディンが渡っている最中に切れたのだ。直径五センチの麻のロープだった。ブロンディンは無事だったが、ロープの端と端を固定している足場が崩壊し、その足場にいた現地の作業員二人が落下。足場が高所にあったことと突発的に起こった事故だったため、二人は身を守る余裕がなく死亡してしまった。

野外で綱渡りをおこなう場合、そこが公園であれ、山や川や峡谷であれ、あるいは現代の高層ビルであれ、誰かがそこで綱渡りをすることを想定して作られたところなどはひとつもない。つまり、高所に綱渡り用のロープを固定するフックを装備しているところなど存在しない。そこで何もない高所にロープを張る場合、ロープの両端を支える足場をどんなかたちで、どんな器材を使って設営するのかが必須の重要事項になる。現在なら多くの

場合、頑丈で重量がある鉄骨やコンクリートの塊などをトラックで運んで基礎を組み、ワイヤーを鉄骨にしっかりと絡めて巻き上げることになるが、そんなテクノロジーがない時代である。

現場の状況を想像すると、おそらく十五メートルの高さがある三角錐のようなものを建て、そのてっぺんに作業員がいたと考えられる。二人の作業員はプラットホームのような小さな足場を作り、そこにロープを固定してから、綱渡りをするブロンディンを見守っていたのだろう。それにしてもロープが切れたのなら、ブロンディンがどうして無傷だったのか。臆測するしかないが、ロープの上で逆立ちしたり、つま先でぶら下がったり、オムレツを作って安定しない椅子に座って食べることまでやってのける綱渡り師である。並外れた運動神経とバランス感覚の持ち主だっただろうことからすれば、切れるロープの端をとっさにつかんだということもありうる。

ブロンディンとマネージャーに、二人のスタッフが死亡した責任があるかどうか裁判が開かれたが、結局、ロープを提供した業者のほうの責任が問われた。ブロンディンは二年後にこのときと同じダブリンのポートベローで、今度は事故のときの二倍の三十メートルの高さでふたたびパフォーマンスをおこなう。十階建てのビルに相当する高さである。恐れを知らないブロンディンのリベンジだった。

6　母国フランスに錦を飾れないのは「重婚」が原因か

その後もブロンディンは世界各地でパフォーマンスをおこなったが、いずれも観衆の期待に十分に応えるものだった。一八六一年、妻シャーロットと三人の子どもとともに十年ほど暮らしたアメリカを去り、イギリスに渡る。ロンドンのクリスタルパレス（鉄骨とガラスのモダンで巨大な複合施設）ほかで百三十回公演し、計百四十八万人の集客があったといわれる。その後、アイルランドとスコットランドでも巡回公演をし、ロンドン北西部に立派な家をもつことになる。この家はナイアガラでの業績を記念して「ナイアガラ・ヴィラ」と名付けられた。

ロンドンのクリスタルパレスでのブロンディン
（出典：*Ibid.*, p. 49）

ブロンディンに触発されてナイアガラを渡る綱渡り師が、その後何人も出現した。が、やはりなんといってもナイアガラを最初にロープで渡った男として、ブロンディンの名はどこに行っても知られていた。ブロンディン自身もそれを誇りにしていた。

イタリアやオーストリア、ドイツ、ロシアなど、それまで公演をしたことがない国へも巡回興行し、一八六六年にはついに故郷のフランスで公演をすることになる。イギリスやアメリカをはじめとして多くの国で絶大な人気を誇っていたのに、不思議なことになぜか故郷フランスには縁がなかった。じつに十数年ぶりのフランスでの綱渡りである。もちろんフランスでもブロンディンは「ナイアガラの英雄」として知られていたが、パリ・ヴァンセンヌの森でやった公演は観客も少なかった。翌年にもふたたびフランス公演をおこなったが、プロデューサーと制作上の問題でギクシャクしていて、ブロンディンがプロデューサーに対して訴訟を起こす場面もあった。フランスが生み育んだ国際的にも著名な伝説の綱渡り師は、長いあいだ帰ることがなかったこの母国とはどうも折り合いが悪かったのだ。

新聞などのメディアもブロンディンに対して好意的ではなかった。その根底には、彼がフランスに当時の妻と子ども三人を置き去りにして渡米したうえ、アメリカ人の若い女性シャーロットと結婚した重婚の問題があった可能性もあるが、事実は不明である。たぶん、どこかでそのことが尾を引いていたのだろう。いずれにしろいまや欧米で知らない者はいない英雄は、久々のフランスに錦を飾ることができなかったばかりか、さんざんな目にあい、すっかり自分の母国に愛想を尽かしてしまった。ブロンディンはイギリスに戻ってから、一八六八年六月四日、ジャン＝フランソワ・グラヴェレの名でイギリスに帰化する手続きをとったのである。

7　オーストラリアでも衰えを知らない技を見せる

一本のロープの上で十代からありとあらゆる挑戦をしてきたこの男の人生は、このあともとどまるところを知らない。脂が乗った四十代半ばの一八七〇年にはベルギー、オランダ、ドイツ、スペインで芸を披露し、七三年からはじつに十八カ月をかけてインドとオーストラリアのさまざまな街を巡回した。

インドには、もともと音楽、魔術、奇術、動物芸、曲芸などを即興的に見せて投げ銭で生活する路上の芸人たちが世界のどの国よりもあふれていた。しかし、ブロンディンのようにとてつもないスケールの芸を見せる綱渡り師は存在しなかっただろう。ちなみに、イギリスがインドを直轄の植民地としたのはブロンディンがナイアガラの綱渡りを成功させる前年の一八五八年である。このころから徐々にイギリス由来のサーカスやアクロバット芸も広大なインドの街に少しずつ根付いていった。そんな背景もあり、ブロンディンのインドでのパフォーマンスは注目を集めたのである。

他方、文化的にも言語的にもイギリスに近いオーストラリアには、綱渡りをする芸人はブロンディン以前にも存在していたし、イギリスと同じように家族ぐるみのサーカスも少なくなかった。だからこそブロンディンがいかに例外的な存在であるかをオーストラリアの人たちはよく理解し、驚きを新たにしたのである。

ブロンディンがオーストラリア最大の都市シドニーで最初の公演をしたのは一八七四年八月二十九日のこと。一万五千人の観客が見守るなかでおこなわれた。シドニーの人々はブロンディンを見たことがなかったが、このとき五十歳になっていたブロンディンの名声はオーストラリアでも鳴り響いていたので、客集めにはまったく苦労しなかった。現在の広告のような情報網がない時代なのに、初公演でのこの集客力には驚くべきものがある。

麻のロープは――まだ鋼鉄のワイヤーにはなっていなかった――十五メートルの高さに六十メートルにわたって設置された。この高さといい、長さといい、綱渡りのスペクタクルとして申し分がないものだ。というより、空中を走るこの一本のロープを目にしただけで恐怖心をかき立てられた観客も少なくなかったはずである。五十歳になるブロンディンは、綱渡りに関してあらゆる経験を積んだ大ベテランである。体力こそ二十年前に比べれば衰えてはいるが、それ以上にもって生まれた才能と誰も太刀打ちできない経験の蓄積がある。その双方が可能にするパフォーマンスは、オーストラリアの人たちを驚嘆させた。

ロープの上で寝そべったり、目隠しをして渡ったり、故意につまずくふりをして観客を沸かせたりしたかと思えば、衣装を替えてコックの身なりでコンロを背負って現れ、ロープの中央でオムレツを作ったりもする。オムレツを空中で返して観衆を沸かせたあとには、それをロープで下に降ろして観客に振る舞い喝采を受ける。それでもロープは五階建てのビルほどの高さがある。最も観客を怖がらせたのは、そのロープ上で椅子を使ってさまざまなバランス芸を見せたことである。

さらに追い打ちをかけるように、自分の秘書（男性）を背負ってロープを渡った。このとき秘書はかぶっている帽子を落として観客をヒヤッとさせた。これも故意に落としたのかもしれない。この秘書が、十五年前にナイアガラでブロンディンに背負われたのと同一人物だったかは不明である。そのほか、ロープ上を自転車で走る芸もやってのけた。中央部に溝を作った特注のタイヤをつけてはいるが、決して簡単な技ではない。ブロンディンは、地上を走るような速いスピードで、ペダルをこいだといわれている。

ブロンディンとオーストラリアとの相性はよく、どこで公演しても人気は盛り上がる一方だった。そこで一八七五年、今度は妻シャーロットと三人の子どもをともなってオーストラリアを再訪して公演をおこなう。これはオーストラリアのあとニュージーランド、ペルー、チリ、アルゼンチン、ウルグアイ、ブラジルも訪問する家族の大旅行になった。ブロンディンは、イエメンの港町アデンから蒸気船に乗ってオーストラリアに向かう航行中にも、メインスル（メインのマスト）からミズンスル（メインの後ろにあるマスト）にロープを張り、揺れる船上で綱渡りをおこなった。多くの客が乗っている大型旅客船のことだ。ロープを支える支柱そのものが波のために大きく揺れて危険である。じつのところ大波によって蒸気船は五回も大きく傾き、ブロンディンはそのたびにバランス棒を持ったままロープの上にしゃがみ込んだ（バランス棒を落としたら、それこそ危険である）。それでもロープから落下しなかったのは幼少のころから鍛え上げた抜群のバランス感覚のおかげである。ロープ上で万一の危機に瀕したときにも、バランス棒の左右の揺れを微妙にコントロールしながらどのように身を守ればいいかを体が記憶していたのだ。

8　六十代半ばでニューヨーク公演、そしてロンドンのついのすみかへ

一八八一年十月二十九日、フランスに住んでいたときに結婚した最初の妻マリー・ローザリー・ブランシェリが亡くなった。先に述べたようにブロンディンは彼女との婚姻関係が続いたまま、渡米したときにシャーロット・ローレンスと結婚した。そこで自分の法的な家族関係を正すためにマリーの死後、シャーロットとふたたび結婚する。ようやく重婚状態にあるという罪の意識から逃れられたのである。

シャーロットというアメリカ人妻と晴れて正式な結婚ができた喜びもつかの間、一八八八年に予定した久々のニューヨーク公演を前に、ブロンディンはアメリカという国への怒りをあらわにする。セントラルパークでやる

つもりのパフォーマンスについて、安全を優先してネットを使用するように市の行政から要求されたのだ。これに対して多様な意見が飛び交い、ブロンディンは公演をキャンセルせざるをえなくなる。スタテンアイランドやコニーアイランドでは公演をしたが、大きなネットをロープの下に設置するのはそれだけでも大変な作業である。ブロンディンのパフォーマンスそのものはその高度な安定したテクニックで人気を博したのだが、そんなこんなでブロンディンは次第にアメリカに嫌気が差してきていた。

このころ、彼のアメリカ巡業に合わせて、歴史的な偉業として語られていたナイアガラの綱渡りの展覧会をする計画があった。しかし、これもナイアガラ滝管理事務所に拒否される。彼の怒りは頂点に達し「アメリカが嫌いだ。二度とこの国には来ない」と言ってイギリスに戻った。「ナイアガラとブロンディン」という誰が見ても興味を引かれそうな展覧会を、滝を管理する行政がなぜ許可しなかったのか。これは追従者が出てくることを防ぐためだったのではないか。事実、ブロンディンがナイアガラでの綱渡りを成功させて以来、ナイアガラで同じような命知らずの挑戦をする者が後を絶たなかったのである。当時の有名な綱渡り師ファリーニのようにナイアガラの綱渡りで華々しい成功をみせる者もいたが、失敗して命を落とす者も少なくなかった。

ブロンディンがアメリカへの怒りをあらわにしたせいではないだろうが、イギリスに戻った年の暮れ、長年連れ添ったアメリカ人の妻シャーロットが亡くなった。頻繁に家を空けるブロンディンに代わって家を守っていた妻。その最愛のパートナーを失ってしまったのだ。その翌年の一八八九年、ブロンディンはロンドン西部のリトル・イーリングに広い庭がある住居を買い、巡業がないときにはそこに住んでいた。娘のアデルや召使い、馬車の御者なども同居した。国際的な著名人であるブロンディンは、自分を一躍有名にするきっかけになったナイアガラの綱渡りにちなんで、この家を「ナイアガラ・ハウス」と名付けていた。

妻を失った悲しみのなかでも、ブロンディンは綱渡りの公演を続ける。タイトロープを渡るアーティストとしてブロンディンを無二のものにしているのは、彼がナイアガラに何度も挑戦してそのすべてを成功させた初めての人であることばかりではない。彼が歴史上最も偉大な綱渡り師であるとされるもう一つの理由は、彼が幼少のころから亡くなる直前まで綱渡りを公の場でおこなっていたことだ。

驚くべきことに、ブロンディンは七十歳を過ぎてもロンドンから遠く離れた地での公演をおこなっている。そしてそのことが原因で最晩年に彼の私生活に大きな変化が訪れる。一八九五年、七十一歳のときのこと。イギリス北西部ランカシャーのブラックプールで公演中、ひどく腰を痛め、激痛が治らないまま滞在中のホテルに戻ってきた。そのときブロンディンを献身的に看病したのが、このホテルのバーで働いていた二十九歳の女性キャサリン・ジェームズである。キャサリンに看護師としての素養があったのかは不明だが、こまやかな心遣いでブロンディンの症状を和らげようと努力し、彼も彼女のことを気に入るようになる。ブロンディンは公演後も自宅のナイアガラ・ハウスにキャサリンを招き、二人は九五年十一月二十九日に結婚する。ブロンディンにとって三度目の結婚である。

翌年一八九六年にアイルランドのベルファストでおこなった綱渡りが、ブロンディン最後のパフォーマンスになった。九七年二月二十二日、つねに全身綱渡り師として生きたブロンディンはナイアガラ・ハウスで息を引き取る。死因は糖尿病が原因の合併症だった。ブロンディンの墓はロンドンのケンサル・グリーン墓地にある。ブロンディンの死後四年で、三番目の妻キャサリンも彼の後を追うようにがんで亡くなった。三十六歳の若さだった。

注

（1）Shane Peacock, *The Great Farini: The High-Wire Life of William Hunt*, Penguin Books Canada, 1995, p. 44.

第3章　「ブロンディン」を名乗り、ブロンディンに挑む

1　自他ともに認める「オーストラリアのブロンディン」とは

近代サーカスの誕生は一七七〇年ごろにイギリスのフィリップ・アストリーが始めた曲馬ショーにあるといわれる。もともとイギリスからの移住者が多かったオーストラリアでも、サーカスやアクロバットなどの大道芸は日常の娯楽だった。ブロンディンがナイアガラにロープを渡し、綱渡りをしたというニュースは、遠く離れたオーストラリアにもいち早く届いていた。このニュースが届いてからブロンディンがオーストラリアを訪問して公演するまで十五年近くかかったが、「噂に聞くブロンディン」という存在は一部のアクロバット芸人、とくに綱渡り師たちを大いに刺激していた。生身のブロンディンのパフォーマンスは実際に見ることなく、ブロンディン伝説が独り歩きしていたのだ。

一八六〇年代後半には、「我こそはオーストラリアのブロンディンである」と名乗る者が次々に出現する。さすがにオーストラリアからナイアガラまで出かけて綱渡りをするのはかなわぬことだったが、ブロンディンのナ

イアガラ挑戦に匹敵するほど難度が高い技をやってみせようとする綱渡り師たちが現れ、ブロンディンがロープの上でおこなった危ない小技を次々と繰り出してみせたのである。華々しい成功を収める者もいたが、悲惨な結末を迎える者もいた。ブロンディンの訪問が実現する前からそんな状況だったから、本物の彼がいよいよオーストラリアにやってくることになったときの興奮と熱狂が容易に想像できる。

インドでの巡回公演が終わり、ブロンディンがオーストラリアに到着したのは一八七四年七月、五十歳のときだった。着いたのは、クイーンズランド州の州都ブリスベンである。ここから翌七五年三月まで九カ月にも及ぶオーストラリア巡業が始まる。シドニーやメルボルン、そのほかの都市での公演はいずれも五十歳という年齢などまったく感じさせないもので、無二の綱渡り師という名声を不動のものにしていった。もともとブロンディンを崇拝し、その名を名乗る者が少なくなかったこの新しい国では、生身のブロンディンがやってきたことで、追従者が増えていったのである。ブロンディンを模倣することは、当代最高のテクニックを模倣することである。命を落とした者も一人や二人にとどまらない。

「われこそはこの国のブロンディンである」と自任する「オーストラリアのブロンディン」たちのなかでも、名実ともにその名にふさわしいと認められた綱渡り師はヘンリー・レストレインジである（Henri L'Estrange、一八四二―一九〇〇?）。フランス語読みでは「アンリ・レストランジュ」だが、オーストラリアのメルボルン郊外で生まれ、生涯、この国で活躍した芸人なので、ここでは「ヘンリー・レストレインジ」としておく。彼が綱渡りで大活躍したのは一八七七年、ブロンディン来豪の三年後である。シドニー東部にあるザ・ドメインという緑豊かで野外ホールを擁する公園が綱渡りの会場になったが、そこで彼が舞台に選んだのは以前ブロンディンが綱渡りを見せた、まさにその場所である。しかもロープの上の椅子に座ったり、後ろ向きに歩いたり、料理を作ったり、自転車に乗ったり……。ブロンディンが見せた技を模倣するようにやってのけた。レストレインジはブロンディンに取り憑かれた男だった。

詳細は不明だが、レストレインジの落下事故についても伝えられている。花火が原因でロープを踏みはずしたが、落下した先は火薬や花火を扱う店だった。その店から火が出て火事になり、けがをする者も出たが、レストレインジ自身は無事だった。このザ・ドメインでおこなった綱渡りは高さ十二メートルと相当な高さである。この高さから落下して無事だったのは、花火関連の小屋の屋根に落ちたのかもしれない。いずれにしろ十二メートルという高さで危険な芸を臆することなく見せるレストレインジに対する観客の対応は、おおむね好意的だった。それが明らかにブロンディンの模倣であっても、芸そのもののスリルは変わらない。綱渡り師なら誰でもできるという芸ではないからだ。

のちの時代までレストレインジの芸が長く語り伝えられるようになったのは、シドニー港の入り江に頭上高くロープを張り、海の上の高所のパフォーマンスを成功させたからである。これはオーストラリア中にセンセーションを巻き起こし、これを描いた精細な版画も残っている。たくさんの蒸気船が出て、観客は水上で見物した。ただしレストレインジはブロンディンのような根っからの綱渡り師ではなく、地よりも天を志向し、高所に挑戦する冒険家の側面をもっていた。綱渡りばかりでなく気球に熱中し、気球が落下して九死に一生を得るような深刻な事故に見舞われたこともある。レストレインジの晩年については明らかでない。

2　少年を巻き込む二つの悲劇

ヘンリー・レストレインジばかりではない。「オーストラリアのブロンディンたち」と複数形で語らなければならないほど、ブロンディンはこの国のタイトロープブームに火をつけた。ブームになるものならいくらでもあるが、タイトロープブームはめったに聞くことがないだろう。子どもやアマチュアが低所で遊び半分で楽しむぶんには、失敗しても無傷か、ちょっとしたけがが程度ですむ。事実、そういう人たちも少なくなかった。しかしアクロバット芸を生業にしている芸人たちのなかに、安全対策をまったくせずに、高所での本格的な綱渡りに挑戦する者が増えてきたのは問題だった。それもこれも高所ロープ上の危険な技をあっさりとやってのける、ブロンディンのパフォーマンスに刺激されたことに起因している。

そんな風潮がいくつかの悲劇を引き起こしてしまう。たとえばもう一人の「オーストラリアのブロンディン」であるジェイムズ・アレクサンダーが、ビクトリア州の港湾都市ジーロングで綱渡りをおこなったときのこと。十三歳の少年と一緒にロープに乗ったのだが、少年だけが落下して死亡してしまった。状況を多角的に考慮して検視官はアレクサンダーの罪状を免除したが、このような危険な芸をおこなうにあたり、万一のときのために安全対策をする必要性が議論されることになる。

アレクサンダーはレストレインジに並び、ブロンディンに影響されて出現した実力派の綱渡り師だった。アレクサンダーのパフォーマンスを告知する新聞広告には「オーストラリアのブロンディンであるアレクサンダー」（'Alexander the Australian Blondin'）と書かれたほどである。アレクサンダーとレストレインジは同時代に同じような芸をして活躍したので、情報網が発達していないこの時代だけに、二人は同一人物なのではないかと疑われたこともあるが、別人である。それだけ十九世紀後半のオーストラリアでは綱渡り芸が隆盛していた。アレクサンダーはブロンディンを模倣するように（事実、まねしていたと思われる）、人を背負ってロープを渡ったり、コンロを背負ってロープに登場してロープの真ん中でパンケーキを焼いたり、ロープを自転車で渡ったりもして、綱渡り師としての仕事を生涯まっとうした。アレクサンダーは一九一八年、バサーストという街でロープを渡るパフォーマンスをやっている最中に心臓発作を起こして落下し、数日後に亡くなった。

少年を巻き込んだ事故がもう一つ記録されている。これにもまた別の「オーストラリアのブロンディン」が関係している。この綱渡り師については不明だが、「オーストラリアのブロンディン、オンザーノ」と呼ばれた男だ。綱渡りにまつわる事故多しといえども、これはほかに例がないものである。オンザーノが一八八三年八月、シドニー郊外のバーメインという街でパフォーマンスをやったときのこと。ロープの高さは十メートル、長さが十八メートルだった。広場でやるにはちょうどいい高さと長さである。ところがロープの高さや長さ以前の問題として、何もない広場の高所にロープを安全に設置すること自体が難事業なのである。先に述べたように六〇年にアイルランドのダブリンでブロンディンが公演したときには、十五メートルの高さに設置したロープを固定する台の部分が壊れ、作業員二人が死亡する事故が起きている。オンザーノのバーメイン公演での事故は、ロープを支えている柱そのものが倒れ、倒れた柱が八歳の少年を直撃してしまった。少年は死亡。オンザーノは過失致死の罪に問われたが、起訴はされなかった。

3 「オーストラリアのブロンディン」を名乗る男の無鉄砲なパフォーマンス

オーストラリア人でないのに「オーストラリアのブロンディン」を名乗る男もいた。しかもその男、ナイアガラを渡ったのである。ヘンリー・ベリーニ（Henry Bellini、一八四一—一八八）である。彼がナイアガラ公演を決行するときには、以下のような広告が地元の新聞に掲載された。

偉大なるオーストラリアのブロンディンが、いま、ナイアガラに立ち、千五百フィートもある巨大なロープを設置している
ロープはいままでの綱渡りで、世界で最も長いものである(1)

ヘンリー・ベリーニは、イタリア系の血を引くイギリス人である。「オーストラリアのブロンディン」を名乗ったのは、ナイアガラに挑戦する前にオーストラリアで綱渡り師として活躍していたからだ。一八七三年の夏、ベリーニは妻を同伴してナイアガラにやってきた。ベリーニは、ナイアガラ滝のアメリカ側のプロスペクト公園からカナダ側にロープを設置する。ナイアガラの光景は美しいが、綱を渡るには難がある。滝に近いので、滝の

水しぶきや風の影響を受けやすい。しかし、ブロンディンがやってのけたわけだし、自分にできないわけがないとベリーニは確信していた。優れた綱渡り師についていえることだが、彼らはおのれの技への自信をもっている。もともと高所の綱渡りは抜かりがない注意力と同時に、自信がなければできない仕事である。

　最初のパフォーマンスは八月二十五日。宣伝文句に「世界で最も長い」ロープとある。確かに気が遠くなるくらいの長さである。千五百フィートは四百五十七メートル。この長さのロープを安定させるためには、相当な数のガイロープ（綱渡りのロープの揺れを少しでも抑えるために、その両側に蜘蛛の巣のように張り巡らす補助綱・支え綱）を設置しなければならない。現在であれば作業用に作られた特殊な車や船があるが、そういうものがない時代のことだから、ガイロープ設置作業そのものが困難を極めたにちがいない。直径六・四センチのロープの重さは優に一トンを超えていた。たくさんのガイロープで固定したが、ロープの中央部分は両端よりも二十四メートルも下がってしまう。このたわみがあるために、ベリーニは渡りきるのに相当に苦労したのである。このとき彼が持っていたバランス棒の重さは二十二キロ近くもあった。ロープ中央が二十四メートルも下がっているので、綱渡り師はゆっくりとロープを降りていき、それからまた昇ることになる。これをできるだけ安全におこなうために、あえて重いバランス棒を使ったのだ。いずれにしろロープのたるみが大きいほど、落下の危険も増す。ベリーニはできるだけ注意深くバランスを探り調整しながら、何度もこのパフォーマンスを成功させた。目隠ししたり、ネコ車を押したり、ブロンディンがやったことにもチャレンジし、見事に渡りきった。「オーストラリアのブロンディン」を名乗った責任上、できるだけブロンディンに近づこうとしたのである。

　それだけ成功を収めたらそこで満足すればいいのに、と思うのは素人《しろうと》の考えだろう。プロとしては、そこまでできたのなら今度はブロンディンを超えようという欲が出てくる。ベリーニは、ブロンディンが生涯一度もやらなかったことに挑戦する。ロープから川に飛び込み、川に待機させた船に救われるという筋書きである。「オーストラリアのブロンディン」という、名誉あるキャッチコピーを裏切らないような技の数々を見せるのはもちろんだが、どうにかしてあの偉大なブロンディンがやらなかったことをやり遂げたいという気持ちだったのだろう。

ただし、これは命に関わる危険な行為である。相当な高所に設置されているロープから川に飛び込めば、加速がつく。そればかりではない。川は渦を巻いていたり、流れが急に変化したりと不規則である。そこでベリーニは彼なりに考案した「安全装置」を使った。長いゴム製のコードで綱渡りの綱と自分の体を結び、飛び込んだあと、ある時点でコードを体から離す。要するにゴムのロープを使い、自分が落下する距離を短くしたのである。詳細は不明だが、ベリーニは高所のロープからの飛び込みを、前例がないスペクタクルとして見せることに成功した。……が、これがかなり無鉄砲な行為だったことはいうまでもない。

彼は初めてナイアガラに挑戦した一八七三年には三回、この飛び込みを成功させた。このころのベリーニは脂が乗っていたのである。その後しばらくナイアガラから離れていたが、八五年、八六年にベリーニは戻ってくる。八六年には、世界初の近代的吊り橋といわれた鉄道が走るナイアガラの吊り橋から飛び込みをする。このときには肋骨を折り、意識不明の状態で船に引き上げられたが、奇蹟的に命は助かった。その二年後の八八年、ベリーニは母国イギリス、ロンドンのハンガーフォード橋から、彼だからこそできるパフォーマンスとしてテムズ川に飛び込む。しかし、ついに失敗。死亡する。故郷ではうまくいかなかったのだ。

4　ナイアガラで生まれた男のナイアガラ挑戦

ヘンリー・ベリーニを語るなら、スティーヴン・ピア（Stephen Peer、一八四〇―八七）を無視するわけにはいかない。ピアはカナダのナイアガラ半島に位置するスタンフォード・タウンシップに生まれ、そこで育った。ナイアガラ滝の地元の人間で、子どものころからナイアガラを眺めながら成長した。そしてナイアガラでのブロンディンの綱渡りを見て衝撃を受け、十九歳のときに綱渡り師を志すようになる。

ナイアガラを渡ることに成功すれば、ピアは地元の人間としてそれを成し遂げた最初の綱渡り師という名声が得られる。彼はそれを望んでいた。ピアは自分の家のぶどう園で木と木のあいだにロープを結んで自己流の稽古を始め、人前で見せられるほどに上達する。そこで一八七三年にベリーニのアシスタントとしての仕事を始める。ピアがいつごろから綱渡りの芸に本格的に取り組むようになったのかは定かでないが、ブロンディンなどの著名な綱渡り師に比べるとかなり遅い年齢である。歴史に名を残すほどの綱渡り師たちは、親がサーカスやアクロバット芸を生業にしていて、三歳から五歳前後には親の手ほどきで綱渡りを始めることが多い。地面を歩くようにロープの上を歩くことを自然に身につけてしまった、という者たちなのである。それに比べるとピアは遅いスタートだが、思い込みの強さだけは十分にあった。弟子入りするようにベリーニのアシスタントになったが、まもなく二人のあいだに修復できない亀裂が生じ、なんとも不穏な関係が尾を引くことになる。

　ベリーニはふだんから、自分の綱渡り用の道具をピアが使うことを禁じていた。ある日、ベリーニの外出中、ピアはベリーニの許可なくその道具（綱渡り用のロープとそれを支える補助用具）を持ち出し、付近の人たちに自分の芸を見せていた。ブロンディンがロープの上でやったような、ちょっとしたアクロバティックな技を見せることができるほどに上達していたのである。見物人たちは、地元出身のピアがロープの上でいろいろな芸を繰り出すのを見て大喝采した。帰ってきたベリーニはその現場を見て激怒する。もともとベリーニは激しやすい性格だったといわれる。怒りで頭に血がのぼったベリーニは、ピアがロープの上にいるときに、三つよりのロープのうちの二つをその場で切ってしまった。今度はそれを見ていた観客が怒り、ベリーニにその危険な行為をやめさせ、彼を街から追放したのである。

　一八八七年六月二十二日、ナイアガラ滝の吊り橋とミシガン中央鉄道橋のあいだにロープを張り、ピアは初めての本格的な綱渡りに挑戦する。結果は大成功だった。何千人もの観衆が喝采を送り、献金箱が回された。しかし、この三日後に彼は謎の死を遂げる。他殺説、自殺説と諸説あるが、最も可能性が高いのは事故死である。ピアは飲酒癖があり、この夜も飲んでいて、フラリと居酒屋から出て、ふだん着でふつうの靴のままナイアガラに張られたロープを歩き始め落下したのではないか、といわれている。

ナイアガラに命をかけて多様な挑戦をしてきた者たちについて小著『向こう見ずのナイアガラ』（*Daring Niagara*）を著したポール・グロモージアクは、その状況について触れている。

彼が暗いなかで固い靴底のタウンシューズを履いたままケーブルを渡ろうとして、落ちてしまったというひとつの説がある。彼の友人たちが綱渡りをするようにけしかけたとしても、彼はそれほど愚かだったのだろうか。彼の子孫たちはそうは思わない。

（略）

ある地元の人間がピアの死が発見されたころに語ったところによると、ピアと友人たちはバーで飲んでいて、ケーブルをチェックするためにバーを出ていった。そのとき一緒に出ていった男たちが本当にピアの友人たちだったのかどうかは推測の域を出ないのだ。[2]

一緒にバーを出ていった男たちが友人だったのかどうかはわからない、という一文は思わせぶりで気になるところだ。酔っ払ったいきおいでふだん靴のままロープに乗り、落下死したというのはありうる話だ。一方、遅咲きの綱渡り師としてかなりのレベルにまで到達した努力の人ピアは、酔っ払ってロープに乗るほど愚かではないといわれれば、それも道理にかなっている。とすれば他殺説も消去できない。ベリーニ本人、あるいは彼の仲間による復讐だったのだろうか。……ピアの死の真相は永遠に藪のなかである。

ピアの死の翌月、一八八七年七月五日、カナダ・クイーンビクトリア公園管理委員会はナイアガラ峡谷での綱渡りを禁止することを決定した。

注

（1）Paul Gromosiak, *Daring Niagara: 50 Death-Defying Stunts at the Falls*, Western New York Wares, 1998, p. 38.

（2）*Ibid.*, p. 43.

第4章　体でジェンダーイメージをくつがえす女たち

1　サーカスが、女が自由を手にできる数少ない領域だった

十九世紀後半から二十世紀初頭にかけて欧米では、女性のアクロバット芸人たちが目覚ましい活躍を見せた。サーカス団で、あるいは集団に属さず個人として、または仲間や家族と一座を組んで、体を張ってパフォーマンスを見せることを生業とする女たちが、現在想像する以上に数多く活動していたのである。空中ブランコ、曲馬、象使いなどの動物芸、さまざまなアクロバット芸、そして綱渡りなどである。とくに大掛かりな綱渡りは、集団の一員として扱われるのではなく、個人の名前が表に出るので、男性女性の区別なく、そのスペクタクルがすばらしければ評価される。芸は繰り返され、人気は尻上がりに高まっていく。

昔も今も、女性がアクロバットの芸人として生きることが困難であることに変わりはない。やり遂げる女性はきわめて少数である。十九世紀後半という女性の社会・政治・経済分野への進出が抑圧され制限されていた時代であれば、なおさらのことだ。女性の綱渡り師は、ジェンダーの壁を突き破り、自らのフィジカルな能力を開示

することで経済力を得ることができる。アクロバットのパフォーマーであることは女性にとって、経済的な自立を獲得できる例外的な領域だった。

ここで注意が必要である。彼女たちはたんに男たちがやっていた領域に入り込んで、そのすきまを埋めるような仕事をしたのではない。すぐれた女性のアクロバット芸人たちは、それが綱渡りであれ、空中ブランコであれ、あるいは馬や象やライオンの調教師であれ、男たちの身体能力と張り合うにとどまらず、ときには男たちのそれを超えて活動していたのである。彼女たちは、家事・育児・家族の枠のなかだけで捉えられ、父権的な力関係のなかで従属的な存在と見なされがちな女のあり方を変えていった。それは決してたやすいことではない。輝くばかりの栄光を残すこともあれば、悲惨な結末を迎えることもある。もちろん、それは男性の綱渡り師にも共通することだが、予期せぬ墜落によるけがや死に至る可能性がある。彼女らは「女ブロンディン」とか「マダム・ブロンディン」と呼ばれ、自らもそう呼ばれることをよしとしていた。

2　セリーナ・ヤング——最初の「女ブロンディン」

ブロンディンに刺激され、高所でロープの上に立った「女ブロンディン」の数は決して少なくない。何人かは歴史にその名を残している。セリーナ・ヤングはそのごく初期の女性である。一八四〇年ごろの生まれとされるヤングは、十代前半に「ポリーヌ・ヴィオランテ」の芸名で綱渡り芸人としてデビューし、のちに「女ブロンディン」の異名をとる。十代後半には、ブロンディンもパフォーマンスをおこなったクリスタルパレスで、女性として初めて芸を見せる。

一八六一年、セリーナ・ヤングはロンドンのテムズ川を渡ることに挑戦。ブロンディンのナイアガラ制覇から二年後のことである。金額は不明だが、これにはギャラが支払われた。しかし一回目は、ロープにたるみがあるせいで失敗。おそらくロープを側面から支えるガイロープがしっかり設置されていなかったのではないかと推測できる。二回目にはテムズ川のバタシー橋からクレモーネ・ガーデンにかけたロープを見事に渡りきった。彼女は「マダム・ブロンディン」として宣伝され、船に乗った観客やテムズ川両岸に集まった人たちは二万人を数えたといわれている。

しかし、翌一八六二年八月十四日、ロンドン北部のイズリントンにある遊園地でパフォーマンスをしているときに、十八メートルの高所から砂利を敷き詰めた地面に落下してしまった。花火が打ち上げられていたというから夕方か夜だったのだろうか。これは命を失ってもおかしくない高さだが、彼女は九死に一生を得た。地面の砂利が多少は緩衝材の役目を果たしたのかもしれない。とはいえ、これだけの高さである。肩と左足の骨折という重傷を負う。頭を打たなかったのが不幸中の幸いだが、回復したときには片方の足が他方よりも八センチ近く短くなってしまった。まだ二十一、二歳の若さである。この二年後に彼女は結婚し、その後の消息は不明である。おそらく綱渡りからはすっかり引退したものと思われる。

「女ブロンディン」の異名を我がものにして活躍した女性たちは少なくない。セリーナ・ヤングはその嚆矢といっていいだろう。それだけに彼女の事故のニュースはイギリス社会全般に大きな衝撃をもたらした。十九世紀後半、アクロバットを生業とする女性芸人たちが、男性のものとされてきたこの領域に果敢に挑戦し、それまでの女性にまつわるジェンダーイメージをどのように塗り替えていったのか。それについて語る研究者にスティーヴ・ウォードがいる。彼はこの事故の様子と、それが当時のイギリス社会にもたらしたものについて以下のように述べる。

ハイベリー・バーンでのこの公演中、セリーナ・ヤングはおおよそ六十フィートの高さのロープを数回渡っていた。手枷・足枷をつけたり、目隠しをしたり、手押しの車を押したりしながらロープを歩行する。これらはすべてブロンディンがやったこととして知られている。最後にロープを渡ろうというとき、彼女は両手で大きなバランス棒を抱えていて、その両端には回転花火が回っていた。花火が爆発を起こしたように見えたとき、彼女はバランスを失った。その瞬間、彼女はどうにかこうにか両手でロープをつかみ、足をロープに絡ませたが、頭から地面に落下してしまった。

ヤングはバーソロミュー病院に急ぎ運ばれた。彼女は右肩をけがしていて、大腿骨上部を折っていた。彼女は退院までの相当長いあいだ入院していた。しかし退院のころには治療不能の障害をもつことになり、それが原因でタイトロープから引退せざるをえなくなった。骨折が治ったあと、彼女の右足は左足よりも三インチ短くなったままだった。公衆からはこのような「危険な見せ物」に対しての抗議の声があがる。タイトロープはしばしばそう呼ばれていたのだ。それは「アメリカナイズ」されることによって持ち込まれた、イギリス社会の堕落のしるしだと見られたのである。[1]

死傷事故が起こりかねない高所の綱渡りに対して、それを禁止する、あるいはネットや命綱を使ったできるかぎりの安全対策を義務づける……などの行政による規制は、現在では当然のことにされている。そのような意識がしっかり確立していなかったこの時代、とくに野外の綱渡りに対して観衆が熱狂する一方で、その危険性を問題視する強い抗議の声もあがっていたのである。それは行政に向けられただけでなく、パフォーマンスがおこなわれる公園の管理事務所、あるいはロープを設置する作業員などのスタッフに対しても向けられた。しかし、高所の綱渡りを「「アメリカナイズ」されることによって持ち込まれた、イギリス社会の堕落のしるし」としてしまうのは、いくら近代サーカス発祥の地イギリスとしての誇りがあるとはいえ、アメリカに責任転嫁しているだけにしか思えない。

3　セリーナ・パーウェル、またの名をマダム・ジュヌヴィエーヴの痛ましい墜落死

セリーナ・ヤングが癒やすことができない重傷を負って社会から消えていった翌年の一八六三年、もう一人の「女ブロンディン」による別の事故が記録されている。七月二十日、イギリス、バーミンガムのアストン公園で、セリーナ・パーウェル（Selina Powell、一八二七―六三）が綱渡りをおこなった。彼女は「マダム・ジュヌヴィエーヴ」という芸名で売り出していた。ロープの長さは二十七メートルほどで、手入れが行き届いた芝の上に設置された。「ブロンディンの唯一の正統的な継承者」と喧伝されていたこともあり、何千人もの観衆が集まっていた。彼女の夫がロープやロープの両端の台の設置を周到におこない、彼女が綱渡りを始める直前にバランス棒を手渡した。

午後七時ごろ、セリーナは注意深く一歩を踏み出す。「女ブロンディン」といわれているわりには、ブロンディンとはまったく違って見えた。というのも、彼女はそれほど自信がありそうでもなく、動作が慎重だったのだ。彼女はロープの半分まで行ったところでロープの上にひざまずき、片足で立ち、ロープを歩き始めた出発点の台に戻った。そこで夫が彼女の手首と足首に金属の鎖をつける。左手と左足首、右手と右足首を結ぶもので動きが大幅に制限されることはなかったが、鎖の重さが体を制約することになる。パフォーマンスをよりスリリングに見せるための、よくある仕掛けだった。彼女はますます自信がない様子になったが、慎重にロープのすべてを渡り終えて反対側の台にたどりついた。そこで鎖を解かれたが、今度は代わりに頭から袋のようなものをかぶせられ、目隠しして出発点に戻ることになる。これもよくおこなわれる綱渡りの芸である。彼女が歩きだして二、三歩行ったところでロープを支える台が倒れ、ロープが緩み、彼女は叩き付けられるように地面に落下してしまう。人々が駆けつけたが、ほとんど即死という状態だった。痛ましいことに彼女は妊娠七カ月あるいは八カ月だった

といわれる。

この事故についての当時の記事を読んで気になったのは、彼女が妊娠していたことばかりではない。妊娠していたことに関しては、これまでの経験と技術からすれば、彼女も夫も問題なく成功できるという自信をもっていたはずだ。気になったのは、このパフォーマンスがおこなわれる二日前に、ある行政の人間が「あのロープはよれよれで犬にだって歩かせてはいけない」と言っていたことである。ロープは鋼でなく、すでに何度も使われた麻製のもの。一八六〇年代前半には、麻のロープがまだ一般的だったのだ。

綱渡り師が野外でパフォーマンスをする場合、命綱や安全のためのネットを使わないのは理解できるが、ロープそのもの、そしてロープの設置（高所に設置する場合、綱渡りと同じくらいに慎重を要する仕事である）に関しては当事者はもちろん、当事者以外のスタッフも徹底して気を配らなければならない。ロープを支える台が崩れ、そのためロープが緩んだのが墜落の直接の原因であるなら、事故の責任は百パーセント彼女以外のところにある。

この痛ましい事故の模様を描写する、次のような新聞記事がある。

六時半ごろ、マダム・ジュヌヴィエーヴが梯子を登っていった。そしてバランス棒を両手に持つと、しっかりとした自信にあふれて、ロープに踏み出した。ロープの半分のところまでくるともとの方向に戻り、手と足に非常に重い鎖をつけた。彼女の動きが鎖で遅くなるということはなかった。というのは鎖は右足と右手、左足と左手を結んでかけられていて、鎖そのものが彼女が手足を自由に動かせるほど長かったのだ。ただ鎖の重さだけが動きをさまたげた。見たところ彼女には動揺などまったくなく、ロープの上を歩いた。彼女はロープを中央で支える支柱を越えて、ロープの端にたどりついた。その端で、彼女は付き添っている男性からバッグか袋のようなものを受け取ると、自分の頭と肩にかぶせた。ふたたび彼女は自信をもって、ロープに一歩を踏み出した。そしてほんの一ヤードぐらい行ったところで崩落した。そして観衆の口からの恐怖の叫びが鳴りやむころには、マダム・ジュヌヴィエーヴは夫の足元に落下し急死していた。群衆がその場所に駆け寄ったが、警察が彼女の遺体のまわりに小さな空間をつくりそれを保っていた。[2]「付き添っている男性」とは彼女の夫だろう。「夫の足元に落下」とは、ロープの上の彼女に付き添うように見上げながら、彼が地上を歩いていたと思われる。別の新聞には、彼女が落ちたというよりも、ロープが崩落したとはっきりと書いてある。

ほんの三歩しか歩いていないのに、ロープが崩落した。観衆のなかの女たちは叫び、気を失い、屈強な男たちも血の気が引いたように青ざめた。ほんの一瞬前には観客に向けて優雅にお辞儀をしていた女性が回転して落ちていくのが見えた。優雅でにこやかな女性は、手入れがよく行き届いた芝の上にうつ伏せのまま死体になっていた。自分たちの感情を強く沸かしてくれるものを喜ぶという、身の毛もよだつような観衆の嗜好があるがために、またしても犠牲が出てしまったのである。これは、この十九世紀に生きているイギリス国民の恥である。[3]

最後の一文「イギリス国民の恥」の箇所には、なんとも複雑な気持ちにさせられる。いずれにしろこの時代、人の命の安全よりも、スペクタクルなショーとしてのセンセーショナリズムが優先されていたように思える。「女ブロンディン」……もしも「女」だということで男たちの準備作業に多少の気の緩みがあったとすれば（そんなことはなかったと信じたいが）、セリーナ・パーウェルは時代の犠牲者だったともいえる。いずれにしろ彼女がロープを踏みはずしたのではなく、ロープの設置状態やロープそのものに原因があったようだ。

もしもマダム・ジュヌヴィエーヴが自分がやろうとする行為にともなう危険を十分にわかっていたとすれば——もちろん、そうであったと推測できるのだが——彼女が自身のアートの表現として選んだ領域での挑戦を誰が否定できるだろうか。時代の背景というものを考慮に入れなければならない。男性支配の世界によってつくられた女らしさという理想のかたちを壊し始めている女たち（とくに危険な身体の技を極める女たち）がいた。しかし、彼女らが女であるという理由だけで、女はそんなことをすべきではないという一般的な風潮があったのだ。[4]

この日の綱渡りを含めたイベントの主催者たちは、この死亡事故にもかかわらず、祭りを続行し、夜中には花火が打ち上げられた……。

4　ナイアガラを渡った歴史上ただ一人の女性

マダム・ジュヌヴィエーヴが痛ましい事故死に遭遇せずに綱渡り師としての生業をまっとうしたのであれば、彼女の名は現在まで残っていなかったかもしれない。皮肉にも、男であれ女であれ、悲惨な事故によって歴史に名が刻まれたのである。事故がなかったら、数えきれないほど多くの綱渡り師たちのなかに埋没し、その存在はすっかり忘れられていただろう。しかし、女性の綱渡り師たちについては、痛ましい話ばかりではない。事故の記録などまったくなく、若くして輝かしい足跡を残し、いまだに語り伝えられる女性としてマリア・スペルテリーニ（Maria Spelterini、一八五三―一九一二）がいる。彼女の後にも先にもナイアガラを綱渡りで渡った女性はいない。スペルテリーニについては、ナイアガラの綱渡りを成功させた女性としての明確な記録がある。にもかかわらず、それ以外のこと、とくにそのあとの人生がどんなものだったのかは、残念ながらほとんどわかっていない。

マリア・スペルテリーニはイタリア・トスカーナ州のリヴォルノに一八五三年に生まれた。父がサーカスを率

マリア・スペルテリーニ。巡回公演中に運んでいた道具類のなかにたたずむ
（出典：*Ibid.*, p. 108）

いて巡業していて、三歳でデビューしたといわれている。七六年七月、彼女は二十三歳の若さでナイアガラの綱渡りを成功させている。といっても、イタリアから初めての海外公演のために渡米したわけではない。この時点で彼女はすでにベルリン、モスクワ、ロンドンで公演した経験があり、若くして実力も実績も備えた存在だった。

スペルテリーニはどこの公演でもほとんどミスがなく、完璧にこなしていたというから、その力量は推して知るべしである。力量に加えて経験も積んでいて自信があったからこそ、女性として初めてナイアガラに挑戦することに家族が反対しなかったのだ。ナイアガラに挑戦した男たちはたいてい、自分たちがいかに危険なことに挑んでいるかを喧伝して社会を注目させようとしたが、スペルテリーニは彼らと違って、ナイアガラを渡るという行為だけにクールに挑んでいた。それは、彼女がナイアガラの綱渡りを決行する一週間ほど前に「ニューヨークヘラルド」新聞に掲載された、彼女へのインタビュー記事から推測できる。彼女は「ナイアガラを綱渡りするのは特別なことではない。川の上を綱渡りするのでは自分のやりたいことを十分に見せられない。ロープが緩みなく張られていれば、自分のレパートリーをすべてそこで見せられる。しっかりしたロープなら十から十二ぐらいの芸ができる」と豪語している。

弱冠二十三歳の女性の自信のほどには驚くばかりだ。力量ある男性綱渡り師たちが大騒ぎするナイアガラの綱渡りについて彼女は「特別なことではない」と言ってのけ、川の上では自分が見せたい芸を存分に見せられないのが残念だ、とまで語るのである。ロープが緩みなくしっかりと張られていれば、ロープ上で十以上も芸ができる、とまで……。スペルテリーニは、この時点でおそらくナイアガラの風や水しぶきや霧など、綱渡り師泣かせの自然現象についてそれほど真剣には考えていなかったのだろう。サーカス団の経営者の娘として三歳から舞台に立ち、イタリア、そして海外での経験を数多く積んでいたとしても、その多くはテントやホールのなかであり、あるいは野外でも広場や公園に設置されたロープだったのではないかと想像できる。

それでも、七月一日と四日にナイアガラでおこなった綱渡りはこれまでの彼女の芸がそうであるように、ミスや危ういシーンなどまったくなく、すべてを優雅に美しく演じてみせた。これまでブロンディンに始まり、ファリーニ、ベリーニといった成功例のほかにも、成功も失敗も何人ものナイアガラへの挑戦者を現場で見てきた観衆も、彼女の能力には感嘆した。ワイヤーの高さは水面から約三十メートル。かなりの高さである。麻のロープを使ったブロンディンとの違いは、彼女は鋼鉄のワイヤーを使ったこと。その太さは五・七センチ。一八七〇年代の後半、麻のロープから鋼のワイヤーへと綱渡りの芸を支える素材も変わりつつある時代だった。一回や二回の綱渡りでなく、何回も繰り返してパフォーマンスを見せる場合、風雨にさらされ劣化が進みやすい麻よりも、多少の錆がつくにしろ鋼鉄のワイヤーのほうが安定性を維持しやすい。ブロンディンも、ナイアガラウォークのときに鋼のワイヤーが手に入り設置可能だったらワイヤーを使用しただろう。

スペルテリーニはたんに歩いてワイヤーを渡るだけでなく、手足に鎖をつけたり、頭に紙袋を載せたり、バスケットを足につけて靴のようにしたり、ワイヤーの上でスキップしたりすることもあった。綱渡り師としての彼女の力量が、このような芸を可能にしたのだろう。天候にも恵まれたかもしれない。ロープ上の彼女は、カラフルな衣装と美しいプロポーションで男たちとの違いを印象づけたといわれている。

七月一日と四日のあとも、ナイアガラでの綱渡りは何度も繰り返される。彼女が語っていたように、彼女にとってナイアガラは特別なものではなかったのだ。過去を復元してみることができるなら、ブロンディンはもちろんだが、それ以上にスペルテリーニのナイアガラウォークを見たいものである。綱渡りは、対抗文化のジャンルに置かれる領域である。アクロバットやサーカスも同様で、観客を選ばないそのスペクタクルとしての大衆性は、バレエやオペラ、クラシック音楽などの「ハイアート」の対極にあるものだ。だからこそそれは、伝統的なジェンダー観にとらわれた身体イメージを、世代やジャンルを問わずにドラスティックに変更する可能性をもっていたのである。グロモージアクは、以下のように述べる。

マリアのコスチュームはとてもよく、彼女は一段ときれいだった。鮮やかな色のタイツ、深紅のブラウス、きらめく緑の下着、上品な緑のブーツ、上が平らになっている帽子など。彼女はナイアガラの滝を渡った最

> 初の、そして最後の女性の綱渡り師だった。多くの人々が、ふだんは男たちがやってきたことを女がするというので、好奇心に駆られて見物にきた。結局のところ、男たちのスタイルとはヨーロッパでもほかの地域でもビクトリア朝のものだったのだ。女たちは家にいることを期待されていて、大胆なことをすることなぞ——とくに公衆の面前では——とんでもないことだった。
>
> 七月十二日、マリアはケーブルの上を前進したり、後ろ向きに歩くこともした。コスチュームは八日に見たときと同じものを着ていたが、ブーツのかわりに桃を入れるバスケットを足につけて固定していた。十九日は目隠ししたまま綱渡りをした。二十二日土曜日には腕と足首に拘束具をつけていた。最後のパフォーマンスは七月二十七日・木曜日、彼女はふたたび桃用のバスケットを足につけていた[5]。

スペルテリーニは、一八七六年七月に数回ナイアガラの綱渡りを遂行した。毎回ただ歩くだけではなく、また同じ芸を見せるわけでもなく、渡るたびに違う技を見せた。女性の綱渡り師の初めての挑戦なので、好奇心に駆られてたくさんの見物客が押し寄せたのもうなずける。引用にあるように伝統的なジェンダー観に強く縛られていたビクトリア朝の時代に、スペルテリーニがナイアガラの綱渡りを見事なまでに落ち着いて気負うことなくやり遂げたことは、女性のイメージをくつがえす端緒になった。

ひとつ忘れてはならないことがある。この時代、ビクトリア朝のジェンダー観をくつがえす仕事をしたのは、スペルテリーニだけではない。ナイアガラを渡らなくても、勇敢でフィジカルで、それでいてスペルテリーニのように冷静で、男性とは違う魅力でたくさんの観衆を沸かせた女性の綱渡り師やアクロバット芸人はたくさん存在していた。歴史に埋もれてなかなか日の目を見ない、漂泊の民として体を張って生きた女性の芸人たちの足跡をもっと掘り起こしてみたいものだ。

マリア・スペルテリーニがナイアガラウォークのあと、どのような人生を送ったのかは不明である。一九一二年十月に亡くなった説が正しければ五十九歳まで生きたことになる。ナイアガラを渡ったのが二十三歳だったことからすれば、抜群の実力の持ち主である彼女はその後の長い人生、どこで何をしていたのだろうか。アメリカに渡ったかイタリアにとどまったか、あるいはほかの国々で活躍したか。好事家あるいは研究者によって、新しい事実が発見されるのを待ちたい。

注

（1）Ward, *op.cit.*, p. 66.

（2）Gareth H. H. Davies, *Pablo Fanque and the Victorian Circus: A Romance of Real Life*, Poppyland Publishing, 2017, pp. 104-105.

（3）Ward, *op.cit.*, p. 67.

（4）*Ibid.*, p. 68.

（5）Gromosiak, *op.cit.*, p. 40.

第5章　当代最高の綱渡り師だった男の数奇な行路

1　桁外れの情熱に突き動かされた人生

ブロンディンがナイアガラを渡った反響はあまりにも大きく、「どこどこの（国や町の名前）ブロンディン」「女ブロンディン」「ブロンディンの再来」などの惹句がロープを渡る芸人たちを指して使われるようになる。また芸人たちも自らをアピールするために「ブロンディン」の名を積極的に利用した。質でも量でもブロンディンに匹敵する者は出てこなかったが、一人だけブロンディンの域に近づいた者がいた。その男はナイアガラを渡ったあと、タイトロープという芸の仕事に早々に見切りをつけ、驚くほどの多領域に進出する。そのほとんどで成功を収め、九十年の生涯を生きた。

男の名はウィリアム・ハント（William L.Hunt、一八三八―一九二九）。ニューヨーク州ロックポートの生まれだが、幼少のころにカナダに移住し、カナダ人になった。ブロンディンの名は知っていてもハントの名を知る人は非常に少ない。同じように、サーカスや見せ物の興行師としてはフィニアス・T・バーナムの名が広く知られ、現在まで語り伝えられているが、それに比べると興行師としてのハントは無名といわれてもしかたがない。それでもハントは、バーナムに匹敵するほどの異色の経歴の持ち主である。

ハントは綱渡り芸人としてデビューしたときから「ファリーニ」という芸名を使っていたので、一般的にはこの芸名で知られている。本書でも、以下「ファリーニ」とする。ファリーニが生涯をとおして手がけた多彩な仕事は、枚挙にいとまがない。彼は綱渡り芸人としてスタートしたが、それ以外に興行師、サーカス団長、発明家、冒険家（探検家）、園芸家、画家、著述家としての顔をもつ。十九世紀後半の見せ物として大いなる人気を博した「人間大砲」は彼の発明として知られているが、そのほかパラシュートを発明（改良？）したり、曲芸師の安全を確保するための巨大なネットを考案したりしている。また観劇用の折り畳み椅子を発明したのもファリーニだといわれる。

この途方もないスケールのファリーニとはいったい何者か。十年という歳月をかけて欧米に残るファリーニに関する史料を徹底調査し、四百五十ページを超える浩瀚なファリーニ伝『ザ・グレート・ファリーニ』を著したシェーン・ピーコックという作家がいる。その本の序文に以下のように記してある。

十九世紀カナダの生活はゆったりと流れていた。価値観は伝統的で人々は生活のほとんどの部分で満足していた。心をたきつけるようなことはほかのところで起こっていたのだ。それならどうしてウィリアム・ハントはそれほどまでに突出していたのか。彼の人生をとおして悪魔のように突き動かしていたものとは何なのか。彼にあれほどまでに向こうみずな挑戦をさせ、ときには人々を不快にするようなことをさせたものは何だったのか。

彼は生まれながらにして途方もないエネルギーをもっていたが、それは決して不自然なものではなく、精力あふれる肉体と知的な精神をもつ両親から受け継いだものだ。彼の親はまるでタガがはずれたかのような彼のバイタリティーに衝撃を受け、彼には魔物が取り憑いている、とまで言ったものである。しかし彼には

> 自分のあり方を変えようがなく、そのままの自分を押し通すしかなかった。心と感情に忠実に生きるとは嘘偽りなく生きること、ほかの者たちは自分の肉体や情熱をおそれ、偽善的になってしまっている、と彼は思っていた。そんなふうにして自分自身に対して忠実であることにこだわり、彼の人生は自分の情熱をとことん探求することに費やされ、ひとつの冒険譚になった。彼は何かと抑制が多い小さな農村から、スリルを求めて世界に飛び出していったのである。(1)

ファリーニの情熱がいかに常軌を逸したものだったか、そしてばか正直といえるほどに自らの情熱を押し通し、どのような生きざまをみせたのかがピーコックの本には書かれている。ブロンディンと同じようなやり方でナイアガラをロープで渡ったり、ザゼルという十代の少女に大砲から飛び出る芸をさせたり（ザゼルだけではなくほかの少女にもやらせた）、美少年に女装させ「美少女」の曲芸師として売り出して人気を博したり、またアクロバットの興行師という仕事から完全に離れて、アフリカ南部のカラハリ砂漠を横断する大冒険に出てみたり、そのほか彼が成し遂げたことは数えきれない。ピーコックがファリーニ伝を書くのに十年を費やしたのも無理はない。それにしても、情熱を押し通そうとするとまわりとの軋轢を生むこともあるし、ときには危険もともなう。ピーコックは語る。

> しかし自分に忠実であることは、危険なことである。年月がたつにつれて、彼はほとんど道徳観念が欠如するまでになっていった。なんにでも挑戦し、ほかの者にも平気で命知らずなことをやらせようとした。彼はいまだ世界が見たことがないほどのスリリングなエンターテインメントを作り出し、生真面目なビクトリア朝の人々にしばしば危険でエロティックな感情を巻き起こし、ときにはそれが彼らを不安に陥れるほどだった。彼が作り出すショーのほとんどは、彼が喜んで没入することができる輝かしいイリュージョンである。彼は、人々が真実よりもイリュージョンを好むと信じて疑わなかったのだ。しかしそのために、彼は自分が

つくるショーをまやかしでなく科学的な、倫理的に正しく筋が通ったものにしたのである。ショービジネスの悪いやり口に染まりはしていても、人から敬われる人間であることを、自身に対しても父に対しても証明したかったのだ。(2)

2　ブロンディンに真っ向勝負を挑む

ファリーニはなんにでも挑戦したといわれる。そして、その「挑戦」は並のものではない。彼の人生の最初の挑戦でさえファリーニだから実現できたのであり、ほかの人には不可能だったと思われる。彼はほとんど独学で子どものときから綱渡りをやっていて、その能力は自他ともに認めるほどずば抜けていた。また彼の挑戦はたんに綱渡りという行為をやり遂げようとするものではない。ブロンディンその人に対する挑戦なのである。

一八五九年の六月から九月、ブロンディンはナイアガラでの綱渡りを何度かおこない、そのすべてを成功させた。ニュースは世界を駆け巡り、ブロンディンは不可能を可能にした超人として話題になる。二十一歳のファリーニはナイアガラの滝を渡るブロンディンを見て、自分もできると確信した。そればかりではない。ファリーニは不遜にもブロンディンに対して、「挑戦状」を地元紙に掲載する。

ブロンディン氏へ

下記に署名する者、ブロンディン氏に次のような挑戦をする――わたしはケーブルの中央のところまであなたを背負って、ナイアガラ川を渡る。残りの半分はあなたがわたしを背負って端まで渡る。そのあと、ケーブルの両端から互いに歩き始め、中央まで歩いたら、川に停泊しているメイド・オブ・ザ・ミスト号のデッキにロープを伝って降り、そしてケーブルに戻る。

ブロンディン氏は彼がナイアガラでやったことは誰もできないことだと繰り返し主張しているが、わたしはそのことに対して挑戦する者である。

セニョール・ファリーニ

ポート・ホープで　一八五九年九月十七日[3]

ウィリアム・ハントはおそらくこの広告を出す直前に「ファリーニ」という芸名を選んだ。その後はずっとその名を用いてサーカスや見せ物の世界で知られることになる。ファリーニはイタリア系の名だが、当時、サーカス業界では、イタリア系やスペイン系の名を借用して自らを引き立てることが少なくなかったのだ。ブロンディンはいまや名実ともに世界の頂点に立つ綱渡り師。ファリーニはポート・ホープという小さな街に住む無名の若者である。そんな若者の勇み足の挑戦状だ。これが実現するにしても、途方もない危険がともなう。

……ブロンディンからの返事はなかった。彼がこの広告を見たかどうかは不明だが、もし見ていたとしたら、それを無視したのは賢明だった。ブロンディンがまともに挑戦を受けていたら二人とも命を失ったかもしれない。ファリーニは、ブロンディンに無視されるのを百も承知で自分の売名のために広告を出したのだろうか。この新聞広告について、ファリーニ研究家のピーコックは以下のように述べている。

もちろん、これはブロンディンの名前を使って自分の名を少しでも広めようとするもくろみにすぎない、と思われてもしかたがないだろう。しかし、ファリーニの性格、そして彼がその翌年におこなったことをみてみると、彼は心底から真剣だったことがわかる。ブロンディンからはまったく反応がなかったが、もしあったとしてもファリーニは数日のうちにナイアガラに飛んでいく準備はできていたのだ。彼は自分の能力を途方もないほどに信じきっていたし、子どものころから築き上げたプライドが、類を見ないほどの不屈の精神を育んでいたのだ。[4]

3　「ストロングマン」の桁外れの身体能力

ファリーニは、知性と好奇心と挑戦心そして野心を備えていた。そのうえ、身体能力のかたまりのような男である。彼が出した広告に「川に停泊しているメイド・オブ・ザ・ミスト号のデッキにロープを伝って降り、そしてケーブルに戻る」とある。これは綱渡りのロープの真ん中のところからロープを停泊中の船のデッキに下ろし、デッキまで降りてから、また綱渡りを続行するために頭上のロープに戻るということだ。船のデッキに垂れているロープは梯子になってはいない、ふつうの一本の麻のロープである。これを腕力だけを頼りに数十メートルの高さまで昇るというのである。さらにロープに昇って終わりではなく、ロープの端までまた綱渡りをしなければならない。ロープ昇りで体力を消耗しきったあと、綱渡りができるのか。そもそも、長くて重いバランス棒は船に降りていくとき、どうするのか。

いずれにしろ信じがたい挑戦を提案しているのだが、ファリーニは本気だったのだろう。ブロンディンがこの挑戦を受ければ、ファリーニはそれを必ずやり遂げられるという目算があったのである。ファリーニはアクロバットの技を磨くばかりでなく、徹底して筋力を鍛え上げていた。俗にいう怪力の「ストロングマン」だったのである。フェデリコ・フェリーニ監督の名作『道』（一九五四年）でアンソニー・クインが演じたザンパノのように、このころのファリーニが「ストロングマン」としてのショーもやっていた記録がある。両手の小指で重さ二十七キロのものを持った、百三十六キロの石を胸に載せてそれを大槌で叩かせた、五百キロのデッドリフト（バーベルを両手に持って立つこと）をした（ちなみに二〇二〇年代の世界記録は五百一・二キロである）。そのほか、七十三キロを片手で持ち上げた、十人以上の男たち対ファリーニ一人で綱引きをやって勝った……などの伝説が記されている。(5)

二十代初めのころのファリーニは文字どおり筋肉ムキムキの美丈夫であるばかりでなく、危険な綱渡りをやり遂げる抜群のバランス感覚と運動神経の持ち主だった。それにしてもこの無名の若者が、タイトロープの巨人であるブロンディンに異様なほどの対抗意識を抱いたのはなぜだろうか。もちろんブロンディンの名を利用して、ナイアガラ近くの街で生まれ育った自分が一挙にこの世界に躍り出たいという欲望があったはずだ。技術的には絶対の自信がある。綱渡りのテクニックは練達のブロンディンに遠く及ばないとしても、筋力は自分のほうが上だという思い込みがあるから、わざわざ一本のロープを伝って川に浮かぶ船のデッキに降りてまた昇るという手の込んだ見せ物を考えたのである。もっとも、このときの彼の挑戦状は若気の至りともとれる。その後自らの人生を途方もないスケールで展開した成熟したファリーニであれば、闘争心をむき出しに挑戦状を書くなどということは考えられない。彼は誰かの行動に触発されて動くというタイプではなく、まず自分自身が先んじて行動を起こす人間だった。

4　初めて公衆の面前で綱渡りを披露する

そしていよいよファリーニの「行動」が始まる。ブロンディンへの挑戦状を出した二週間後の一八五九年十月一日、ファリーニは初めて公衆の面前で綱渡りをやってみせる。同じ年の六月三十日から九月八日まで、日にちをあけながらブロンディンはナイアガラでのパフォーマンスをおこなってきた。それから一カ月もたたないうちにファリーニが最初のパフォーマンスをおこなったことには、ブロンディンから受けた刺激の大きさが見て取れる。

ただし、ファリーニの初めての綱渡りはナイアガラではない。地元ポート・ホープのガナラスカ川である。ブロンディンの唯一無二のナイアガラウォークを体験したあとで、まったく無名の地元の若者がこれまた地元の人しか知らない川で綱渡りをすることに関心をもつ人がいるのだろうか。ここで、彼の挑戦状が功を奏したのかもしれない。つまりブロンディンへの挑戦状は、もともと無視されることを見越したうえで、新聞というマスメディアに載せることで名を売って、ガナラスカ川の綱渡りに観客を集めようとしたのだとしたら……。そのようにみると、ファリーニが並々ならぬ策略家であることもわかる。そして、この策略は見事に図に当たる。

ブロンディンがナイアガラで成し遂げた途方もない挑戦と同じことを、カナダのポート・ホープという小さな街で地元の青年がやってみせるというので、相当な数の人々が集まった。かねてから綱渡りのロープの設置方法に関しても研究を重ねてきたファリーニは、協力者たちに自ら指示を与えながら川の両岸の建物の屋根にロープを張る。ここはナイアガラではなく、地元の川であるにもかかわらず、多くの群衆が集まっていた。その観客たちがファリーニの挑戦状を読んでいたかは不明だが、地元の無名の若者に川の上で綱渡りをするという大それたことができるのだろうか、と半信半疑の思いで見物にきたのにちがいない。彼がそれを実行する日の朝、ローカルの新聞は精神も肉体もスーパーマンのようなファリーニを絶賛。以下の記事を掲載した。

ファリーニ氏はこの仕事をやってのけるのに必要なありとあらゆる素質を身につけている。彼の行動力と筋力を見れば、万一、彼がロープ上でバランスを失うようなことがあれば――そんなことは絶対にありえないことだが――彼はすぐにロープをつかみ、左右の手を交互に出しながらロープを端まで渡り終えるだろう。何年にもわたり体育で鍛え上げた筋肉は、彼に失敗などさせないと思われるのだ。(6)

ファリーニはバランスを失うことも、ロープを踏みはずすこともなく、見事なパフォーマンスでこの綱渡りを成功させた。彼の体重がどのくらいだったかは不明だが、ストロングマンのパフォーマンスで十人以上の男たちを相手に綱引きをやって勝つほどだから、筋肉質であるばかりでなく、体重もかなりあったはずだ。その体重のせいか、あるいはロープを支える補助綱が足りなかったせいかもしれないが、彼がロープを渡り始めるとロープが左右に揺れて、観衆をヒヤヒヤさせる。しかしすぐに彼は持ち前のコントロールでそれを抑えて無事に渡りきった。

5　バランス棒なし、素手でワイヤーを歩く

ふたたびロープの反対側に戻ろうとするとき、ファリーニは観衆の度肝を抜くことをやってのける。バランス棒を投げ捨て、素手で歩き始めたのである。川の上の高所に張られた一本のロープの上でこれをやるのがいかに危険なことかは、容易に想像がつく。バランス棒は風でロープが揺れたときに身体のバランスを保つために必須のアイテムである。素手で渡るのは不可能ではないが、相当に難度が上がることになる。

ここで、バランス棒なしで綱渡りするのがどれほど難しい技なのかについて触れておかなければならない。わたしは一九九〇年代半ばに川崎昭一という人生のすべてを日本のサーカス団のなかで生きてきた特異な人物への聞き書きを『サーカスを一本指で支えた男』という本にまとめたことがある。川崎は終戦後間もなく、サーカス団に少年のころに入団。当時のサーカス内では日常茶飯事だったイジメと暴力に耐えかね、脱走しては捕まりということを繰り返しながら、もって生まれた器用さであらゆる芸をこなすようになり、最終的に国際サーカスというサーカスの団長になった人物である。川崎によると日本のサーカスではバランス棒を持って綱を渡ることを「カンスイ」といっていたという。語源は不明である。

棒をもって綱をわたるときは、その芸のこと「カンスイ」という。カンスイのときは麻のロープでなく、ワイヤーをつかう。手に何ももたずに渡るのは「素渡り」という。

（略）

カンスイというのがいちばんやさしい綱渡りとされた。これはピーンと張ったワイヤーで横ブレがない。なおかつ長い棒で支えて渡るから、バランスがものすごくいいんだね。綱渡りでもいちばん覚えやすい芸だ。まあ、カンスイというのは綱渡りの「ガセネタ」（どうってことのないネタ）のようなもんだね。だから「カンスイ」のときには芸人の上にまた芸人をのせたりする。

（略）

「素渡り三年　ゲソ八年　サシモノ三日」という（サシモノというのは肩芸のこと）。素渡りというのは難しいんだね、ちゃんと歩けるのに三年もかかるというんだから。ゲソ（足芸）の八年というのは、ちょっと長すぎる。(7)

日本のサーカスを知り尽くした川崎が綱渡りについて語った、じつに興味深いコメントである。「カンスイのときは麻のロープでなく、ワイヤーをつかう」という言葉から、当時、麻のロープとワイヤー双方を使っていたことがわかる。麻のロープではロープをわざと揺らすなどしてバランスをとる技を見せるのだ。クラウンがコミカルに芸を見せたりする場合もある。川崎がバランス棒を持ってワイヤーを渡る芸が「いちばんやさしい綱渡りとされた」と語っているのは、テントのなかでの公演のことであり、安全対策として大きなネットが設置されたうえでのことである。本書で扱っている野外の高所の綱渡りでは、必ずバランス棒を使う。使わないのは危険すぎる。ありえないといってもいい。「素渡り三年」というのは、経験を積んだ綱渡り師であっても微動だにしない鋼鉄のワイヤーの上をバランス棒なしで歩けるようになるには（芸として見せられるようになるには）、さらに三年かかるということである。ただしこれは距離を限定し、安全対策をしたテント内の話である。

ファリーニに戻ろう。彼は前代未聞のことに挑んだ。この地元の無名の若者はガナラスカ川を無事に渡り終え、たくさんの観衆から喝采を受けた。それにもかかわらず満足せず、バランス棒を投げ捨て、素渡りでスタート地点に戻ろうとしたのである。

そしてファリーニは危なげなくロープの中央まで行った……。

彼は観衆の拍手からエネルギーを受け、もうほとんどどんなことにも挑戦できる気分になっていた。彼はロープからわざと落ち（観衆から叫び声が聞こえる）とっさに片腕でロープをつかみ、ロープにぶら下がる。そして今度はロープの上に体を持ち上げ、ロープに座り、両手を自由にする。最後に彼は両足で逆さ吊りになって両腕を広げてスミス入江に向かって体を伸ばし、彼の顔はオンタリオ湖のほうの堤防を見下ろす姿勢になっていた。その後、観衆が彼に畏敬の念を抱いたのはもっともなことだ。彼らが見つめるなか、彼は無事に戻ったのである。[8]

往路をバランス棒を持って渡ったあとそれを放り投げて、復路は素手で渡ったばかりか、ロープの中央で難度が高い技を次々にやってみせたのである。素手で渡る——一八五九年という時代を考えると、ワイヤーでなく麻のロープだったはずだ。少年のころからほぼ独学で綱渡りをやってきたファリーニの輝かしい成果である。独学とはいえ、彼はかなり知的な理論家でもあり、さまざまな状況にどのように対応するかも学習して身につけていたのである。加えて並ぶ者がないほどの体力である。現在ファリーニのような男性がいれば、オリンピックの複数種目で栄誉ある賞に輝くのではないかと想像したくなる。帝王ブロンディンほか歴史に名を残す多くの綱渡り師たちに比べると、ファリーニの二十一歳でのデビューは遅すぎる感がある。しかし彼は一人で研鑽を積んでいて、自らの実力に絶対の自信をもってデビューを果たしたのである。彼が瞬く間に地域のヒーローになったのはいうまでもない。

そして同じ場所での二度目の綱渡りはこの地域の祭りの最終日にあたり、加えて一度目の成功のニュースが急速に広がっていたため、八千人もの観衆が集まった。これはこの街の人口の二倍である。ファリーニは初回の成功で自信を深めたのか、今度は人を背負って革のベルトで自分の体にしっかり留めて、綱渡りをしようとする。

これはブロンディンがナイアガラでやったことの模倣であり、明らかに自分にもブロンディンと同じことができることを示そうとするものだ。しかし、フレイザー市長が、これだけの人々の眼前で万一の痛ましい事故を起こしてはならないと判断し、それをやめさせた。ファリーニは前と同じく一人でロープを渡り、観衆をヒヤヒヤさせる芸をいくつもやってみせた。まるで地上にいるかのようにロープ上で芸をおこなったのである。

6　ナイアガラ――運命の日がきた

川上の綱渡りを素渡りまで含めて問題なく成功させ、観衆から大喝采を受けたとはいえ、ポート・ホープという小さな地方都市でのことである。これに自信にあふれたファリーニが満足するはずがない。目指すところはナイアガラであり、ブロンディンである。そして、ついにその日がきた。一八六〇年八月十五日。ファリーニはこの日のために万全の用意をした。ロープを特注し、それを設置する位置、高さを念入りに検討。綱渡りのロープを支える何本かのガイロープも慎重に設置した。ファリーニがとくに気を使ったのはブロンディンを意識して決めた、ロープを設置するアメリカ側とカナダ側の位置、そしてロープの高さと長さである。すべての点でブロンディンを上回るように周到に準備した。ブロンディンに対してここまで執念を燃やす、どこか屈折した若者という感じがしないでもない。

前の年にブロンディンが達成したことはあまりに偉大で、それに比べるとファリーニは田舎町でデビューしたばかりの若造である。若造が世界の頂点に立つ大御所にいきがって挑んでいる、と多くの人に見えたのも無理はない。このときファリーニは二十二歳になっていたが、この若造がブロンディンと同じことに挑戦するとは……と、人々は半信半疑で集まった。そんな雰囲気もありブロンディンのショーに比べて、いまひとつ盛り上がりに欠けた。

カナダ側からアメリカ側に渡る最初の歩行は、かなりの困難をともなった。風やロープの揺れの影響を抑えるために、バランス棒はより長く重く作られた。重さは十八キロ、長さは十二メートルを超えていた。綱渡りのロープの揺れを防ぐためにたくさんのガイロープを設置していたのだが、長いバランス棒の端がガイロープに引っかかってしまう。ファリーニは持ち前のバランス感覚で腰と胴体を柔軟に動かすことでこれに対応し、千八百フィート（五百四十九メートル）という長い距離を無事に渡りきる。そればかりではなく、ブロンディンがやった危険な技——ロープの上に頭で立つ、片手でぶら下がる、両膝でぶら下がる——をやってのけた。少し休憩したあと、ふたたびカナダ側にロープを渡って戻ったときには、観客から熱狂的に迎えられたのはいうまでもない。フランス出身のブロンディンと違って、地元のカナダ出身（生まれはアメリカであっても）で二十二歳の若者がブロンディンに勝るとも劣らぬ偉業を達成したのだ。

追い打ちをかけるようにファリーニは、次の綱渡りでブロンディンがやったことがないことを試みる。川の上のロープの中央にバランス棒を縛って固定し、背中にかついできた別のロープを川に停泊している船メイド・オブ・ザ・ミスト号の甲板に垂れる。綱渡りのロープと船の距離は三十メートル以上はあった。ファリーニはスルスルとロープを伝って船のデッキに降りて、差し出されたワインを飲んでからまたロープを昇ったのである。両足をロープに絡ませて体を安定させながら、ほぼ腕の力だけを頼りにロープを昇る。十階建てのビルの屋上までロープを伝って腕の筋力だけで昇るに等しい。これはどんな力自慢でも不可能に思えるほどの難事業である。事実、力自慢のファリーニも途中数回、動きを止めて休まなければならなかった。両サイドの沿岸から見ている観衆も相当にハラハラしていたようだ。しかし無事に綱渡りのロープにたどりつき、ふたたびバランス棒を手にしてロープの残り半分を渡り終える。そのほか、目隠ししたり、背中に何かを背負ったりなど、負荷をかけたパフォーマンスもすべて成功させた。

この年、ブロンディンも二年目のナイアガラの綱渡りをおこなっているが、二人が直接出会うことはなかった。ブロンディンはもともとファリーニなど相手にしていなかったのだ。イギリスの当時の皇太子、のちのエドワード七世もブロンディンのファンであり、ブロンディンのナイアガラでのパフォーマンスをお忍びで見にきていたが、ファリーニのことはまったく眼中になかった。

しばらくしてファリーニは綱渡り師の仕事から手を引き、危険な技をする芸人たちのショーを演出・制作する興行師として活躍するようになる。彼の転身の理由は、やはりブロンディンという存在があまりに大きかったことにあるだろう。いくら目を見張るような芸をやり遂げても、ブロンディンの名声には勝てない。綱渡り師たちのあいだで自分の名に箔をつけるために「第二のブロンディン」「女ブロンディン」などの惹句を使うことが流行した時代である。それでも、ブロンディンがナイアガラでやったことに最も近づいたのはファリーニである。それは多くの人が認めるだろう。事実、ファリーニはブロンディン以上のパフォーマンスをやってのけたのである。

7　よきパートナーに起こった悲劇

ブロンディンの次にナイアガラを渡ったカナダ人の男に、地元カナダで急激に知名度を上げたファリーニがいる。ナイアガラでの綱渡りに成功した翌年の一八六一年、同じ地域出身のメアリー・オズボーンと結婚する。彼女はファリーニよりも一歳年下で、友人としてファリーニの芸を支え応援している仲間の一人だった。ファリーニのパフォーマンスの裏方として働くばかりでなく、自らもいくつかのアクロバット芸に挑戦する大胆さをもっていた。彼女のそういうところをファリーニは気に入っていたのかもしれない。ファリーニは彼女にタイトロープのやり方を教える。ファリーニのていねいな指導のかいもあって、彼女はのみ込みが早かった。そしてファリーニがカナダやアメリカでショーをするとき、ファリーニの背中におぶさって一緒に綱渡りをすることで、夫のロープウォーキングをさらにスリルに満ちたものにした。伝えられているところによるとファリーニは、一人を背負ってロープを渡ったこともあるという。この逸話は彼の並外れた筋力とバランス感覚を物語っている。

メアリー・オズボーンを背負ってロープを歩き始めると、その場は一瞬で静まり返る。女性を危険な芸に巻き込むことに観衆のすべての感覚が引き付けられる。そして、ファリーニがまったく危なげなく綱を渡っているのを見て、観衆は安堵の表情を見せる。現在ならこのようなパフォーマンスは、世界中どこに行っても認められないだろう。だが十九世紀の半ばには、高所でのアクロバット芸に対してどのような安全策をとるべきか、真剣に議論されることはなかった。

この芸を何度も一緒にやり、そのたびに成功させていたファリーニ夫妻だが、一八六二年、キューバのハバナでの綱渡りで異変が起きる。メアリーを背負ったファリーニは、あと二メートル足らずで綱渡りを終えるところまできていた。二人のパフォーマンスがほとんど無事に終わりそうになったとき、キューバの観衆は熱狂して大声援と大拍手を送った。それに応えてメアリーが思わず片手を上げて手を振ってしまったのだ。地上であればなんでもないことだが、このとき二人はまだロープの上にいた。ファリーニはバランス棒と屈強な足腰で二人の体重を支えながら歩行していたが、メアリーが手を上げたせいで一瞬、バランスを失う。メアリーはファリーニの背中からすべり落ちた。が、さすがは鍛え上げたファリーニ。とっさに両手に持っていたバランス棒を投げ落とし、片手で彼女の体をつかんだ。ファリーニがロープの上から彼女を支えて、ほんの数秒後。彼女のコスチュームが破けて、落下。メアリーと観衆の絶叫。即死ではなかったが、頭を打っているため助かる見込みはなく、二、三日後に死亡した。前年、結婚したばかりの二人であり、仕事でもプライベートでもお互いに信頼しあえるよきパートナーだった。ファリーニは二十三歳、メアリーは二十二歳だった。

彼女のちょっとした過失が原因であるとはいえ、人を背負って綱渡りをするという危険な行為（ブロンディンがナイアガラでやったことをファリーニは模倣したのである）をおこなったファリーニも責任を免れられない。ファリーニはしばらくのあいだ相当に落ち込み、その後もこの事故について語ることはなかった。

8　放浪、そしてふたたび挑戦への情熱に駆り立てられる

二十代前半の若さで筆舌に尽くしがたい危機を経験したファリーニ。その記憶から少しでも遠ざかろうとするかのように、それまで活動の中心だったイギリスとアメリカから離れ、遠方の地を数カ月にわたって旅をする。カリフォルニアからメキシコへ、そのあと中央アメリカの国々からベネズエラ、ブラジル、チリなどを巡る大旅行である。地域の小さなサーカス団で芸を披露し、野外での綱渡りもした。十九世紀半ば、広範に移動する旅は困難をともなう、命がけといえるものだった。長距離の移動には船を使うのだが、嵐に見舞われて危うく命を落としそうになることもまれではなかった。

綱渡り中に背中におぶった新婚の妻が墜落死するという惨事を経験してから、ファリーニは以前にも増して死に直面するような行為に突き進んでいった形跡がある。サーカスやアクロバットの芸人たちは、国から国へと移動し、巡業する生活をしていた。飛行機や特急列車のような長距離移動の手段がない時代から長旅をしていた数少ない人々である。その旅の途中、海難事故で命を落とすことも珍しくなかった。空中ブランコや綱渡り中の落下死はサーカス芸人譚で語り伝えられ、映画でも繰り返し描かれてきた。それに比べると、サーカス芸人が旅の途中で事故にあって命を落とした例については、決して少なくなかったのに語られることがない。

多くのサーカス芸人たちがこのような旅の途中で命を落とした。しかしファリーニはいまや恐れを知らない者になり、自分のライフスタイルについて他人がとやかく言うことなどまったく気にも留めなかった。必死になって冒険を希求し、メアリーの死からも、自分がただなかにいたあの厳格なアングロサクソンの世界からも離れて、誰にも知られない存在でいようとした(9)。

ファリーニは持ち前の生命力と運の強さで、未知の異国での果敢な放浪を全うする。そして一八六四年に彼は戻ってきた。そこは、因縁のナイアガラである。妻を失った心の痛手から回復したわけではないが、彼はまだ二十代半ばである。どうにかしてブロンディンを超える芸をやり、ブロンディンを崇める社会を瞠目させたいという気持ちは相変わらずだった。そこでファリーニが考えたのが、轟音とともに大量の水が滝になって落ちる直前の激流を竹馬で渡る、というとんでもないことだった。もちろんこれには、川の深さ、岩盤の底の状態、激流の程度をしっかりと調べ、どのような「竹馬」にすればいいのかを考える必要がある。発明家でもある彼は、自分で足に固定するものを「発明」する。さらに竹馬とは別に手にはパイクポール（先が槍のように尖ったポール）を持つのだが、これをどのように作るべきか検討する。ファリーニはこのように事前の周到な準備を進めた。川に入って調査できるわけではないので、橋から、あるいは沿岸から双眼鏡で何度もチェックを繰り返す。竹馬はファリーニが独自に考案したもので、鉄パイプの空洞にトネリコの木（スキーや野球のバットに使われる植物。丈夫で弾力性がある）を入れ、先端の鉄の部分は尖らせておいた。

すべての下調べと準備をして、ファリーニはこれが実現可能であると確信し、十月十五日を公衆の前で演じる決行の日とする。それに先立ち、八日の未明に予行演習としてすべて本番と同じ状態でやってみる。これが成功すればブロンディンのナイアガラ綱渡りとは別の、命をかけたセンセーショナルなアクションとして注目されるのは間違いない。何しろ橋から見ても沿岸から見ても、まさに激流の上を歩いているとしか思えないのだ。注意深く足を交互に流れの底にある岩床に突き立て、激流のなかにあるロビンソン島という小島に向かって歩きだす。予定よりも時間がかかったものの七百フィート（二百十三メートル）を無事に進み、ロビンソン島まで二十フィート（六メートル）のところまで来ていた。水面の向こうにアメリカ側の岸も見える。白々と朝日が差してくるなかで、ファリーニの挑戦はこのまま成功するかに思えた……。

そのとき、思わぬ事故に見舞われる。片足が、岩床のクレバス（深い裂目）に入ってしまい身動きができなくなったのだ。竹馬が万一脱げてしまったら命取りになる。逆に竹馬の先がしっかり川底に突き刺さらないと流されてしまう。これも命取りになるほど危険である。彼は、木材と鉄材を組み合わせた先が鋭い、しっかりと足に固定できる竹馬を自作していた。ファリーニは体を前後左右に動かしながらクレバスに挟まった竹馬を必死に抜こうとするが、できずに激流のなかにうつ伏せに倒れてしまう。それからの数十分（もしかしたらそれ以上の時間）が、ファリーニの人生で最も死に近づいた時間だっただろう。両手に持ったパイクポールを必死に使いながら渾身の力でロビンソン島に向かって歩き、島の樹木の垂れ下がった枝をつかむことができた。九死に一生を得たのである。

大きなビジョンをもって挑戦したパフォーマンスだが、結果は無惨な失敗だった。わずか三年のうちに、自分のショーで妻を亡くし、今度は自分自身の試みが大失敗してしまった。それも大衆の面前でだ。というのも、ファリーニは、ロビンソン島からすぐに救出されたわけではない。夜が明け、さらに午後になってもまだ島に取り残されていた。そんなファリーニを見るために、相当な数の人々が集まってきたのである。無念さに火をそそぐように、呆然と島に立ち尽くす彼はさらし者になってしまったのだ。この無謀な試みは、当時の新聞などでも厳しく批判された。もし成功していれば「無謀」とはいわれなかっただろうが……。

しかしファリーニはまだ二十代半ばである。抜きん出た身体能力は自他ともに認めていて、確かな自信をもっている。ナイアガラでの失敗にへこたれることなく、このあとも彼はカナダのオタワやモントリオールなど大都市で、スリルとスペクタクルに富んだ綱渡りのパフォーマンスを大観衆が見守るなか次々と成功させる。綱渡りの実力では、ブロンディンと張り合えると自分では信じていた。

9　綱渡り師から本格的な興行師に

地元が生んだ突出した綱渡りアーティストとしてカナダ国内で人気が高まったとはいえ、彼の身に起こった二つの深刻な事件（キューバでの妻の事故死と、自分自身が危うく命を落とすところだった「ナイアガラウォーク」）は、あとあとまで尾を引いた。そして彼はいさぎよくアクロバットアーティストとしての「ザ・グレート・ファリーニ」から身を引くのである。ファリーニの心のなかで何が起こったのかは定かでない。ひとつ確かなのは、彼がいつしかブロンディンという巨大な岸壁のような存在に挑戦するのをやめたことだ。戦略家としての彼の頭脳は、肉体的にはスーパーマンであり、綱渡りでブロンディン以上のことをやっても、ブロンディンは永遠に超えられない、と悟ったのかもしれない。ブロンディンという存在はそれほど大きかったのである。

興味深いのは、芸人であることをやめても、ファリーニが誰もが認める「ザ・グレート・ファリーニ」でありつづけたことである。彼はユニークなアクロバット芸人をリクルートし、自分がショーを演じる立場から、興行を打つ立場へと大変身を遂げ、大きな成功を収めていく。興行師としてのファリーニは、ナイアガラへの挑戦で見せたのに劣らないほどのショーマンシップを発揮し、綱渡り師だったころに劣らない活躍をするようになる。歴史に名を残す興行師としてはアメリカのＰ・Ｔ・バーナムがあまりに有名で、現在に至るまで映画や書物で語り継がれている。ファリーニがバーナムと異なるのは、もともと彼自身が綱渡り師としてトップの座を占めていたアクロバットアーティストであることだ。彼はそれまでさまざまな地域で幾度となく観衆の注視にさらされてきたおかげで、彼らの心をつかむにはどうすればいいか経験からつかんでいた。そればかりではない。年を経るにつれて興行以外のさまざまな分野に手を染めていく。

興行師としてのファリーニが成功を収め続けた理由は何だろうか。注目すべきは、舞台映えする美少年・美少女で身体能力が高そうな子を、一人前に芸ができるアーティストに育て上げたことである。これはファリーニが、ビジネスだけが目当てのたんなる興行師とは異なった点である。男女のボーダーが明確だった時代に、そのボーダーを攪乱する奇策を意図的に演出していったのだ。ファリーニは、ショーの演出も得意であり、社会と時代をみながら周到に考えを巡らせていた。ときには大衆のセンセーショナリズムをうまく利用した。

興行師としてのファリーニの仕事の目覚ましいものとして、イギリスで見いだした少女ザゼルことローザ・リヒターがあげられる（彼女について詳しくは第6章「勇気と実力で時代を走り抜けたザゼル」を参照）。綱渡りだけでなく、ザゼルが披露する高所からのダイブや、ファリーニ考案の人間大砲はつねに人気を博した。発明家でもあるファリーニは、演出を生かす舞台美術や装置も自分で考案していた。十代半ばの少女にそんな危険なことをさせるなんて、現在ならとても認められないだろうが、十九世紀のことである。批判がないわけではなかったが、彼が編み出したショーの盛り上がりのなかに、批判の声はいつの間にか消えていた。

人間大砲とは、まるで砲弾を飛ばすように人を飛ばす大砲である。できるだけリアルにするため、火薬を使った爆音まで音響効果としてつける。大砲は実際には木製で、少女をバネで飛ばすのだが、その瞬間に火薬が爆発する大音響とともに煙が立ち上り、観衆の度肝を抜いたのである。この芸で大砲をリアルに見せること以上に大切なのが、砲弾のように宙を飛ぶ少女の安全を確保することである。大砲から飛び出た少女を、着地点でどのように受け止めるのか。そこで安全ネットが必要になる。大きなネットで、衝撃で破れない強度も必要だ。二十世紀に入るとサーカスで安全ネットは必需品になるが、その歴史をさかのぼると、ファリーニこそがネットの考案者であるともいわれている。

幾度となくファリーニがサーカスの安全ネットの考案者であるとされてきている。これは「死を恐れぬ」ような芸を見せるときは、現在、どんな場合も当たり前のように使われるスタンダードになっている。一八六六年以前にそれが使われたという証拠はないように思える。[10]

大砲から飛び出るザゼルの芸は、訪英中のバーナムの目にも留まり、ザゼルはアメリカに招聘されそこでも大いに人気を博す。大砲から飛び出た芸人は宙に舞い上がり放物線を描いてネットに落下するのだが、落下するスポットを芸人自身が空中で微調整しなければならない。最高の芸人であっても、それをいつまでも持続できるわけではない。並ぶ者がないほどのアクロバット芸人ザゼルでさえも、人間大砲に失敗するときがくる。彼女は重傷を負い、そこで芸人としての人生が終わる。

10　業界を震撼させるルルは、少年なのか少女なのか

ザゼルは、ファリーニという興行師が付いて演出や振り付けをおこなうことで、歴史に残るサーカス芸人にまで成長した。ただし、そのように育て上げた子どもはザゼルだけではない。ファリーニを語るうえでザゼル以上に重要な役割を果たした少年がいた。その名をエル・ニーニョ（El Niño）という。ファリーニは一八六四年か六五年に、アメリカのボストンでの巡業中にエル・ニーニョと出会ったのではないかとされるが、事実は明らかではない。エル・ニーニョは当時まだ七、八歳の少年で、孤児のような生活をしていた。ほっそりしてブロンドの髪がきれいな魅力的な少年だった。

ファリーニは私生活では三度結婚したが、彼の仕事面に焦点を当てるなら、エル・ニーニョとの出会いが最も重要ではないかと思えてくる。ファリーニがサーカスの興行を成功させられるかどうかは、エル・ニーニョに負うところが大きかった。その少年は誰が見てもハッとするような美しい容貌をもっているのに加えて、アクロバットのセンスも抜群だった。ファリーニはエル・ニーニョを自分の息子であるかのようにいつもそばに置き、徹底して芸を仕込んだ。芸ばかりでなく、当時の興行の世界でどのように生きていけばいいのか、社交の教育も施した。エル・ニーニョにとっても、ファリーニとの出会いは天と地がひっくり返るほどの人生の変化をもたらしたのである。

エル・ニーニョがロンドンでデビューした際にはファリーニもともに出演し、まったく無名の少年のサーカスそしてアクロバットの世界への船出に衆目を集めた。ファリーニの名にはブロンディンほどのカリスマ性こそな

かったが、「ナイアガラを渡った男」「ナイアガラの川中を歩いた男」(完遂こそできなかったが)として喧伝され、それだけで人を集めるのには十分だった。大柄で立派な髭をたくわえたファリーニは黒一色の衣装に身をつつみ、一見「悪魔的」な相貌と存在感を漂わせていた。この存在感がファリーニとショーをともにする金髪の小柄な美少年の魅力を際立たせ、エル・ニーニョは瞬く間に人気を博した。ファリーニが育て上げたエル・ニーニョのロンドンデビューは大成功だった。

ロンドンでの成功をそのままフランスでも収めようと、二人はドーバー海峡を渡る。パリでの公演準備のため何カ月か南フランスに滞在して稽古を重ねたようだが、パリ公演のときには、その舞台からエル・ニーニョの姿は消えていた……。かわりに今度はルルという美少女がファリーニの舞台のパートナーとして大活躍することになる。ファリーニの伝記作家ピーコックはルルのパリデビューの様子を次のように描いている。

美しい十六歳のチェルケス人として宣伝されていて、彼女の容貌と優雅さは瞬く間に観衆の目を捉えた。長いブロンドの髪、青い目、両頰には長いイアリングが輝いていた。体は美しいプロポーションをもっていて、小柄でスリムだけれど筋肉質。しなやかな細身が歩くと、なめらかな動きが余計に際立った。サテンの体操着の胸元は濃紺のフリルで縁取られ、肩と腕と白いレオタードの脚を誇示するかのように見せていた。彼女が観客に向かってほほ笑む。彼女がパフォーマンスをおこなうと観客は息をのんだ。誰もサーカスのリンクでこのようなものを見たことがなかったのだ。(11)

「チェルケス人」はもともと北コーカサスと黒海の北東岸に居住していた民族で、ロシアによる虐殺や民族浄化がおこなわれたために、諸国への移住を余儀なくされた。この弾圧が終わるのが一八六〇年代の後半である。パリの人たちがどれほどこのロシア・チェルケス戦争のことを知っていたのか不明だが、ファリーニとルルのパリデビューが七〇年ごろであることを考えると、ファリーニは「チェルケス人」という言葉で、観客の同情と好奇心とエキゾチシズムをかき立てたのである。ファリーニという男はまったく抜け目がないのだ。芸人の教育、稽古、演出、振り付けばかりでなく、異国でのキャッチコピーまで時勢をにらみながら抜かりなく考え出す。当時のパリを代表する円形の大サーカス劇場シルク・ド・ランペラトリスでのルルのデビューもまた大成功だった。

　ファリーニはルルを連れてロンドンに戻る。そしてロンドンでもルルは熱狂的といっていいほどの人気を博す。ほっそりした金髪碧眼の美少女が空中のロープの上に立つだけでも異様なほどの輝きを見せたのだ。当時のメディアもザゼルと並んでファリーニが見いだして育て訓練したルルをもてはやし、人々はこの孤高の輝きをもつ美少女を見るためにサーカスに何度も足を運んだ。ルルがデビューすると瞬く間に、ロンドンのサーカス界のスターダムの頂点に立った。

　切れ味がいい身体性、洗練された立ち居振る舞い、そして際立った美貌……、ロンドンっ子のあいだでも彼女の噂話でもちきりだった。

　そんななかで次第に、ルルの性別についての憶測がささやかれるようになる。やがて、それはすべての人々の口の端にのぼる共通のトピックになった。ルルは少女ではなく少年ではないか、というのである。そのことを公にしたのは、ファリーニにとって因縁あるあのブロンディンである。

　そしてまさにブロンディンである。あの唯一無二のブロンディンこそが、ルルについていったい何がおかしいのかという、そのポイントを指摘できる存在だ。彼は公にそれをやってのけた。ブロンディンがファリーニに復讐するチャンスが巡ってきたのである。

　二月のニューヨークのある新聞紙上に、ロンドンを虜にしているあの輝きに満ちたルルは本当は……少年である、という報告が出回っていた。ブロンディンが公的な手紙を書いていたのだ。それによるとルルを実際に見て、詳細に彼女を観察してみたら、この美しいブロンド娘はエル・ニーニョ・ファリーニにほかならないということである。(12)

中央がファリーニ。左が「ルル」として女装したエル・ニーニョ。右の女性は不明
（出典：Shane Peacock, *The Great Farini: The High-Wire Life of William Hunt*, Penguin Books, 1995）

ルルの性別に向けられた関心は、逆にルル人気に拍車をかけることになる。稀代の興行師バーナムがルルのことを見逃すわけがない。バーナムばかりでなく、ほかのアメリカの興行師たちもルルに対して強い関心をもつようになった。その結果、一八七〇年代初めから八〇年代にかけて、ルルとファリーニは何回か渡米し、アメリカ各地の都市を巡回公演する。ルルの性別の曖昧さも集客に拍車をかけ、いつも圧倒的な成功を収めた。イギリスに続いてアメリカでもルルは男性かもしれないという噂が広がっていったが、それでもメディアのなかには、ルルが男性であることなどありえない、と明言するものもあった。

ルルの性別が決定的に明らかにされたのは一八七六年、アイルランドのダブリンで彼女が落下し、大けがをしたのがきっかけである。医師団はルルが紛れもなく男性であることを確認した。そんなふうにして社会は、ルルがかつての美少年エル・ニーニョが成長した姿であることを知ったのである。面白いことにルルが男性であることが明らかになったあとも、ルルはエル・ニーニョに戻ることなく、その後も「少女ルル」でとおした。女装も続け、さまざまなアクロバットのショーに頻繁に女性として出演した。さらに興味深いことにルルはフェリーニの妹エディス・メイ・ハントと結婚。七七年にはメイという女の子が生まれ、父親になった。ファリーニの養子のような存在から、法的には彼の義弟になったのである。ファリーニ自身も七一年にイギリス人の女性アリス・カーペンターと再婚して二人の子どもをもうけたが、八〇年には離婚している。

11　アフリカの砂漠を縦断する大冒険、そして晩年

一八七〇年代後半から八〇年代前半にかけて、ファリーニの興行師としての活躍はピークを迎える。ザゼルやルルを中心にそれ以外にも多くのパフォーマンスを演出し、ときにはバーナムとも組んで大仕事をした。イギリスとアメリカという二つの国に焦点をしぼっても、その活動の数も多彩さも枚挙にいとまがない。

ところがファリーニは、誰も夢想さえしなかった新たな挑戦をみせる。一八八五年一月、ファリーニはルルをともなって、突然、アフリカ南部のカラハリ砂漠縦断という大冒険の旅に出発したのだ。タイトロープから出発したファリーニだが、彼の人生そのものがまさにタイトロープだった。

このアフリカ冒険の途中で古代文明の遺跡を発見したとファリーニは言うのだが、それはいまだに確認されていない。同行したルルは道中のスケッチや写真をたくさん残している。ファリーニはのちの植物学や人類学に貢献するような、数多くの標本を作成している。二人は同年八月にイギリスに帰国し、詳細な旅の記録を書物とし

て出版した。*Through the Kalahari Desert: A Narrative of a Journey with Gun, Camera, and Note-Book to Lake N'Gami and Back* というタイトルだった。ファリーニは数カ国語を話せる言語能力の持ち主だったが、それに加えて著述家としての才能にも恵まれていたのだ。彼が折に触れて書いた日記や備忘録のようなものが、いまだに人の目に触れずにどこかに眠っているかもしれない。

一八八六年一月、ファリーニはドイツ人のピアニスト、アンナ・ミューラーと三度目の結婚をする。九〇年には興行師としての仕事に区切りをつけて引退し、ロンドンのフォレスト・ヒルに住むことになる。このころから園芸や園芸学に本格的にのめり込む。九九年にファリーニ夫妻はロンドンを去り、カナダのトロントに移住する。一九〇九年に夫妻はドイツに移住。二〇年からはアメリカやカナダのいくつかの街を転々とする。ファリーニの経歴には、綱渡り師、演出家、興行師、発明家、冒険家、著述家のほかに園芸家も加えなければならないだろう。この万能の「ザ・グレート・ファリーニ」は長くひとつの街に定住することがなかった。職業ばかりでなく、実生活でも根っからのノマドだったのだ。

一九二九年一月十七日、カナダの故郷の街ポート・ホープで、ファリーニは妻に看取られながらその波瀾万丈で博覧強記の生涯を終える。ファリーニは九十歳だった。二十代から精力的に活動しつづけた男は、最後に生まれ故郷の小さな街に戻ったのである。この街こそ、若き日のファリーニがブロンディンに挑んで最初の綱渡りをやってみせたあの街である。ドイツ人の妻アンナは夫亡きあと、異国で孤独な日々を過ごし、二年後の三一年に七十七歳で亡くなり、ファリーニの隣の墓に葬られている。

人並み外れた綱渡り師としての技量をもちながら、それをやり続けなかったためにファリーニという名は、彼が生涯ライバル視していたブロンディンという伝説にかき消されてしまった。しかしファリーニ自身は若くして綱渡り師をやめてしまったことを、決して後悔していないだろう。その驚くほど多彩で数奇な生き方は、バーナムやブロンディンをも超えていた。カナダが生んだ現代の奇才といえば、ピアニストのグレン・グールドや舞踊家のマリー・シュイナール、エドゥアール・ロック、映画のデヴィッド・クローネンバーグ、実験映画のマイケル・スノウなどが思い浮かぶが、かつて綱渡り師・興行師として、そしてそのほかの領域でも異才ぶりを発揮したファリーニという男がいたことを心に留めておきたい。

注

(1) Peacock, *op.cit.*, pp. vi-vii.
(2) *Ibid.*, p. vii.
(3) *Ibid.*, p. 50.
(4) *Ibid.*, p. 51.
(5) *Ibid.*, pp. 56-57.
(6) *Ibid.*, p. 53.
(7) 石井達朗『サーカスを一本指で支えた男』文遊社、一九九六年、一六四―一六五ページ
(8) Peacock, *op.cit.*, p. 55.
(9) *Ibid.*, p. 133.
(10) *Ibid.*, p. 174.
(11) *Ibid.*, p. 189.
(12) *Ibid.*, pp. 196-197.

第6章　勇気と実力で時代を走り抜けたザゼル

1　天性の才能と特訓による無二のアンファン・テリーブル

高所での綱渡りをバランス棒なしでやってみせ、鉄棒やマットではさまざまなアクロバット芸で美しいポーズを決める。天井に近い高所から微笑しながらはるか下のネットにダイブ。なかでも大砲から爆音とともに飛び出して宙を飛ぶ人間大砲の芸で十九世紀後半、イギリスやアメリカで観客を熱狂させた女性がいる。芸名はザゼル。イギリス生まれで本名をローザ・リヒター（Rosa Richter、一八六二—一九二三）という。天性の才能に恵まれた子どもが、幼少のころからその才能を引き出すための特訓を受けたらどうなるのかの見本のような女性である。

ローザ・リヒターはドレスデン出身の父エルンスト・リヒターとバーミンガム出身のイギリス人の母のあいだに一八六二年に生まれる。父はサーカス関連のプロモーターで、サーカス団に芸人や動物を売り込む仕事をしていた。母はサーカスで踊るダンサーだった。

曲芸というものは紀元前から世界のあちこちでおこなわれていたが、曲馬やブランコ、綱渡りや道化芸などを円形の空間で一連のパフォーマンスとして見せる近代サーカスは、一七七〇年ごろにイギリスで誕生した。やがてヨーロッパ各地に大小さまざまなサーカス団が生まれ、巡回して公演するようになっていった。ローザの父は、そんなサーカスの業界で仕事をしている一人だった。サーカス団でダンサーとして働いていた母とは、仕事をとおして出会ったものと思われる。母はダンスばかりでなくアクロバットなどの曲芸もある程度できた。両親はローザが幼いころから、近所の廃屋になった教会のなかにロープを設置し、彼女に綱渡りの稽古をさせていた。落下に対する不安を少しでも取り除くために、ロープの下にはネットが張られていた。

両親ともに生粋のサーカス人間であるローザは、綱渡りばかりでなく、多様なアクロバット芸を驚くべき早さで習得する。親からの指導はもちろんのこと、その周辺にいる優れた芸人たちからじかに指導を受ける機会に恵まれていた。芸を習得するのに理想的な環境にあったのだ。ローザはアクロバットばかりでなく、バレエや体操も積極的に学び、そのいずれでもすばらしい才能を開花させた。のちに彼女が綱渡りをはじめとするアクロバット芸で絶大な人気を博するようになる背景には、幼少期からバレエや体操の稽古を積んできたことがある。どんな種類の芸を見せるときにも、彼女の姿態や仕種から作為がない天性のエレガンスが感じられたのである。

六歳のときにはロンドンのドルリー・レーンなどの劇場で、アクロバットやダンスで観客の注目を浴びた。アクロバットではとくに空中を大きく飛んでネットに落下する芸を得意とし、観客を喜ばせたのである。幼くして空中飛行の芸をやっていたのだ。将来を予感させるエピソードである。彼女は心から空中や高所が好きだったとしか思えない。十歳のときには押しも押されもせぬサーカス芸人として、大人たちと一緒にヨーロッパツアーをした。驚くほど早熟である。かわいらしい少女の芸を見せるのではなく、大人の芸人としての完成された美しさを見せていたのだ。

前章で述べたように、ファリーニはサーカス芸人として活動しながらも、サーカスの興行師として大成功を収めた。彼についての浩瀚な伝記本『ザ・グレート・ファリーニ』には、ローザは十代初めごろにはサーカスの芸人として活動し、日本から来た曲芸団とともにヨーロッパを巡回公演したと記されている。[1] これはひょっとすると秋田県出身の曲芸師でヨーロッパで大活躍した鳥潟小三吉（一八四二―一九〇九）が率いていた一座のことではないかと思い、手元にある『鳥潟小三吉伝』をひもといてみると、次のような一節が見つかった。

一八七二年初春、トリガタ一座はふたたび行動を開始した。美濃吉と為公が亡くなってすでに四カ月が過ぎ去っていた。傷心のうちにもドイツ人の旅芸人を雇い入れ、厳しい特訓を課して何とか舞台に出せるまでに仕立て上げた。(2)

いろいろな意味でローザ・リヒターと符合する。ローザはイギリス生まれだが父はドイツからの移民であり、サーカスプロモーターでもあったし、彼女が十代前半だったことを考えると鳥潟一座に同行していた可能性がある。日本の芸人たちにはドイツ人の親子に見えたのだろう。ローザがどれほどの期間を日本の一座とともに行動したのかは不明だが、歌も踊りもアクロバットもこなすローザは重宝されたにちがいない。このころローザは「ラ・プティ・ルル」（La Petite Lulu）と呼ばれていた。

ただしローザがいくら才能に恵まれていたとしても、いつも完璧でいられるわけではない。命に関わるほどのけがはなかったとしても、失敗や事故による小さなけがは幼い身にしょっちゅう負っていた。サーカス芸人のプロモーターであり、芸人の状況を知悉している父エルンスト・リヒターは、まだ十歳そこそこの愛娘に生傷が絶えないのを見ていてだんだん耐えられなくなる。一八七三年には娘をツアーから連れ出してロンドンに戻ってしまった。

2　ザゼル誕生前夜

もともとブロンディンと張り合ってナイアガラで綱渡りをやるほどの実力派アクロバット芸人だったファリーニは、そのころヨーロッパで有名な興行師として活躍しはじめていた。そんなファリーニが、身近にいて顕著な活躍を続けるローザを放っておくはずがない。自分が主催するショーのためにローザを使えると見込んだファリーニは、すぐにダンサーや歌手としてローザを雇用する契約を結ぶ。ファリーニは当初、ドイツ人のビジネスマン「ロレンツ・ストルバーグ」という偽名を用いていた。が、サーカス業界に身を置くローザの父は、ほどなく彼があの有名なファリーニであることを見抜いてしまった。

父エルンストは、ファリーニのもとで娘ローザがかなり危険な芸をさせられるのではないかと気をもんでいた。他方、ローザの母はファリーニというサーカス業界で知らない者がいない興行師のもとで娘が仕事をすることを、ポジティブに捉えていた。特別な才能をもった娘のステージママである母は、娘の能力を最大限に生かせるのはファリーニをおいてほかにいないと思ったのだ。

自身がサーカスのプロモーターである父は、良くも悪くも子どもを観衆の目を引く「商品」に育てようとするプロモーターがどのようなものかよく知っていた。娘が幼いうちからファリーニのような得体の知れない大物興行師のもとで仕事をすることに不安があったのだ。夫婦のあいだで娘をどのようなかたちで活動させるか、いつも意見の衝突が生じることになる。

リヒターと彼の妻との関係はとてつもなく冷え込んでいて、娘が誰について修業するのがいいかに関しても、まったく異なる見解をもっていた。父は、〝ロレンツ〟という男があの有名な、得体の知れぬファリーニだとは最初は気づかなかった。「ファリーニなどに自分のうちの犬だって任せられん。ましてや自分の娘を任せるなんてとんでもない。何しろやつは危険なことを平気でやらせるんだから」などと主張していたが、妻は自分たちの交渉相手があの有名なファリーニであることを理解し、娘が彼のもとに弟子入りすることを承諾した。[3]

ファリーニは娘に危険なショーをやらせるにちがいないと言いはり、心配していたのは父である。母は踊り子と歌手として活動するだけだからと夫を説得する。「踊り子と歌手をやらせるだけ」というのは、もちろん親に余計な心配をさせまいとするファリーニの戦略だ。少女ローザはファリーニのもとでさまざまな訓練を受けることになる。結果からいえば、父親の心配は当たっていた。サーカスやそのほかの曲芸団のなかで仕事をしていた父エルンストは、ブロンディンのようにナイアガラを渡ってみせたファリーニの仕事ぶりをくまなく知っていたのである。ファリーニが自分が発明して開発した安全ネットを使うのはいい。しかし、安全ネットを使うことで芸人たちにかなり危険な芸をさせて人気を博していたのである。ファリーニは安全性を優先してネットを考案したというよりも、芸人たちにさらに危険な芸をさせるためにそれを編み出したと思わせるふしがある。

その証拠に、ファリーニが作り出した芸で、のちのちまでサーカスの人気演目になるのが人間大砲だった。大砲から芸人が爆音とともに飛び出して宙を舞い、ネットに落下する。大砲の中身はバネやゴムを仕掛けていたのだが、具体的にどのような仕掛けだったのか不明である。人間大砲を本格的にやりはじめ人気をとったのはファリーニだが、これを見せたのはファリーニ一座に限らない。人間大砲は、十九世紀後半から二十世紀初頭、世界のあちこちのサーカス団で圧倒的な人気を博した見せ物だった。浩瀚なサーカス論を著したロシアのオリガ・ブレニナ＝ペトロヴァは、次のように述べる。

とりわけ挑発的なアトラクション的センセーションのひとつに、「人間大砲」があった。それは、アクロバット芸人が大砲の砲口に入れられ、そのあと轟きに合わせて、煙雲のなかを砲身からサーカス場の円天井へ向かって飛びだし、天井からさがっているブランコをつかむというものであった。煙と轟きは偽物であった。芸人を投げだしていたのは、砲身のなかに設置されている強力な機械的ばねである。とはいえこの演目は、発射の瞬間に「人間大砲」の身体におよそ二倍の負荷がかかっていたこともあり、危険なことに変わりはなかった[4]。

ファリーニは臨場感を出すために本物の火薬を使っていた。そのリアルさで、ローザ・リヒターと契約を結ぶ何年も前からこれが人気演目になっていたのだ。ローザの父もこれを見ていたはずである。ちょうどこのころ、ロンドンのウエストミンスターに巨大な娯楽施設ロイヤル・アクアリウムがオープンする。一八七六年一月のことである。ファリーニはここでのアクロバットショーのプロデュースを任されていた。そうなると、ファリーニのもくろみが見えてくる。ローザをこの新しいエンターテインメント空間のスターにしようとしていたのだ。彼自身、一時期はブロンディンに勝るとも劣らぬ綱渡りをやってみせて社会を驚かせたファリーニは、この才能あふれる少女をどのように利用しようかと画策していたのである。成功すれば、ロイヤル・アクアリウムという巨大な空間に熱狂の渦を巻き起こすにちがいない。

ローザがファリーニに出会うまでの経歴からすれば、彼女の（ファリーニのもとでの）稽古がかなりのスピードで進行したらしいのも当然だろう。ファリーニは彼女に三つの芸を教えた。アクアリウムの屋根に近い高所からネットに飛び込むこと。綱渡りをエレガントなパフォーマンスとして見せること。そしてもう一つはもちろん大砲の芸である。明らかにファリーニは安全ネットに関しては絶大な自信をもっていた。ネットは高所からの彼女のダイブを受け止めるばかりでなく、彼女が大砲から飛び出してから落下する着地点だったのだ[5]。

ローザがファリーニのもとロイヤル・アクアリウムでデビューしたのは、オープンの翌年一八七七年四月。彼女はまだ十五歳だった。そしてファリーニは「ローザ」というポピュラーな名ではなく、「ザゼル」という無二の芸名を彼女につける。「ザゼル（Zazel）」は英語の「ガゼル（gazelle）」からとった。ガゼルは鹿のような姿をした小型で美しい俊敏な動物である。アクロバットで華やかな芸を見せる美少女に、こういう芸名をつけて売り込んだのである。それもこれも興行師ファリーニの才覚である。

3　十五歳の少女の常識を超えた芸とは……

ファリーニの野望はすべて大当たりする。ザゼルをひと目見ようと大勢の客がロイヤル・アクアリウムに押し寄せる。ザゼルはロープの上の芸をハラハラさせるように見せるのではなく、踊り子としての素質を生かして美しく優雅に見せた。見たことがないロープ上の演技に観衆からの喝采が日ごとに大きくなる。しかし、問題は人間大砲である。こんないたいけな少女が大砲などという物騒な兵器のそばに立つだけで、観衆は喝采どころではなく、不安を呼び起こされる。サーカスのMCは一般的に、これから見せる芸がいかに危険かを強調して盛り上げるが、ザゼルが人間大砲の芸をする直前には、大砲のそばに立つファリーニが「安全をしっかりと考慮したネットを用意しているので、何も心配する必要はない」と告げたのである。

いずれにしろ、大きな娯楽施設の空間に大砲という兵器が鎮座している不思議な光景。そのそばに立派な髭をたくわえた巨漢のファリーニと小柄な少女ザゼルが立つ――この構図そのものが、大観衆の期待と不安をかき立てる。これからおこなわれるパフォーマンスに対しての好奇心を否が応でも盛り上げたのである。

ビクトリア朝の作家・詩人であり、弁護士としても活動したアーサー・マンビー（Author Manby、一八二八―一九一〇）という人物がいる。このころのアクロバット芸人たちの活動については、写真や図版を見いだすのが難しいが、マンビーは少女ザゼルの芸をアクアリウムで見たときのことを一八七七年の日記に記している。そこには彼女が十八歳と記されているが、実際はまだ十五歳である。ザゼルが芸を見せ、芸を終えて姉に連れられるようにして帰っていく様子が生き生きと記されている。この文からザゼルは当時、ロンドンの自宅からロイヤル・アクアリウムに通っていたらしいことがわかる。

五時にアクアリウムに向かい、ふたたび「ザゼル」を見て、この十八歳の少女の勇気と冷静さと技術に（誰もがそうであったように）驚きを新たにした。曲芸師のようないでたちで、バランス棒なしでタイトロープを歩き、その上に寝転び、ふたたび片足で立ち上がる、というような芸をする。それからまるで猿のようにロープの上に飛び上がり、今度は腕を組んで屈強な男であるかのようにロープに座ってみせる。そして両膝の裏をロープにかけて座ったまま自分の体をグルグル回してから、六十フィート下に頭から飛び込んだのである。その後、彼女は大砲のなかに足から入っていき、文字どおり火薬で空中に打ち上げられ、ネットの上に体を平らにして落下したのだ。それから十五分ほどすると、女性の衣服をきちんと着て、まるで女子学生であるかのように控えめでおっとりした感じで姉と一緒に静かに歩いて家に帰っていった。[6]

この日記の記述から、少女らしい大胆さと、途方もなく難しい芸を淡々とこなしていくローザの姿が浮かんでくる。またどのような順番で芸を見せていたのかもわかる。まず綱渡り。ロープの上の彼女は、まるで地面で芸をしているかのように自在である。寝転び、飛び上がり、鉄棒でするようにロープに両足をかけて回転する。ここで注目すべきは、「バランス棒なしでタイトロープを歩き」とあることだ。これは綱渡りを格段に難しいものにする。

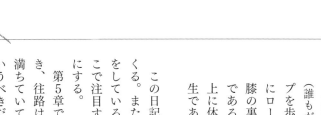

第5章で述べたことだが、一八五九年、やる気満々の若いファリーニは初めて故郷の川で綱渡りを披露したとき、往路はバランス棒でロープを渡ったが、復路は棒を放り投げて素手で渡るという暴挙に出た。本人は自信に満ちていて、実際ロープ上のすべての芸を成功させたのだから、彼の名誉のためには「暴挙」でなく「冒険」というべきだろうか。高所綱渡りの世界では、暴挙と冒険は紙一重である。

一九九〇年代半ば、当時の日本のサーカス団のひとつ国際サーカス団長の川崎昭一から話を聞いたときのことだ。バランス棒で綱渡りするのをサーカス団内の言葉で「カンスイ」と呼び、棒なしの素手で渡るのを「素渡り」と呼び、素渡りは習得するのに三年もかかるといわれるほど難しい、と川崎はいう[7]。なにはともあれ、いまや四十歳になるファリーニが、興行師として十五歳の少女に素渡りをやらせていたのである。彼女はロープ上で落ち着いて美しい姿態で芸を見せていたというから、ザゼルの実力は推して知るべしである。とはいえ、ザゼルの父が、ファリーニは危険なことを平気で娘にさせるだろうから娘をファリーニに預けるのは反対だと言い張っていたのは正しかった。

十五歳のザゼルが、ロンドンのアクアリウムという立派な会場で大観衆を前にして、バランス棒を持たない「素渡り」をやっていた……。やはり少し怖い気がする。次の芸で怖さは急速に増大する。綱渡りの芸を終えると、ザゼルは高所からネットにダイブする。六十フィート、つまり十八メートルとあるが、ほかの記録によると、二十数メートルから始まり三十メートル近い高さから飛んだとされている。ビル一階の高さを三メートルとすると十八メートルは六階、三十メートルは十階ということになる。少女がそんな高所から落下するだけでも想像を絶する光景である。最後にザゼルは、大砲から打ち出されて宙を飛びネットに着地する。火薬の爆発によって大砲から飛ぶのではなく、強力なバネを使っていた。火薬は効果音と煙などの舞台効果として使われたのである。轟音とともに大砲から飛び出す少女の姿に、多くの観客が胸躍らせるばかりでなく不安の念を抱いただろうことは容易に想像できる。

しかし、観客の不安は、ザゼルの落ち着いた、ときにほほ笑みさえ浮かべたその姿に安堵へと変わる。ザゼルことローザ・リヒターは、瞬く間にロンドンとその近隣地域の人々の注目の的になった。ビクトリア女王の息子プリンス・オブ・ウェールズ（のちのイギリス国王エドワード七世）も彼女のファンとしてお忍びで見にきていたといわれる。

4　天才少女にも事故は起きる

十代半ばを過ぎるころには、ザゼルの芸は非の打ちどころがないほどに完成していた。ザゼル人気は高まる一方で、ロンドンと近郊の人たちに少女は最高の娯楽を提供した。ただし、彼女が微笑とともに颯爽と現れて空中芸の数々で観衆を魅了したとしても、見方を変えれば、一部の大人たちが死と隣り合わせのショーを未成年の少女にやらせている……という構図があることも確かである。子どもにそんな危険な見せ物をさせていいのかという批判の矛先は、当然のことながらファリーニやロイヤル・アクアリウムのマネージャーに向けられることになる。そんな批判があっても、ショーがもたらす興奮とザゼルが芸に挑む少女らしからぬ落ち着いた魅力がすべてに勝っていた。人気が批判をいつも凌駕していたのである。

ザゼルがいかに天才少女であっても、事故は必ず起こる。バランス棒なしの綱渡りからのダイブ、それに続く人間大砲と、どんなに難度が高い芸でも自家薬籠中のものとしてやってのけ、その人気も頂点に達したザゼルのデビューから二年後、事故が起きた。ただし、それはザゼルのミスではない。彼女が経験した初めての本格的な事故は、一八七九年のこと。ロイヤル・アクアリウムでデビューして以来、彼女を知らない者はいないというほどの人気者になっていたが、大観衆の目の前で事故は二度も続けて起きてしまった。まずこのアクアリウムで、次はハンプシャー南部にある街ポーツマスでのことである。二度とも原因は安全ネットが傷んでいたことにあった。どれほど丈夫に編まれたネットでも、高所からネットに飛び込むこと自体をショーとして見せたり、大砲から飛び出した人が何秒か宙を飛行し落下したりすれば、かなりの衝撃がネットにかかる。ダイブをショーとして見せ、最高三十メートルの高さから落下したら、ザゼルが小柄でもネットにかかる負荷は、加速がつくことで甚大なものになる。

もう一つ忘れてはならないことがある。高所からの落下や人間大砲をやっていたのはザゼルだけではない。ほかの芸人たちもやっていたのだ。同じ集団であれば当然同じネットを使う。よく当たる部分の網目に緩みが生じたり、ネットそのものが摩耗したりする。十九世紀後半のこの時代、サーカス団やそのほかの娯楽施設でネットを安全装置として使い、危険なアクロバット芸を見せることがおこなわれはじめたが、ネットの状態を毎回チェックすることはなかっただろうと想像できる。ザゼルがネットに落下したとき、ネットの傷んでいた部分が衝撃で切れて、彼女はそのまま地面に落ちたのである。このとき、ザゼルが骨折などのけがをしなかったことは不幸中の幸いである。ネットが彼女を受け止めた瞬間に破損したにしろ、ある程度は衝撃を緩衝する役割を果たしたのだろう。あるいは幼少のころから稽古や本番でいろいろな事故に直面していたため、生来の運動神経とバランス感覚で衝撃をカバーできたのかもしれない。ザゼルの持ち前の身体感覚がとっさに対応し、最悪の結果を回避したのである。

しかし、二度あることは三度ある。同じ年の十二月、ザゼルは三度目の事故に遭遇する。ケント州のチャタムという街で公演中、ネットがまたもや破れて地面に落下してしまう。このときも大きなけがをすることはなかったが、さすがのザゼルも心身ともにまいってしまったようだ。落下して運ばれるとき「わたしはもうだめだ！」とつぶやいていた。

5　それでも危険な人間大砲を続ける

ザゼルの父エルンスト・リヒターは、まだ十代の自分の娘がファリーニのもとでどれほど危険な芸をしているか知っていた。とくに人間大砲は誰が見ても危険である。大砲からバネで飛び出るのは、高所から自分自身のタイミングでダイブする以上に危険なのだ。自分の体勢を空中でコントロールして、ネットに安全に着地するバランスをとりにくいからだ。しかし、そんな危険があるからこそ大衆の人気を呼んだ、というのもまた事実である。この芸をやっていたのはファリーニのもとで働いているザゼルとほかの少女たちだけではない。数は多くなかったが、ほかのサーカス団でも人間大砲を見せていたのである。十九世紀後半から二十世紀前半までに五十ほどの人間大砲のショーがおこなわれて、そのうち三十で命を落とす事故が起きたという説もある。多少の誇張があるにしても、この芸をやる人の半分以上が命を落とすほど危険なのは深刻な問題である。死亡事故のほとんどが、落下の衝撃が強すぎてネットでバウンドして外に跳ね飛ばされたり、あるいは空中で自分の体勢をつくることができないまま、ネットに触れることなく床に落下したものである[8]。

その点、ザゼルは確実にネットに落下していた。このショーがいかに危険かを知り尽くしていたザゼルの父エルンストは、どうにかして彼女をファリーニから引き離そうとした。そのころエルンストは妻スザンナとは別れていて、ザゼルはスザンナが引き取り一緒に暮らしていた。自分自身もサーカスのパフォーマーとして働いた経験がある母スザンナは、ザゼルの仕事に関してエルンストとは正反対の立場だった。母は、ファリーニの指導のもとで自分の娘が仕事をこなしていることに反対ではなかった。母はむしろ娘がセンセーショナルな脚光を浴びることを喜んでいたふしもある。この母からの後押しもあり、ザゼルはファリーニのもとで活動しつづけた。幼少のときから芸をやってきたザゼルにとって、綱渡りを含めた高所アクロバット芸は、あくまで芸人としての仕事の一環であり、とくに危ないことをやっているという感覚はなかった。それだけ人並み外れた身体能力と自信をもっていたのである。

ただしザゼルは、自分のパフォーマンスのおかげで何万人もの観衆を呼べているのに、そこから得られる膨大な収入の大部分をファリーニが手にしていることには不満をもっていた。ザゼルはあくまでも、やり手の興行師ファリーニに雇われているという立場だったのだ。ファリーニは人間大砲の芸は自分が発明したこと（これは事実と思われる）、ザゼルは自分が育てたこと、自分が彼女のマネージャーであり指導者であることをいつも口にしていた。それは、彼の取り分の大きさを正当化しようとする言い訳だったのかもしれない。

6　大いなる転機——イギリスからアメリカへ、そして結婚

興行師といえば、ファリーニをはるかにしのぐスケールで活躍するバーナムがイギリスを訪れていた。バーナムはたんにサーカス団の興行だけでなく、大男、大女、ヒゲ女、矮人ほか、人の多様な身体を見せ物にしたり、蠟人形館を運営したり、スウェーデンの伝説的なオペラ歌手ジェニー・リンドの全米興行を実現したりして、莫大な利益を上げていた。その人物像に関してはいまだに毀誉褒貶があるが、エンターテインメント業界を見渡したとき、世界でも例がない興行師だったことは誰もが認めるところである。バレエの世界にヴァーツラフ・ニジンスキーを見いだして二十世紀の舞踊の歴史を大きく方向転換させた天才的な興行師ディアギレフがいるように、サーカス界にはディアギレフに勝るとも劣らぬ歴史をつくったバーナムがいたのである。

空中ブランコや綱渡り、動物芸、さらに人の多様な身体など当代の注目を集める最高の芸人たちを結集し、サーカスという集団移動のシステムを前代未聞の「地上最大のショー」に仕立てる稀代の興行師バーナムである。渡英中に出会った、イギリスを席巻している特別な才能をもつ少女を見逃すわけがない。むろん、バーナムは同業者としてファリーニに会っていた。それがきっかけでザゼルはファリーニとともにアメリカに渡り、バーナム&ベイリー・サーカスに一シーズン出演することになる。

なお、バーナムがアメリカ最大のサーカス団にザゼルを雇い入れるいきさつには思わぬ人物が絡んでいた。アメリカの副大統領スカイラー・コルファックスである。貴重な写真を数多く挿入しながらバーナムの生涯とその仕事を詳細に追った伝記本 *P.T. Barnum: America's Greatest Showman* に、以下のような記述がある。

一八七〇年代が終わりつつあるころ、バーナムは最もスペクタクルに富んだ出し物を手に入れた。それが

実現した裏には、ありそうもない経緯が関係している。グラント大統領の副大統領であるスカイラー・コルファックスが熱心なサーカスファンで、ふだんからバーナムに助言を与えていたのだが、一八七八年の夏、バーナムに手紙を書き、とんでもない離れ業を見せる芸人がいるということを伝えていたのだ。「まったくすばらしいアドバイスです」とバーナムは返信した。「わたしはあなたがもともと興行師じゃなかったのかと思ったくらいです。わたしはその女性が大砲から飛び出るのを見たことがあり、自分のサーカスにぜひ来てほしいと一年間も交渉していたんです」。翌年は、ローザ・M・リヒターというイギリスの少女が、ザゼルという名でバーナムのサーカスに来る観客をワクワクさせたのである。(9)

一八八〇年のニューヨークデビュー以来、このサーカス団の演目のなかでもローザ・リヒター、つまりザゼルは圧倒的な人気を博した。綱渡りと人間大砲を軸に、ほかのいくつかのアクロバットもアメリカの巡回公演でやってみせ、芸の多彩さも披露した。ザゼルがアメリカで得たものは、全米を代表するサーカス団で活躍できた経験だけではない。彼女個人にも大きな変化が訪れた。アメリカ公演中に出会った男性ジョージ・オスカー・スター（George Oscar Starr、一八四九―一九一五）と結婚したのである。

アメリカ人であるスターは、バーナムのサーカス団の制作スタッフであり、サーカス団の海外公演のエージェントとして働いていた。サーカス団のイギリス公演の際には彼がマネージャーとして全体を統括した。スターにはアメリカ人の前妻とのあいだに二人の子どもがいて、二度目の結婚である。ザゼルとスターとの婚姻届けは一九一二年、アメリカのマサチューセッツ州セイラムに提出されている。このときザゼルは五十歳で初婚、スターは六十三歳で再婚だった。ただしバーナムのサーカス団で二人が出会って以来、事実婚のような状態が長く続いていたのだ。おそらく十数年も前からだろう。経済的にも芸の指導者ファリーニの庇護下にあったザゼルがいつファリーニから独立したのかは不明だが、アメリカでの活動に集中していった一八八〇年代前半と思われる。

ザゼルが自伝を書いていてくれたら、あるいは知られていない未発表の手記などが残っていたら、このあたりのことも知ることができただろう。スターは一八八六年、スター・オペラ・カンパニー（Starr Opera Company）をザゼルとともに設立する。オペラとはいっても現在いうところのオペラではなく、ミュージカルのようなものだったと想像できる。サーカスではアクロバット芸が主体だが、それとは異なる音楽演奏と歌のコミカルな趣向で大衆を楽しませるパフォーマンスを目指したようだ。アクロバット芸だけではいつかは年齢的に限界がくるので、このようなカンパニーを立ち上げたのだろう。実際、ザゼルは歌手や踊り子として舞台に参加し、作品のなかではいろいろな役をこなし、アメリカの都市を巡回していた。ザゼルはアクロバットの天才少女というばかりでなく、少女時代からずっと歌も踊りもできる万能のパフォーマーだったのである。もともとサーカスの踊り子だった母譲りの能力だったのかもしれない。

しばらくして、スターは、バーナム&ベイリーのサーカス団に制作主任として呼び戻される。おそらく彼はサーカス団の広報・制作として力量があり、バーナムに信頼されていたのだ。スター・オペラ・カンパニーで歌手としてダンサーとして何役も器用にこなしていたザゼルだが、彼がサーカスに戻るのを機に、彼女もまたサーカスに復帰する。

このころのザゼルについて興味深い逸話がある。彼女はサーカスの芸人たちばかりでなく一般の人たちに、高所で火災などにあったときに地上にネットを張り、そこに飛び降りれば命を守れると説き、折を見て実演していた。十代半ばから綱渡りや高所からのダイブ、大砲から飛び出して落下する芸をしてきたザゼルである。建物の四階の窓から飛び降りて、地上のネットから優雅に立ち上がってみせる、という活動を数年間続けた。そして「万一の事故のときには、こうすれば助かりますよ」と語ったのである。

とてつもない芸人根性であり、同時に自分が重ねてきたかなり「特殊な経験」を、ふつうの人たちの緊急時に役立てたいと、ザゼルが真剣に思っていたことがわかる。彼女のこの行為と人間性には称賛が寄せられた。

7　度重なる事故を生き延びる

アクロバットアーティストとしてザゼルが長期にわたって活動できたのは、もって生まれた容姿と実力、そして何よりほかのアーティストよりも高度な芸をいつも安定して見せられたためである。その人気と魅力のため、彼女をできるだけたくさん見てもらおうという興行師側の思惑で、彼女のスケジュールは過密だった。たとえば、綱渡り、高所からネットへの落下、人間大砲という三つの芸をセットとして一日一回ではなく、二回あるいは三回やった。先に述べたように、人間大砲はかなり危険な芸である。大砲を飛び出してから宙を飛び、安全な姿勢でネットに落下しなければならない。高所からの落下を見せる芸は、最高三十メートル近くの高さから飛び降りる。目がくらむ高さである。綱渡りでは、片足で立ったり、ロープの上に座ったり寝てみたり、ロープに足の膝を絡めて回転する、籠を背負ってロープの上を早足で歩いたりもした。

そんなふうに体力の限界と極度の集中を強いられるなか、ザゼルがどの程度の休養を挟んで芸人としての生活をしていたのかは不明である。どんなに優れた力量を備えた芸人でも回数を重ねれば重ねるほど、大小さまざまな事故が発生する確率が高くなる。女性のアクロバット芸人としてザゼルが当代一の卓越した力量をもっていたとしても、ずっと無事故でその職責を果たしてこられたわけではない。むしろ、いろいろなけがや事故は日常的に経験していた。幸いにも、芸人としての人生にピリオドを打たなければならないほどの傷を負うまでには至らなかったというだけのことだ。

前述のように一八七九年、イギリスで彼女に起こった三度の事故の記録が残っている。最初はロンドンで、二度目はポーツマスで、あるサーカス団の興行に出演したときのこと。ネットのしかるべきところにちゃんと落下できたのに、ネットが破損して彼女は地面に転げ落ちてしまった。いつも同じ箇所に落下するのでネットのその部分が摩耗していたのである。破損したとはいえ、ネットがある程度の緩衝材になりワンクッションおいて地面に落ちたので、骨を折ることはなかった。……が、相当な高所からの落下だったので、体全体への衝撃は大きかった。三度目は十二月に前述したケント州チャタムで起きた。この事故に関しては、十二月十八日付の「エジンバラ・イブニング・ニュース」新聞に以下のような記事が掲載された。

彼女のパフォーマンスの途中のある部分をやっているときに、彼女に随行していたスタッフに何らかの不手際があったのが原因と伝えられているが、体を支えるところをつかみそこない、かなりの高所から下に設置されたネットの上に落下した。落下の衝撃でネットからすべり落ちてしまったのである……彼女は見たところ意識を失った状態で抱き上げられた。しかし彼女は急速に回復し、サーカスの公演からいっとき、はずされた……しばらく間をおいてから彼女はふたたび登場し、両手に包帯を巻いたままパフォーマンスを続行したのだが、明らかに相当に緊張しているのが見て取れた。(10)

三つの事故で注目すべきは、双方ともにザゼルの不注意、あるいはテクニカルな瑕疵によるものではないことだ。綱渡りや空中ブランコは、本人がどんなに高い技術をもっていても、ロープやブランコ、そして高所で芸人が立つ台など――つまり芸人の技を見せるためのすべての器材――が、一点の抜かりもなく設置されていないと重大な事故につながる危険がある。新聞の記事からは、十二月の事故は綱渡り中に発生したのか、あるいは高所からダイブしたときに起きたのか不明である。非常に高いところに設置される、芸人が立つための小さなプラットホームが完全な状態ではなかったということだ。両手に包帯を巻いて再登場したのは、おそらくネットからすべり落ちた際に、両手で体をかばったためだろう。それにしても予期せぬ事故に対応するザゼルの瞬発力と、芸に対する責任感の強さには感服してしまう。彼女のこの生真面目なキャラクターも、愛され、信頼され、人気を博し続けた一因だったのだろう。

8　伝説の女性を再起不能にした最後の事故

いろいろな事故にあって満身創痍になりながらも、恐れを知らない美しいアクロバット芸人として名を馳せ、イギリスをはじめヨーロッパで、そしてアメリカであまねく観衆に愛されたザゼル。しかし一八九一年には、ついに再起不能になるほどの深刻な事故に見舞われる。このときザゼルはアダム・フォアポーのサーカスで活動していた。アダム・ファアポーは、馬の仲買人でありながらサーカスの団長を兼ね、力量ある興行師として知られていた。十九世紀後半、彼のサーカスは全米でバーナムのサーカスと勢力を二分する存在だった。サーカスが移動する際に、歴史上初めて専用列車を使用したのはバーナム&ベイリー・サーカスではなく、ファアポーのサーカス団だといわれている。また、フォアポーこそが三つのリンクで同時に公演する、アメリカならではのサーカスのスペクタクルを始めたといわれる。十九世紀アメリカの大衆芸能を研究した斎藤偕子は、バーナムとフォアポーという二大興行師について以下のように記している。

> そして一八八七年にはじめて、黄金時代の最初の興盛期を築く「バーナム&ベイリィ地上最大のショウ」という名前が世に現れたのである。
>
> 　しかし、そのころは、やはりこれに挑戦するライバル一座も少なくはなかった。その中でアダム・フォアポー（Adam Forepaugh, 1831-90）の名前をライバル抗争の点からあげておこう。彼が単独で自分の名前をつけていたサーカス団を所有していたのは一八六六年から物故した一八九〇年までだが、バーナム&ベイリィに対抗できる大一座になっていた。（略）
>
> 　フォアポーはしたたかなショウマンで、一八八七年にはバーナム&ベイリィ団を出し抜いてマディソン・

スクエアー・ガーデンでショウを出そうとするが、ベイリィの説得で合同ショウに持ち込んだ。黄金時代の一九世紀の伝説的豪華さであったと特記する研究者もいる(11)。

ザゼルは十九世紀後半、アメリカのサーカスの黄金時代を代表するフォアポーのサーカス団の看板スターだった。このサーカス団がアメリカの都市を巡回興行していて、ニューメキシコ州での公演のときのこと。テント公演であり、そのなかに綱渡りのためのロープが設置されていた。ロープの高さは十二メートルほど。日本でいえば四階建ての建物の屋上ぐらいということになる。この高さにロープを張る場合、当たり前のことだが、ロープを支える主柱がぐらつかないようにしっかりと固定されていることが重要である。ここでまたしても、設営スタッフによる不手際があったようだ。主柱であるポールをしっかり固定するためにやるべきことが何かひとつ抜けていたのだ。ポールが倒れ、ザゼルはロープから落下。頭から落下しなかったのが不幸中の幸いではあったが、両手足を思い切り地面に叩き付けたばかりでなく、彼女の体の上にポールが倒れた。ポールをどけて彼女の体を二人の男性スタッフが持ち上げたとき、その体は曲がったままだった。

テント中の観客が叫び、パニックに襲われたことはいうまでもない。ザゼルは急遽、地元の病院に運ばれて応急処置を受けたあと、ニューヨークの病院に移され、数カ月のあいだ全身をギプスでおおわれて宙に浮くように寝かされていた。九死に一生を得たザゼルは奇跡的な回復をみせたが、腰をひどく痛めていて、もはやサーカスの芸人としての復帰は不可能だった。幼少のころからいままで一世を風靡しつづけたザゼルことローザ・リヒターは、引退を余儀なくされた。このときザゼルは二十九歳。サーカスのヒロインとして観客を沸かせてきた自分が、この若さで、それも自らのミスが原因ではない事故のせいで引退せざるをえないのは相当にくやしかったはずだ。綱渡り師として、あと二十年や三十年は頂点に立ったまま芸を続けられたはずである。

ザゼルの没年に関しては、スティーヴ・ウォードの本 *Sawdust Sisterhood* に従い冒頭で一九二三年としたが、一二二年、三七年という説もある。二三年に亡くなったのなら六十一歳である。いずれにしろ彼女は引退したあと、それまでアクロバットアーティストとして歩んできた人生と同じくらいか、それ以上の歳月を体の不自由な女性として生きたのである。以下の引用はサーカスとジェンダーについての考察で、ザゼルの切り開いた道がいかに先駆的だったかを記すウォードの言葉である。

> ザゼルは綱渡りで落下したことからくる腰痛のため、公演活動から引退する。彼女は一九二三年に亡くなったが、彼女とすべての「女ブロンディン」たちや空中ブランコ乗りたちは、サーカスで女性が活躍する基盤をつくったのである。十八世紀末、女たちは初めて曲馬師、ダンサー、歌手としてサーカスに登場した。もはや彼女たちはこのようなジャンルだけに限定されたり、飾り物にすぎなかったり、ということがなくなった。彼女たちはどのような危険な行為、挑戦的な行為でも、男たちと張り合うことができるようになったのだ。十九世紀をとおして女性の権利が拡大していったように、女性がサーカスで関わる状況も拡大していったのである。[12]

イギリスでデビューし、その後全米を席巻した天才少女ザゼルは、不慮の事故で二十九歳にして引退を余儀なくされた。その後の三十年以上にわたる彼女の人生はどんなものだったのだろうか。綱渡りやサーカス団からすっかり離れていたのか、あるいは後進の指導にあたっていたのか。子どもはいたのだろうか。興味は尽きないが知る由もない。ザゼルはキャリアの絶頂期に負った大けがのせいで、栄光に満ちた足跡に終止符を打たざるをえなくなった。そのとき彼女が属していたのが先に述べたように、バーナム&ベイリーとアメリカのサーカス業界を二分したアダム・フォアポーのサーカス団だった。フォアポーのサーカス団の記録を調べれば、この事故前後の、そしてその後の彼女の人生について何らかの記録が見つかるかもしれない……と期待と想像が膨らむ。

　彼女の後を追うようにたくさんの「ザゼル」がテントの内や外で活動するようになる。それを障害を負った彼女は後半生をとおして見ていたはずである。桁外れの身体能力の持ち主だったザゼルは、同時に知的で聡明な女性だったと感じられる。彼女は何を思いその後の人生を生きたのか。サーカスのテントの内でも外でも体を張って活動し、女性が社会的にも経済的にも自立して生きられることを示した先駆者ザゼル――その前半の人生が光に満ちていたとすれば、障害とともに生きる後半の人生はどのようなものだったのだろうか。ポジティブな彼女だけに、新たな光を見いだしたのだろうか。ますます好奇心をかき立てられる。どこからか、ザゼルの後半生についての記録の断片が出てくることを願いながら……。

天才少女の活動が二十九歳で断たれても、その栄光は決して断たれることはなく、現在に至るまでこの分野で活躍するたくさんの女性たちに引き継がれている。

注

（1）Peacock, *op.cit.*, p. 229.
（2）山田稔『鳥潟小三吉伝――海を渡った軽業師』無明舎出版、一九八八年、九三ページ
（3）Peacock, *op.cit.*, p. 230.
（4）オリガ・ブレニナ＝ペトロヴァ『文化空間のなかのサーカス――パフォーマンスとアトラクションの人類学』桑野隆訳、白水社、二〇一八年、二七一―二七二ページ
（5）Peacock, *op.cit.*, p. 231.
（6）Ward, *op.cit.*, p. 69.
（7）前掲『サーカスを一本指で支えた男』一六四―一六五ページ
（8）Peta Tait, *Circus Bodies: Cultural Identity in Aerial Performance*, Routledge, 2005, p. 50.
（9）Philip B. Kunhardt Jr., Philip B. Kunhardt III and Peter W. Kunhardt, *P.T. Barnum: America's Greatest Showman*, Knopf, 1995, p. 262.
（10）Ward, *op.cit.*, p. 71.

（11）斎藤偕子『19世紀アメリカのポピュラー・シアター――国民的アイデンティティの形成』（叢書「演劇論の現在」）、論創社、二〇一〇年、三四二―三四三ページ

（12）Ward, *op.cit.*, p. 72.

第7章　栄光と悲惨——綱渡り一族の壮大なる歴史

1　語り伝えられる墜落事故

二〇一五年四月十三日の「ヘラルドトリビュン」紙に、マリオ・ワレンダ（Mario Wallenda、一九四〇—二〇一五）が前日の十二日に死亡したという記事が掲載された。彼のことを知るごく少数の人たちにとっては、「彼はまだ生きていたんだ」というのが率直な感想だっただろう。マリオはサーカスの世界では知らない者がいない、綱渡り芸を専門におこなう「空飛ぶワレンダ一座」（The Flying Wallendas）の中核にいた一人である。一九六二年、「空飛ぶワレンダ一座」はデトロイトで七千人の観客が注視するなかで「七人のピラミッド」という芸をしたが失敗。落下した二人が死亡し、マリオは死こそ逃れたが治る見込みがない下半身麻痺になってしまった。しかし持ち前の生命力で、ずっと車椅子生活をしながら世紀をまたいで生きることができたのだ。

伝説になっている「七人のピラミッド」は、七人が「四人—二人—一人」という三つの層をつくってピラミッド状に重なり、一本のロープの上を移動するという、どうみても危険極まりないバランス芸である。というより、多くの人に「そこまでやらなくても」と思わせるにちがいない綱渡りの極致である。まず四人が間隔をあけてロープの上に立ち、肩に特殊な器具を装着する。一人目と二人目、三人目と四人目のあいだにそれぞれ相手の肩と自分の胸のあたりをつなぐバーが渡される。そのバーの上に二人が立ち、その二人がまたバーでつながり、そのバーに椅子が置かれて一人が座り、クライマックスにはその椅子の上で立ち上がる。七人のうちの一人でもバランスを崩せば、全員が落下する危険がある。七人がロープ上に立ったのを見ただけで「やめてくれ」と心のなかで叫ぶ人もいるはずだ。

「空飛ぶワレンダ一座」を創設して率いる伝説の綱渡り師カール・ワレンダは、ネットなどの安全対策はいっさいしない主義であり、そのやり方を一座のみんなが踏襲していた。

カール・ワレンダは死を恐れぬ無謀な芸人かというと、決してそんなことはない。むしろ、芸人一家に生まれて物心ついたころから旅回りの曲芸師として芸をしてきた彼は、ちょっとした油断が命取りになることを誰よりも知っていた。「七人のピラミッド」は、一九三八年から稽古を積み重ね、カールの娘ジェニーが二十歳になりこの芸に加わることで四七年に完成させた芸である。それから六二年の悲惨な事故を起こすまでのあいだ、一度も失敗したことがない。あまりに危険なこの芸は、ほかのカンパニーや綱渡り師たちもまねできない「空飛ぶワレンダ一座」のお家芸だった。墜落の原因は何だったのか。いちばん下でワイヤーを歩く四人のうちの一人、ディーター・シェップが体調が悪くなりバランスを崩したことに原因があるようだ。ドイツ生まれのディーターはカール・ワレンダの甥で綱渡り師だったが、この芸に参加するのは初めてだった。

カールの孫にあたる綱渡り師デリラー・ワレンダ（Delilah Wallenda、一九五二―）は、共著で『最後のワレンダ一族』（*The Last of Wallendas*）という本を上梓している。ワレンダ家とその身近にいた者たちの綱渡り芸人としての生活を一族の内側から描いたノンフィクションである。デリラー自身が二十世紀を代表する女性の綱渡り師の一人なのだが、彼女の経験を含めて、事件前後の緊迫感を以下のように描写している。

ロープの残りはあと十フィート足らずだった。カールはひどく汗をかいていた……彼はこの演目を数えきれないほどやってきたはずなのに。ディーターがいまどんな感じでいるのかを想像しないではいられなかった。ディーターもまた汗をかいていた。ディーターはこのアリーナのなかの死んだような静けさを意識しているだろうか。気持ちの面ではその静けさに押されてはいないだろうか。観客の目線がすべて自分たちに注がれているが、誰もがそれをやりすごせるわけではない。ディーターはいまそんな感じなのだろうか。意識過剰になってていないだろうか。この演目はとてつもない集中を要求されるのだ。神経は鋼のケーブルのように頑丈で、ヘラクレスのような筋肉をもっていなければならない。

「七人編成」の演目は心身を消耗させる。高所のワイヤーの上では、どんな失敗も起こりえるのだ。七人をぐらつかせることは、難しいことではない。カメラマンのフラッシュがロープに立っている人間の集中力をぶちこわすこともあるし、テントのなかのてっぺんに設置されたロープの上は、息がつまり気も狂わんばかりの熱気がひどすぎて、七人のうちの誰かが卒倒することだってある。予測がつかない騒音や照明、観客の叫び声も綱渡り師にとってはまた別の問題である。そういったものはパフォーマーの気をそいで、バランスを失わせる可能性もある。また、いかにベテランの綱渡り師であっても、突然、極度の恐怖に襲われることがあり、そうなればすべてが一瞬のうちに終わってしまう。芸人たちは、何の警告もなく取り乱したり、パニック状態になることがあるのを最初からわかっているのだ。十二分というのは長い時間ではないけれど、ワイヤーの上では永遠である。(1)

サーカスの公演中は、芸が進行しているあいだは撮影禁止であるのがふつうだ。動物芸、空中ブランコ、綱渡り、そのほかのどんな芸でも観客による予期せぬ撮影が芸人の集中をそらしたり、動物を興奮させたりして重大な結果を招くことがある。空中芸では、ほんの一瞬、集中がとぎれた瞬間に落下し、命取りになることもある。デリラーは綱渡り師としてロープ上で芸を演じる者として、観客のちょっとした不注意が事故につながる危険があることを述べている。静まり返ったなかで、カメラのシャッター音やフラッシュの光、そのほかの騒音が、パフォーマンスをおこなう芸人にいかによくない影響を与えることか。サーカスに足繁く通った観客でも気づかないだろう、芸人ならではの指摘が興味深い。たとえば、テントの上のほうには下からくる熱気がたまってしまい、それが綱渡りをする芸人をよけいに疲労させるということなど。

　この事故のとき「七人のピラミッド」をやっていた一人に、前代未聞のこの芸をつくった張本人カール・ワレンダ（Karl Wallenda　一九〇五―七八）がいた。おそらく直接ロープの上を歩く四人の最後尾にいたと思われる。ディーターの異変をなんとなく感じていたカールは、ドイツ語で何度か彼に声をかけた――「どうした、ディーター。そのまま行け。あとほんの数歩だ」。しかしカールの声かけもむなしく、ディーターはバランス棒を下に落としてしまう。七人全員がかなり長くて重いバランス棒を持ってロープの上にいる。これなくしては高所の綱渡りは不可能である。複数の人間がワイヤーの上でつながっているときに、誰か一人がこの棒を下に落とせば、バランスの乱れが全員に伝わって三層のピラミッドがみるみる崩れる。

　この事故でディーター・シェップとリチャード・フォーグナンが命を落とした。ディーターは二十三歳、七人中ただ一人のアメリカ人（ほかの六人はドイツ出身だった）である。リチャード・フォーグナンは二十九歳だった。カール・ワレンダは肋骨を折ったが、命に別状はなかった。三層のいちばん上で一人で椅子に座っていたまだ十代の若い女性芸人も落下したが、危うくロープにつかまっていた二人の男性が彼女の体をつかみ、そのあいだにサーカス団のスタッフが急遽、非常用のネットを下のリングに用意した。そこで二人の男性は彼女をネットに向けて手放したが、彼女はネットでバウンドして床に落ち頭を打った。

　マリオ・ワレンダは命こそ助かったが、下半身不随になり、冒頭に述べたように車椅子を使いながら二〇一五年まで生きたのである。マリオはもともとカール・ワレンダの養子として育てられ、彼のもとで訓練を受けた綱渡り師だった。後半生を車椅子で生活し、七十四歳で没した。

　それにしてもカール・ワレンダの芸人根性にはすさまじいものがある。一緒にロープに乗った七人のうち二人を亡くし、一人が治癒不能の下半身不随になるという大事故を経験し、自らも肋骨を折りながら、翌日には残っているメンバーでピラミッドの芸を再生し、その後も続けたのである。現在なら間違いなくこの演目を含めたサーカス公演そのものが即刻中止、再開のめどが立たないということになるだろう。ワレンダ一座は解散を余儀なくされ、悲劇に追い打ちをかける結果にもなりかねない。少なくともワレンダ一座にとってずっと語り継がれるだろう悲惨で不名誉な事故である。この危険な芸はしばらく封印するか、あるいは永遠におこなわないという選択もありえた。

……にもかかわらず、肋骨を折ったままカール・ワレンダは翌日この芸に参加し、いつもどおりに再開したのである。にわかには信じられないが、これは事実である。代役を立てたか、人数を減らして、三層のピラミッドを二層にするなどしてやったものと思われる。カールの孫にあたり、自身も数多くの危険な綱渡りをやり遂げてきた綱渡り師ティーノ・ワレンダ（Tino Wallenda、一九五〇―）は、その背景を次のように語る。

カールは打ちのめされていた、家族の誰もがそうだったように。しかしカールはより困難なことをやってのけた。彼は翌日ワイヤーに昇り、公演をおこなったのだ。そしてその後二年もたたないうちに、亡くなった者と負傷した者に代わる綱渡り師を採用し、七人のピラミッドを再構成するための稽古を始めたのである。彼は気が狂っていると思う人たちもいたにちがいない。彼の娘であり、わたしの母であるジェニーでさえ、彼を人殺しと呼んだ。しかしカールは何が大切かをわかっていた。もしこの技を再構成しなければ、彼らはみな敗者になるのだ。彼らの人生は永遠に恐怖と失敗という烙印を押されることになる。彼はすべての者が完璧に用意できていることを確認したうえで、七人のピラミッドを復活させた。「落馬したら、すぐ馬の背に戻れ」というのを、綱渡り師版でやっているようなものだ。それは恐怖が入り込む一刻の猶予も与えないことなのである。恐怖を克服するには、才能というものが必要である。それは信念などというものではまったくない。パフォーマーの心意気である。(2)

カール・ワレンダのあとに続く血筋には、最初の妻マーサの系統と次の妻ヘレンのものとがある。この引用からティーノは、最初の妻マーサの娘であるジェニーの子であることがわかる。不名誉な事故のあとでも、カールは翌日に残ったメンバーで綱渡りを続けたばかりではない。二年もたたないうちに新しいメンバーを雇い、あの忌まわしい技を復活したのである。それこそが打ちひしがれた心と体を再生し、綱渡り一族「ワレンダ」の誇りを取り戻す唯一の手段だと考えてのことだろう。

しかしながら、ティーノによればカールが七人のピラミッドを復活させたのは一度だけだったという。

デトロイトでの墜落のあと、七人のピラミッドをふたたびワイヤーに乗せるのは、いろいろな意図があってのことだ。しかし、わたしの祖父がそれを復活したのはたったの一度だけだった……自分の目的を達成し、そのあとは決してそれをやることはなかった。何年かしてからわたしの家族は再結集し、事故が起きたのと同じ建物、同じサーカス団のなかで七人のピラミッドを復活させた。あの七人の芸、というよりもそれ以上に死を招くほどのあの過ちをよく覚えている街で、その復活は大いなる見ものだった。ワレンダの有名なピラミッドがまたあのワイヤーに戻ってくるということで、マスコミは興奮した(3)。

これだけの大事故を起こしながら、この芸を考案し構成したカール・ワレンダは事故後二年もたたないうちにこれを一度だけ復活した。その後、ずっと若い世代のティーノは、これをワレンダ家の綱渡りをフィーチャーする誇りでもあるとして再復活させ、連続上演するのである。ティーノは語る。

わたしはワレンダ一族の一人である。その名はわたしが誰であるのか、何をしているのかを規定する。わたしは綱渡り師である。わたしは現在まで八世代続くワレンダ家の六代目である。この名は途方もないほどの責任を担っている。わたしは、前の世代のすべての者たちの代表である。わたしは彼らが作り上げた基準を維持するために、最善の努力を尽くさなければならない。前の世代の者たちが残した遺産を持続させるために、わたしは仕事をする。つまり自分の仕事のなかで、できるかぎりのことをするということだ。そしてわたしはしっかりと約束を守る。いつも。(4)

ティーノの祖父であり、現在に至るまで続く高所綱渡り師一族の中心に位置するカリスマ、カール・ワレンダとはいったいどんな人物だったのか。

2　伝説の綱渡り師カール・ワレンダの起源

ワレンダ家は十九世紀から何世代にもわたるサーカス一家の家系であり、それはサーカスが衰退した二十一世紀の現在にまで続いている。このような家系は十九世紀から二十世紀にかけてのヨーロッパでは決して珍しくはなく、西ヨーロッパ、東ヨーロッパ、そしてスカンディナビアなど、いろいろな地域に存在していた。そのなかでワレンダ家がとくに国際的に知られるようになったのは、カール・ワレンダという希代の綱渡り師がいたからである。彼の家系の多くの者が男女とも綱渡り師として活躍し、現在に至る。

ネットなどの安全策をいっさい講じずに危険な挑戦をするというのもカール・ワレンダ以来の伝統で、「ワレンダ」の名を知らしめることに貢献している。十九世紀後半「ブロンディン」の名が綱渡りの代名詞になったように、二十世紀には「ワレンダ」の名が綱渡り師の世界では知らない者がいないほどになった。今世紀になっても「ワレンダ」というファミリーネームをもつアクロバット芸人が何人も活躍しているが、彼らももとをたどればカール・ワレンダという一人の傑出した綱渡り師に行き着くのだ。

ワレンダ家はドイツ出身でアメリカに移住したことが知られているが、もう少し詳しくみてみよう。ワレンダ家の一人デリラー・ワレンダは自身も綱渡り師として著名である。彼女はワレンダ家のことを次のように記している。

> ワレンダ家はドイツにルーツをもつとされているが、その血筋はバイエルンのボヘミア人の街で始まった。そこはヨーロッパの国境線が変更されたことにより、ドイツの支配下に置かれることになった地域だ。サーカスがヨーロッパ中で盛んになるにつれ、ワレンダ家の者たちはサーカスで生計を立てるために多様な技術を身につけていった。人造人間のように動いてみたり、空中芸をやったり、踊り手として踊ったり、緩いワイヤーの綱渡りをしたり、グレートデン、アシカ、ライオン、オオカミなどいろいろな動物の調教をしたりもした。
>
> デリラーによって語られる歴史は、高祖父（曾祖父の父）と高祖母、大叔母や大叔父の上の世代がサーカスで生きてきた歴史である。ワレンダ家は子どもたちをサーカスの芸人として育ててきた。その慣例をつくった最初の人は、アクロバット芸の達人ヨハネス・ワレンダである。彼の息子カール一世は演芸場を経営し、その妻はアシカの芸を見せていた。デリラーの母は著名な高所ワイヤーのアーティスト、ジェニー・ワレンダだが、最も有名なのはいうまでもなく、彼女の祖父であり、孫娘のデリラーを訓練したカール・ワレンダである。デリラーは言う――「みんなファティ（ドイツ語の「おとうさん」）のことが大好きだったの。でも彼は、わたしたちをサーカスの芸人にするトレーニングに関してだけは厳しかった。容赦しなかったんです。われわれには、いつも完璧であること、芸についての絶対的な訓練を要求したんです」[5]。

綱渡り師カール・ワレンダの血筋は十九世紀に始まり、二十一世紀を二十年以上過ぎた現在まで、自分たちが何代目なのかわからなくなるほどに延々と続いている。引用文中、「カール一世」とはカール・ワレンダの祖父にあたる人である。この祖父は演芸場を経営し、祖母は動物芸を見せる調教師だった。カールの父親は空中ブランコやクラウン芸もやっていたというから、カールはまさに生粋のサーカス一家・サーカス一族に生まれ育ったのである。カール・ワレンダのひ孫にあたるニック・ワレンダ（Nik Wallenda、一九七九―）は二十一世紀のいま、ワレンダ一族の中心になって活躍しているが、ワレンダ家の原点を別の角度から以下のように語る。

カール・ワレンダの曾祖父であるヨハネスはアクロバット芸人だった。その名を引き継いだ彼の祖父がカールであり、彼の父はエンゲルベルトといい、著名な空中芸人であり、動物芸の調教師でもあった。カール・ワレンダはドイツに一九〇五年に生まれ、その血を受けている。それは煮えたぎるような熱い血であり、暴力的な血でもあった。彼の兄ヘルマンと弟ウィリは父が癇癪を起こすのを恐れていた。四歳のとき、カールはエンゲルベルトの残忍さを経験した。ちょっとした過ちがもとで、父は息子を地面に投げ付け、それが原因でカールは残りの人生を右耳が難聴のまま生きることになった。

カールの兄ヘルマンは、エンゲルベルトは「人間よりも動物に対してのほうが優しい」と言っていた。しかし同時に、カールは父の芸風を称賛してもいた。エンゲルベルトは、アメリカで進化した空中ブランコ芸をヨーロッパに紹介した最初の芸人である。父への称賛は恐怖と表裏一体だったのだ。カールが六歳になると、エンゲルベルトは家族を放棄した。カールとウィリはカトリック系学校の宿舎に入れられ、ヘルマンは父の旅回りのサーカスで一緒に巡回公演をした。(6)

カールの父の系統をたどると、ヨハネス・ワレンダ→カール・ワレンダ（カール一世）→エンゲルベルト・ワレンダ→カール・ワレンダということになる。現在ではなかなか想像しにくい、十九世紀終わりから二十世紀初頭のヨーロッパに生きる旅回りのサーカス芸人――動物芸や綱渡り、空中ブランコを生業とする芸人たち――の生活の一端が引用箇所から想像できる。

3　サーカス団が馬車で移動していた時代

一九〇五年生まれのカール。サーカス芸人として十代後半に至るまでの少年時代は二十世紀になったばかりで、ヨーロッパ各地を街から街へ、村から村へとサーカス団が馬車で移動していた時代である。公演が終わると悪路を馬車で移動し、テント設営の作業、テント内部の多様な器材の設置作業、体を張った稽古、そして本番……と、サーカス団の生活は決して楽ではなかった。つねに移動し、テントの設営からバラシと呼ばれる解体作業までを自分たちでやっていた時代のサーカスはどんなものだったのだろうか。大小いろいろなサーカス団が馬車で移動する様子は、二十世紀前半ごろまではごくありふれた光景として世界のいたるところで見ることができたのである。キャンピングカーで移動する現代のサーカス団からは想像しにくい世界である。

馬車で各地を回っていたころの様子が、思わぬところに映像として残っていた。映画である。サイレント映画、そしてトーキー初期にはサーカスをテーマにした映画が数多く作られていた。劇映画であっても当時の本物のサーカス団を使ったので、現在ではまったく見られない興味深いシーンが数多く記録されている。たとえば太平洋戦争の敗戦直後十年のあいだに、いわゆるお涙頂戴の「母もの」映画は三十二本作られた。なかでも敗戦後の荒廃した日本人の心に三益愛子演じる「お母さん」は強く訴えるものがあった。そんな一本に『母紅梅』（監督：小石栄一、一九四九年）がある。冒頭のクレジットに「カキヌマ空中サーカス」とあるように、実在した当時のサーカス団が物語の舞台になっているので、ストーリーはともかく、サーカス好きの人にとっては興味が尽きない。そのエンディングは、サーカス一座が次の興行先に向けて馬車で田舎道を去っていくシーンである。

『母紅梅』以上に当時のサーカスの様子が見られる劇映画が意外なところにある。少女時代の美空ひばりが出演している『悲しき小鳩』（一九五二年）である。監督の瑞穂春海がていねいな映画づくりをしていて、一九五〇年代初めの日本のサーカス団をしっかりと映像に収めている。ここでも当時実在した赤林猛獣サーカスが舞台になって、ストーリーが展開していく。空中ブランコ、猛獣ショー、観客席の人々、団員の生活などが映像に収められている。ここでは馬車の移動ではないが、数台のトラックがのぼりを立てて田舎道を行く光景が記録されている。新しい興行地に着いたサーカス団が、丸太を縄で縛りながら天幕を張っていく光景などは、それ自体が貴重な記録である。円形のリングとそれを取り巻く客席をおおう大きなテントが普及する前は、丸太と縄で手が込んだ「掛け小屋」を設営していたのだ。当時のサーカスで働く人たちがショー以外の部分でどんな肉体労働をしていたのかを銀幕のなかに発見できる。

二十世紀映画の巨匠、スウェーデンのイングマール・ベルイマンの作品に『道化師の夜』(一九五三年)がある。実験的な手法が随所に見られるものの、ベルイマン作品としてはあまり目立たず、言及されることが少ない。この映画には、救いようがないほど暗いサーカス芸人の生活が描かれている。ここでも主人公の芸人たちが乗った馬車が、ガタゴトと次の公演地に向けて移動する光景が見られる。スウェーデンという北欧の地に生きる当時のサーカス団の生きざまが垣間見えて興味が尽きない。

デリラー・ワレンダは二十世紀初頭、祖父カール・ワレンダが少年のころ、ヨーロッパの地を移動しながら苦労して生計を立てていた時代のことを、以下のように記している。

サーカス団が一つの場所に留まるということはめったになかった。サーカス団は街から街へと移動し、ショーを興行する許可を得ればどこにでもテントを張ったのだ。カールは百六十以上の学校を転々とし、そのためほかの子どもたちによくいじめられたと語っていた。けんかするようなことがなければ、教室でサーカスでの生活を絵に描いていた。サーカス団にいることは、つねに「越してきた新入りのやつ」症候群という、いやなことに直面させられるのだ。というのは、当時、旅を続けるサーカス団は馬車で移動していたので、カールや彼の家族はしばしばジプシーと間違えられたのである。それは転校した学校でいいイメージを与えるはずがない。七歳にして、カールは母と子どもたちを少しでも助けようと苦労して資金稼ぎをした。そのためぐらぐらする椅子の上や、教会の尖塔で逆立ちをして金を稼ぐようになった。ビアガーデンでは、小学校の一年生にもならないころに、芸を見せて稼いだ。パフォーマンスが終わると帽子を観客のあいだに回して、飲んでいる人たちが金を投げ入れるのを見つめていた。彼の家族にとってこれが主な収入源だったのだ。[7]

のちに観客をハラハラさせるほどの危険なショーを見せる綱渡り師として世界に名を馳せるカール・ワレンダの少年時代が、決して楽なものではなかったことがわかる。サーカス団としての興行とは別に、大道芸をして観客からの投げ銭で稼ぐこともしていたという。そんな暮らしのなかでアクロバット芸人としての根性が鍛えられたのだろう。カール・ワレンダが危険な綱渡りをする際に安全対策をしないことに固執する理由も、彼の子ども時代の経験があるからといえる。さまざまな国の多様な観客を前にして芸を披露するなかで、スリルを感じさせる芸であればあるほど観客は楽しむものだということを身をもって学んできたのだ。しかし、危険な芸ほど受けるという風潮は、二十世紀後半のいわゆる高度情報化社会になると変わっていく。人権という観点から安全が何よりも優先されるようになったのだ。

4　女性関係

代々続くサーカス一家に生まれ、少年のころからその血筋と訓練のたまものであるアクロバット芸で早熟な才能を見せていたカール。たとえばロープの上で頭で逆立ちをするだけでも相当難度が高い芸であるのに、少年カールは逆立ちをしている大人の芸人の両足の上に両手を置いて逆立ちをしてみせるなど、とんでもないことをやっていた。

少女であれ大人であれ、たくさんの女性の芸人たちがカールの近くにいて、彼女らと体を密着させて芸をすることも珍しくない。そんな環境のなかで、女性関係でもカールは早熟だった。子どものころからずば抜けた運動能力とバランス感覚に秀でていたうえに、優しいハンサムな少年だったこともあるだろう。十六歳のときには芸人仲間のレナという女性と親しくしていた。レナは十歳年上の二十六歳。カールもレナもストラスブルガー・サーカスというサーカス団で綱渡り芸を見せながら、ドイツやオーストリア、イタリアなどを巡回していた。

そのあとはサーカス・ブッシュというサーカス団とともにベルリンで公演していたのだが、そこで踊り子をしていたマーサ・シェップという若い女性に出会う。カールは美しい彼女にすっかり惚れ込んでしまった。そして一九二七年、二人は結婚。マーサは年齢を大幅に偽っていて、本当は十五歳だった。しかも妊娠していた。彼女はアクロバット芸を人並み以上にやることはできたが、多少の高所恐怖症もあったようだ。カールと一緒に芸ができるほどの大胆さや技術には欠けていた。カールを奪われたレナからの執拗な攻撃もあり、若い情熱に駆られて結婚したものの、カールとマーサの夫婦生活は徐々に冷めていった。二人をつなぎ止めているのは、結婚直後に生まれたジェニーという娘だけだった。夫婦としての関係は失われたものの、サーカスの芸人仲間としてカールのマーサへの友情と信頼は増していき、生涯にわたってよき友としての関係を築いていくことになる。

5　ヘレン・クライス――願ってもない新星が現れる

カールは自分と一緒にワイヤーに乗って堂々と芸をこなせる才能ある女性を探していた。広告を出すと、すぐに応募してきたのが十六歳のヘレン・クライス（Helen Kreis、一九一〇―九六）という小柄でブロンドの少女である。ヘレンもカールと同じようにサーカス一家で育ったため、美しい容姿ばかりでなく、やる気も、作法も、技術もすべてが備わっていた。まさに仕事でも私生活でもカールが求めていた女性である。一九七六年にカール・

ワレンダについての詳細な伝記『ワレンダ——カール・ワレンダ伝』（*Wallenda: A Biography of Karl Wallenda*）を書き下ろしたロン・モリスは、少女ヘレンのことを以下のようにたたえている。

> ヘレン・クライスは、天使たちによって高所の銀のワイヤーを支配するために創造されたにちがいない。十六歳になったかならないかなのにヘレンには作為のない自然体があり、レナが何カ月もかけて体得したカールの肩の上でポーズをとる姿態を、彼女は数日で超えてしまうほどの美しさを見せた。ヘレンには知性があり、自信をもっていて、石のように動じない観客の心でさえも必ずや捉えてしまう、生まれながらの優美さというものを備えていた。(8)

これ以上の褒め言葉はないほどに十六歳の少女を絶賛している。一九二〇年代末から三〇年代の初め、十代後半の少女ヘレンがどんな芸をしていたのか知る由もないが、写真は残っている。これをみると、ロン・モリスの称賛も決して過剰ではないように思える。高貴なオーラを放つ美少女である。しかも、モリスがいうように大人顔負けの自信と落ち着きが感じられる。少女は高所をまったく恐れることなく、カールがワイヤーの上で要求する役割をすべてこなしていった。

ヘレンと出会う前、カールは信頼できる友人ジョー・ガイガーと兄ヘルマンと三人で組み、地方を巡回して人気を博す実力派のアクロバット一座をつくっていた。ワレンダ一座の誕生である。そこに才色兼備の少女ヘレンが加わり、この一座は実力ばかりではなく見違えるような花がある集団になった。ヘレンがワレンダ一座のなくてはならない存在に成長するのに、長い時間はかからなかった。

あの七人のピラミッドが世に出る前の二十年ものあいだ、四人のピラミッドのてっぺんで芸を見せていたのがヘレンである。四人のピラミッドは七人のそれの前身にあたる。四人でも相当に難度が高い芸である。ロープの上の二人のあいだにポールを渡し、そのポールの上に一人が立ち、その肩の上にトップの者が立つというものだ。

一九二八年、ワレンダ一座にとって歴史の転換点になる最初のアメリカ公演が実現する。マディソン・スクエア・ガーデンでの綱渡りで、アメリカの観衆を驚嘆させ大喝采を浴びたのが、このピラミッド芸である。何しろ、一本のロープの上に人が三層になって乗るなどという芸は、アメリカでは誰も見たことがなかった。そのピラミッドの頂点にいたのが、ドイツでカールの一座に加わり一緒に綱渡りを始めたばかりのヘレン・クライスだった。ヘレンに出会ったとき、カールには結婚したばかりのマーサと生まれたばかりの娘ジェニーがいた。カールの無

ワレンダ一座が最初にアメリカ公演をしたときの写真。中央の女性がヘレン。その右がカール・ワレンダ
（出　典：Ron Morris, *Wallend: A Biography of Karl Wallenda,* Sagarin Press, 1976）

二のパートナーとして成長していくヘレンとカールが再婚するのは、出会ってから七年後の三五年である。
ヘレンはその後、ワレンダ家の一員というよりもワレンダ家の中心になって夫カールを支え、アクロバットをするワレンダ一族を支えることになる。ヘレン自身は一九五六年にショーに出演することからは引退するが、八十五歳で亡くなるまで危険に身をさらして芸を見せるワレンダ一族を見守っていた。そのあいだに肉親が高所から落下して重傷を負ったり死亡したりという経験を幾度となくすることになる。本章の冒頭で述べた六二年の七人のピラミッドの事故で死こそ逃れたが下半身不随となり二〇一五年まで生きたマリオ・ワレンダはヘレンとカールのあいだの養子である。

ヘレンの妹のリエッタは、一九六三年にネブラスカ州オマハで十五メートルのスウェイポール（大きくしなる長いポールのてっぺんでいろいろな芸を見せる）を演じているときに落下し、四十三歳で死亡。少女ヘレンを見初めて生涯の伴侶としたワレンダ一族の中枢カール・ワレンダその人も、七八年、街の路上の高所で綱渡りをしているときに落下して即死する。ヘレン自身もかつては卓越したアクロバット芸人だったので、いついかなるときにも深刻な事故が起こりうることはわかっていたはずだ。ヘレン・ワレンダは綱渡り師一族の中心にいる者の妻として、そして自身も芸を極めた芸人として、栄光も悲惨も危険も知り尽くして、一家を支え抜いた。息子や妹や夫に起こった麻痺や死を、彼女の八十五年の生涯でどのように受け止めていたのだろうか。

6　先妻マーサと後妻ヘレン

先に述べたように、カールは一九二七年にサーカスで踊り子をしていたマーサ・シェップと最初の結婚をしたが、そのときマーサはすでに身ごもっていて、同年に生まれたのがジェニーである。アクロバット芸人として飛び抜けた能力をもち二十代半ばの男盛りのカールが、美しい少女マーサに惚れ込んで妊娠までさせてしまったのだ。だが、熱しやすかったぶん、冷めやすかったのかもしれない。マーサの家系もサーカス一家であり、彼女もアクロバット芸ができたが、とりわけ綱渡りに向いているわけではなかった。同じワレンダ一座にいてカールの肩に乗ったりなどの芸はしていたが、次第に一緒に芸をする機会が減っていった。しかし幼い娘ジェニーもいることだし、カールに対する理解と親愛感はもっていた。

ロン・モリスは、カールと最初の妻マーサとの関係を以下のように記している。

マーサとカールが出会ったころの燃えるような熱愛ぶりは、兄と妹のような関係に近いものに冷めていった。心をときめかす時期は終わった。二人が離れていったことはほとんどの部分で言葉にはされないまま、二人はしっかりと結ばれた友人同士のようになった。マーサは何年にもわたってワレンダ一座に参加していたし、カールの娘ジェニーもまた楽しく加わっていた。やがてはティーノやデリラーという彼女の子どもたちも一員になる。(9)

出会ったころの熱愛ぶりが冷めていくのは珍しいことではない。しかし冷めてもなお、同じ一座のなかで体を張りときには危険を共有するアクロバット芸の仲間として兄妹のような関係でいられたのであれば、それは珍しいかもしれない。ある種のリスペクトが互いにあったからこそだろう。カールは私生活のうえでも芸のうえでも、先妻マーサとよき友人としての関係を生涯続けた。のちに再婚するヘレンとマーサの関係もうまくいっていた。マーサはカールのアクロバット芸のパートナーとして、また妻としても、ヘレンのほうが自分よりもずっとお似合いだと納得していたように思える。

マーサは、カールと別れたあと二度の結婚をし、彼女自身の人生を全力で生きた。マーサとカールはドイツ出身であり、ともにサーカスのなかで育ち、芸人としての仕事をしてきたという共通項がある。ドイツからアメリカに移住する決心をしたマーサの世話をしたのもカールである。出会ったころの情熱は冷めても、二人は以前とは違った種類の理解と友情でしっかりと結ばれていた。

マーサとの結婚の翌年に綱渡りができる少女を公募してヘレンを選んだのは、ワレンダ一座の初のアメリカ公演に際し、マーサでは不安があったのではないかと推測できる。マーサとヘレンは数年間ワレンダ一座で一緒に仕事をした。カールの最初の妻と二番目の妻は互いによき友人となるのである。

7　大サーカス団専属の獣医師を務めた男

マーサとカールのあいだに誕生したジェニー・ワレンダ（Jenny Wallenda、一九二七―二〇一五）は、その後のカールのアメリカでの活動を考えるうえで、またワレンダファミリー全体をみるうえでもきわめて重要な役割を果たすことになる。ノンフィクション『最後のワレンダ一族』を書いたデリラーは、ジェニーの娘である。

ジェニーの母マーサはワレンダ一族から離れていたために、カールの最初の妻だったマーサのその後の人生に関する情報はなかなか見つからなかった。ところが思わぬところからマーサのその後について興味深い事実が出てきた。デリラーの本のなかにマーサについてほんの二、三カ所だが言及している箇所があったのだ。

マーサはカール・ワレンダと別れたあと、ジャック・ミッチェルという男性と結婚するがうまくいかず、一年後には離婚。その後、アメリカでJ・Y・ヘンダーソン（J.Y.Henderson、一九〇九―九一）という男性と三度目の結婚をする。ヘンダーソンをマーサに紹介したのはカールとヘレン夫妻である。マーサが別れた夫カールとその現在の妻ヘレンと良好な関係を保っていたことが、このことからも感じられる。

それ以上に興味深いのは、このヘンダーソンという男性である。彼は「地上最大のショー」をうたう最大のサーカス団リングリング・ブラザーズ・アンド・バーナム&ベイリー・サーカスで四十年の長きにわたってサーカス団専属の獣医を務めていたのである。二十世紀後半のイギリスで、動物愛護の観点からサーカス団の動物芸に対する批判が起こる。さらに一九八〇年代から二十世紀末には、動物芸への批判が世界中に拡大していった。ヘンダーソンがリングリング・ブラザーズで獣医としての活動を始めたころは、空中ブランコや綱渡り、クラウン芸などと並び、動物芸がサーカスのなくてはならない演目のひとつだった。ヘンダーソンはサーカス団での獣医としての経験を *Circus Doctor*(10)という本に書き残している。

地味で控えめな古い本ではあるが、動物の生態や動物行動学に関心がある人、またサーカス団のなかで芸をする動物が日頃どういう生活をしているのかに興味がある人であれば、必ず読みたくなるような内容だ。サーカス専属の獣医が、ふだん手厚く面倒を見ている動物たちについて書き下ろした、おそらく類似するものがない本である。ほぼ四十年にわたり世界最大のサーカス団で獣医を務めた経験をもつのは、ヘンダーソン以外にいないのではないか。サーカスといえば曲馬といわれた時代もあるくらいだから、馬はもちろんのこと、山猫、キリン、野牛、ゾウ、クマ、水牛、トラ、ゴリラなどじつに七百頭もの動物を、このサーカス団は飼育し調教していたのである。これだけの数の動物がいれば、一人の獣医だけでは足りず、動物の種類によってほかに何人もの獣医が働いていた。ヘンダーソンが獣医たちを統括する獣医長のポジションにいたようだ。

ヘンダーソンはこの本のなかで、サーカスの動物についてばかりでなく、自分の生まれと育ち、学業、サーカスとの出合い、兵役の経験など個人的な事柄についても淡々と語っている。しかしなんといってもサーカス団で人間と一緒に移動し生活する動物についての記述は、外部からはうかがい知ることができない貴重な内容だ。たとえば、サーカス団に入ってきた若手の調教師が、ちょっとした油断でライオンに襲われて殺されてしまった話などもある。野生の動物や動物園の動物に関しての記述は古今東西珍しくはないが、サーカスという特殊な状況に置かれた動物たちについてのさまざまなエピソードには興味が尽きない。

もう一つ、ヘンダーソンの飾らない語り口のなかに思わぬ発見をした。彼がどのようにしてマーサと出会い、心をときめかせたかについて触れている箇所があったのだ。

一九四二年の十月、ワレンダファミリー用の個室で夜中になると雑談していたものだが、ある晩、カールが彼にとってもヘレンにとっても無二の友人が翌日ショーに加わるためにやってくるという話をしてくれた。その友人というのはカールの離婚した先妻である。わたしはカールとヘレン双方から、マーサ・ワレンダについてたくさんの話を以前から聞いていた。この三人のあいだの友情というのは、世間では非常に珍しいものだろう。離婚したカップルでいまでも心からの愛情と尊敬の気持ちを互いにもっているのは、わたしの知るかぎりカールとマーサだけだ。彼らは夫婦のままでいたなら、うまくいかないというだけのことだったのだ。

翌朝、マーサが到着し、リングリング・ブラザーズで空中芸人として仕事をするために出かけた。彼女はこのサーカス団で前にも仕事をしたことがある。数年前に十六歳の少女としてこの国にやってきて彼女はリングリングで一九三八年まで働いたあと、カール・ワレンダがつくったショーをもってツアーに出ていたのだ。いま、彼女は帰ってきた。わたしは二度とほかの女性には引かれはしまいという固い決意をもってこれまできたのだが、彼女を一瞬見るなり、それは崩れた[11]。

日常の生活でカールが現在の妻ヘレンとも、そして先妻のマーサとも互いに愛情と信頼を保ちながら温かい関係を続けている様子がうかがえる。綱渡りという極度の緊張と集中を求められる世界を共有していたからこそ、三人それぞれが相手への愛情と尊敬の気持ちをもちつづけられたのかもしれない。ヘンダーソンは獣医師であり芸人ではないが、サーカスという特殊な環境で働く人間としてすんなりとこの三人のなかに入っていく。のちに彼とマーサは結婚し、生涯連れ添うことになる。

それにしてもカールがいかに先妻のマーサに敬愛の念をもちつづけていたかということをヘンダーソンが語る、「彼らは夫婦のままでいたなら、うまくいかないというだけのことだったのだ」という一文が心に残る。

8　夫と父の墜落死を乗り越える──頭領の娘ジェニー・ワレンダ

動物愛護と動物の権利を旗印に、動物を見せ物にするサーカス団は動物虐待だとする運動がますます広がっていった。とくに近代サーカス発祥の地であるイギリスで一部の抗議活動は激しさを増していく。サーカス公演そのものを阻止すべく実力行使に出る過激派も出てきた。経済的なダメージが甚大で、存続に関わりかねない反対運動に対して、サーカス団は裁判闘争を起こすこともあった。同じ英語圏でサーカスが盛んな大国アメリカでもイギリスほどではないにしても、そのような反対運動が一部で盛り上がりを見せていた。

綱渡り師のカリスマでワレンダ一座の頭領であるカール・ワレンダ。その最初の妻マーサの娘ジェニー・ワレンダは後年、サーカスの当事者として、そのような動物芸に対する反対運動を強く批判する姿勢を公にしていった。それには彼女の母の三番目の夫、つまり義父であるヘンダーソンがサーカス団専属の著名な獣医だったことも影響しているだろう。ジェニーも母もドイツ生まれだが、二人ともアメリカに移住していて、ジェニーは獣医と暮らす老母マーサのすぐそばで暮らしていたのである。母とヘンダーソンが暮らす家をジェニーが訪ねてみると彼らが飼っているヒョウが部屋のなかにいた、などのエピソードをジェニーは晩年に語っている。

ワレンダ一座が初めて渡米公演をする一九二八年に話を戻そう。その年、カール・ワレンダ一座はリングリング・ブラザーズに雇われ、初めてのアメリカ公演のために渡米するのだが、前年に生まれたばかりのジェニーは親戚の家に預けられ、そのままドイツに残った。ジェニーは三六年に制定されたドイツの法律によって国家で唯一の青少年団体であるヒトラーユーゲントに加わることになる。青少年の加入が国によって義務づけられていたのである。ドイツが敗戦し、四七年になってようやくジェニーはアメリカで活躍しているワレンダ一座に加わるために渡米する。そこで母マーサ、父カールと久々の再会を果たす。この渡米のための法的な手続きにカールが尽力したのはいうまでもない。
サーカスのワレンダ一座は、カールの最初の妻マーサの系統と、後妻ヘレンの系統の双方からなる。それに加えて先に述べたカールとヘレンの子マリオ・ワレンダのように、血がつながっていない養子もいる。ジェニーはサーカス一家の血筋を引くだけあり、身体能力が高かったため、ヒトラーユーゲントでは体操を指導していた。綱渡りはそれほどやっていなかったが、もって生まれた運動神経とバランス感覚があってのことだろう。アメリカでワレンダ一座に加わると、あっというまに綱渡りのパフォーマンスに参加するようになる。ワレンダ一座は安全確保のためのネットなどを使わないので、ジェニーの技術ばかりでなく、高所綱渡りをやる勇気も親譲りのものというべきだろう。

ジェニーも母マーサと同じく生涯に三回結婚している。一九四九年、最初に結婚したのはイタリア人の著名な曲馬の芸人アルベルト・ゾッペである。ゾッペはイギリスで興行中にリングリング・ブラザーズにスカウトされ、以来このサーカス団で曲馬を見せていた。のちにゾッペは曲馬を中心にした自分のサーカス団を結成して積極的に活動を展開する。次に結婚したのは、ワレンダ一座で綱渡り師として活動していたリチャード・フォーグナンである。しかし、これもサーカス一家に生きることの不幸だろうか。フォーグナンは六二年の、あの七人のピラミッドの悲惨な落下事故で死亡した二人のうちの一人である。しかもジェニーはワイヤーを張ったプラットホームから、このピラミッドが崩れて夫が落下し、即死するのを目の当たりにしていたのだ。どれほど彼女が平静を失ったかは想像にかたくない。その様子はデリラーの本『最後のワレンダ一族』に語られている。

デリラーはジェニーと最初の夫、曲馬の騎手ゾッペとのあいだに生まれた娘である。さらに一九七八年には父親であるカール・ワレンダが、路上の高所での綱渡りの最中に落下事故で亡くなった。ジェニーは夫、そして父を墜落死で失ったのである。

ジェニーは綱渡りや空中ブランコをおこなう芸人アンディ・アンダーソンと一九六四年に三度目の結婚をし、生涯添い遂げることになる。彼女は二〇一五年に八十七歳でその波乱に満ちた生涯を閉じる。夫アンダーソンは二〇〇七年に亡くなっている。ジェニーとアンダーソン夫妻は、一九七〇年代に入ると危険な空中芸をやめて、あちこちの街でカーニバルを開催するビジネスを展開していった。身内の死亡事故をあまりにも身近に経験したことも、危険なパフォーマンスに別れを告げた一因だったにちがいない。

ワレンダ一座の頭領カール・ワレンダの愛娘ジェニー・ワレンダ——彼女の生涯は父のそれに劣らず、波瀾万丈だった。まさに事実は小説より奇なりである。それでもジェニーは度重なる不幸を乗り越えて、最晩年に至るまで快活でよくしゃべり、ポジティブな生き方を貫いた。

9　八十代でアクロバットを見せるカーラ・ワレンダの華々しい生涯

ジェニーはカール・ワレンダの最初の妻マーサの娘であり、カーラ・ワレンダ（Carla Wallenda、一九三六—二〇二一）は二番目の妻ヘレンの娘である。カールには前妻と後妻とのあいだにそれぞれ娘がいて、双方の娘がワレンダ一族の綱渡りやそのほかの空中芸をやる芸人たちの血筋を大きく広げている。カーラはフロリダ州サラソタで生まれる。ドイツで生まれて少女時代をドイツで過ごしたジェニーとはそこが異なる。カーラは、カール・ワレンダが所有するサラソタの家に生まれ育ったドイツ系アメリカ人ということになる（サラソタは、昔も今もアメリカのサーカスの本拠地であり、サーカス関連のさまざまな施設がある）。

カーラは、夫婦で高難度の綱渡りをやってきた、史上最高の綱渡り師夫婦のあいだに生まれた娘である。カーラにはそんな父母から受け継いだ何か特別なＤＮＡがあるのではないかと思いたくなる。父カールが作り上げたあの七人のピラミッドのてっぺんにある椅子に頭をつけて倒立していたのは、わずか十五歳のカーラだった。しかもその芸を長く続けていた。これは、冒頭に書いたように誰がみても危険なショーである。よほどの自信がないかぎり自分の娘をいちばん上に乗せたりはしないだろう。カールとヘレン夫妻は、カーラがよちよち歩きができるようになると、地上を歩くようにロープの上を歩かせてきたのである。芸を仕込むというよりも、子どもの遊びの感覚で幼女が地上を歩くのを覚えるように、ロープの上を歩く技術も身につけさせたのだ。

　幸か不幸か、というより幸いにもというべきだろうが、カーラは事故のころには、七人のピラミッド芸をやっていなかった。そのとき彼女は二十六歳、ピラミッド芸では十年のキャリアがあったから参加していてもおかしくなかったが、てっぺんに乗るのはなるべく小さくて軽い十代の少女のほうがいい。そこでカーラは綱渡りからほかの空中芸に移行していたのである。それはスウェイポールという、かなりの長さがあるしなるポールの上で、大きなしなりを利用しながら見せる芸である。綱渡りという体の隅々から余分な動きを抑える芸と違って、空中に延びた一本のポールを大きく揺らしながら、さまざまな姿態を大ぶりに見せる。観客はその光景を地上から見上げながら、大いに楽しむ。現在でも、欧米ではこの芸は劇場でも野外でも盛んにおこなわれ、華やかな人気演目である。……綱渡りから転向したカーラは、生涯をとおしてスウェイポールをやり続けた。

　カーラは八十代になってもスウェイポールの芸をやっていた。それは幸福な人生といえるだろう。しかし空中アクロバット芸を専門とする一族の一員として生きることは、いつ思わぬ不幸に見舞われるかしれないと覚悟しておくことでもある。スウェイポールといえば、一見、綱渡りよりも安全に見えるかもしれないが、そんなことはない。先に述べたようにカーラの母ヘレンの妹、つまりカーラの叔母にあたるリエッタ・クライスは一九六三年四月十九日、ネブラスカ州オマハでスウェイポールをしているときにグラスファイバー製のポールの先端から十五メートル下の地上に落下し、命を落とした。四十三歳だった。何度もやり慣れている芸でし損じる可能性はきわめて少ないものの、もともとあった体のけがが原因で、高所で一瞬気を失ったのが原因といわれる。多くのスポーツで、けがをしていたり体調不良だったりしながらゲームを続けても思うような結果を出せないということはよく耳にするが、高所のアクロバット芸の場合はそれが命取りになる。ちなみにカーラは彼女の全盛時代には三十七メートルという驚くほどの高所でスウェイポールをやっていて、そのポールの上で逆立ちもしたという。十二階建てのビルの屋上のフェンスの上で逆立ちするようなものである。しかもそれは揺れているのだ。まさに、驚きを通り越してしまう。

カーラは生涯で四回結婚したが、夫になった男性は四人ともサーカスの世界に生きるアクロバット芸人である。そのうちの一人、三番目の夫リチャード（チコ）・グズマンを一九七二年に落下事故で亡くしている。グズマンは高所のプラットホームでカール・ワレンダにバランス棒を渡そうと待っているときに、誤って電気系統の器具に接触し、落下してしまった。その高さは十五メートルとも十八メートルともいわれている。グズマンは二十九歳だった。

カーラの最初の夫ユージニオ・ボギーノとのあいだの息子マリオは（綱渡り師で生涯を半身不随で生きたマリオとは別人）、ワレンダ一族のサーカス芸人だったが、綱渡りやスウェイポールなど高所の芸をする者たちのなかで異色の才能をもっていた。彼はオートバイ乗りで、かつて日本のサーカスでも人気の芸だった鉄でできた地球儀のような球体のなかをぐるぐる回る芸を専門にやっていた。これはアイアンホールとかアイアンボールと呼ばれていた。マリオはこの芸で事故を起こすことはなかったが、エイズに感染し、一九九三年三月に三十六歳でサラソタの自宅で亡くなった。

カーラは叔母をスウェイポールで亡くし、三番目の夫を綱渡りで亡くした。そして父は綱渡りで落下死したのだ。サーカスやアクロバット芸の一家に生きる宿命だろうか。息子もサーカスで働いていて、事故死を免れたがエイズで死亡。まさに死という亡霊に取り憑かれていたかのようだ。しかしこれだけ数々の身内の死に見舞われながらも、カーラは四番目の夫マイク・モーガンとのあいだに三人の子をさずかり、自身は深刻な事故にあうこともなく幸福で安定した後半生を生きた。

カーラとマイクがいつ結婚したのかは不明だが、二人が一九八三年に野外で三十メートル上空にある気球にぶら下がり、安全対策などせずに芸をした「ヘリコプター・スピン」と題する芸の映像が残っている。これまでも何度となく身内の死や大けがを経験していながら、彼女自身は万一に備えた安全対策などをしない。それがワレンダ一族の伝統なのである。気球から逆さ吊りになったマイクがカーラの首の後部でロープを輪にしてぐるぐる回すシーンがある。映像を見るだけでも気持ちのいいものではないが、二人は喜々としてこれをやっている。

カーラは八十一歳で二十六メートルもあるスウェイポールのてっぺんで芸を見せている。さすがに年を取ってからは、若いころよりもポールは少し短くなったものの、高所アクロバット芸をする者の年齢として、これは記録に残るだろう。このときも万一に備えた安全対策はしていない。インタビューを受ける八十代の彼女は老いを感じさせず、生き生きとしていて驚くばかりである。数々の愛する人を失いながらも、恨みつらみなどいっさい口にすることがない。カーラは七十年間、安全装置の世話になることなく芸をしてきた。けがをしたのは五メートルの高さから落下し、尾骨を痛めたときだけである。

カール・ワレンダとヘレン・クライスという絶後の空中アクロバット芸人夫婦の直系であるカーラ・ワレンダは、二〇二一年三月、フロリダ州サラソタで八十五年の生涯を静かに閉じた。

10　最愛の弟の墜落死——どうして安全対策をしないのか

ワレンダ一族は不幸な死傷事故に見舞われながら、どうして安全対策を怠るのか。「怠る」のでなく、最初から意図してセイフティネットや命綱などの安全対策をしないのである。その理由は、やはりワレンダ一家の総帥カールが築いた伝統にある。ネットは使わないという信念である。さらにカールの祖先もまた、十八世紀のころから、安全対策など考えずに曲芸を見せてきたという歴史がある。カールはそんな生粋のサーカス芸人一家に生まれ、幼いころから芸をやって生活の糧を稼ぎ、空中ブランコや綱渡り、動物芸など危険な芸に挑戦するのが当たり前という環境のなかで育った。二十世紀初頭、自分が芸人として独り立ちするころには、万一の事故に備えて安全対策をすることなど、念頭になかったのだ。

もう一つ直接のきっかけがある。一歳年下の弟ウィリ・ワレンダ（Willi Wallenda、一九〇六―三六）の事故死である。一九三六年九月、ウィリはスウェーデンのヨーテボリの公園で野外の綱渡りをやっていた。ウィリの芸は自転車でワイヤーを渡るというものである。このとき安全ネットは設置されていたのだが、落下した彼はその弾みで、あるいは落下した場所がネットの端のほうだったのか、ネットから弾き出され、さらに十六メートル下の地面に墜落してしまう。地面はコンクリートだった。すぐに病院に運ばれたが三時間後に背骨の骨折が原因で死亡した。

ネットが地上十六メートルという高所に設置されていたこと自体が意外である。ワイヤーはそれよりもずっと高いところに張られ、それを自転車で渡る芸をやっていたのである。ワイヤーをつかむように真ん中の部分がへこんでいる特殊なタイヤを使っているとはいえ、相当に危険である。もし自転車に乗った姿勢で落下したとすると、落下の瞬間、体を守るように身構えることができない。自転車がなければ、とっさにワイヤーに足を引っかけたり手でつかんだりして命拾いすることもある。カールは年が近い弟と大変仲がよかったので、この知らせをアメリカで聞いて強いショックを受け、悲しんだ。

カールは、もともと弟のウィリが綱渡りにはあまり向いていないと感じていた。そのことを早くしっかりと弟に伝えておけばよかったと後悔した。ロン・モリスの伝記本も、孫のデリラー・ワレンダが書いた本もそんなカールの気持ちに触れている。デリラーは、こう記している。

カールはどうにかしてウィリが、高所の綱渡りよりも危険度が少ない何らかのほかの芸を考えるようにさせようとしていた。しかしカールと同じくウィリも頑固だった。ウィリはワイヤーを自転車に乗って渡ると言って耳を貸さなかった。カールが何をどう言おうとウィリを説得できなかった。次のシーズン、ウィリの自転車がスウェーデンで公演中に強風にあおられ、自転車もろともネットに転落したということを聞いた。その勢いで強い力が加わり、彼はネットからセメントの床に放り出され、すぐに亡くなったのだ。

カールは弟を失ったことで、気が動転していた。さらに悪いことは、弟がそのような危険な仕事には向いていないとわかっていながら、ウィリに無理してでも綱渡りを諦めさせることができなかったことについて、カールは自責の念に駆られていた[12]。

ウィリが落下した直接の原因については、いくつかの説がある。自転車が落ちるのを押さえようとしてプラットホームから身を乗り出したという説。たんにパフォーマンス中にバランスを失ったという説。そして引用にあるように強風にあおられたという説である。カールのところには芸人仲間からかなり正確な情報が入っていたと想像できるから、風圧が原因というのはありうることだ。自転車に乗ってロープの上にいれば、人ひとりがいるよりも風圧を受けやすいと容易に想像がつく。

幼少のころから弟思いで仲がよく、兄弟一緒に数えきれないほどアクロバット芸を観客の前で見せてきた（カールはとくに倒立が得意だった）。そんななかでカールは弟が綱渡りには向いていないとかねてから思っていて、綱渡りはやめるように意見したこともあった。弟の落下死の知らせを受けて、弟をもっと強く――無理やりにでも――説き伏せておけばよかったと後悔したのである。その後悔をカールは一生引きずっていたように思える。同時にカールの頭のなかを占めていたのは、風圧のことよりもセイフティネットである。弟ウィリはネットを使っていながら、死亡した。野外で綱渡りする者は風には人一倍神経を使うので、どの程度の風なら大丈夫か、どの程度なら危険で中止にしたほうがいいか、計算ずみだ。問題はネットである。

安全対策のネットなど使っても万全ではないうえに、それがあることでかえってどこかに気の緩みが生じる――カールはそう考えたのである。実際、サーカスの歴史をみるとネットに落下したのにその弾みでネットの外に墜落して大けがをしたり、死亡したり……という事故が少なくない。その一方、空中で芸をしていた芸人が芸が終わるときに、わざとネットに飛び降り、高くバウンドして（あるいは一回転するなどして）体勢を整え、それを芸の一部として見せて拍手を受けたりもする。そんなときにはネットの位置や自分の体勢を意識しているので安全である。いずれにしろ、カールは最愛の弟を墜落事故で失ってから、ネットなどに頼るよりも自分自身が緊いて述べている。

張感をもって芸に臨めと、しきりに周囲の者たちに語ってきたのだ。

カール・ワレンダの孫のティーノが、自著のなかでネットを使わないというカール・ワレンダ以来の伝統について述べている。

空飛ぶワレンダ一座が特色としているのは、われわれがネットを使わずにワイヤーを歩くということだ。驚くかもしれないが、わたしはそのほうがより安全だと思っている。第一に、ネットに墜落することにより死んだりけがしたりということはよくあることである。実際、そんなことが起こっている。第二に、ネットがあるとそれに依存するようになり、全面的な集中力を欠くことになる。ワイヤーの上での仕事に決してすべてを捧げることがなくなってしまうのだ。もし落ちたらネットの上で転がるだけで大丈夫と思ってしまうなど、安易になりやすい。ネットがあることにより失敗しても、そういうこともありうると納得してしまうのだ。

（略）

ネットをなくすことにより、一座のすべてのメンバーが鋭敏で厳密になる。心のなかに失敗をほのめかすようなものがなくなる。だから恐怖は減少するのである。(13)

ネットがあることで、心に多少の油断が入り込んでしまう。そのほうがむしろ危険だというのである。ティーノがネットを使わないことについてこのように説明していることは、綱渡り師の心構えとしてはよく理解できる。半面、本当にそうだろうかとも思える。ネットがあっても、落下したときに負傷したり死亡したりする不幸な事故は、確かに歴史をみれば数えきれないほどある。しかし、逆にネットを設置していれば死なずにすんだ、重傷を負わずにすんだ、という事故も少なくなかったはずだ。ただし、野外の高所で綱渡りをする場合、ネットを設置するのが不可能な場合もある。というより不可能なことがほとんどである。その場合の安全対策としては、山登りなどに使用されるのと同じタイプのハーネスがある。これは状況に応じてさまざまな使用方法があるが、簡単にいえば自分の体とワイヤーをつないでおき、万一ワイヤーを踏みはずしても、落下せずにぶら下がった状態になるというものである。山登りや高所で作業するときのハーネスと違って、綱渡りの場合、できるだけそれが目立たないようにデザインを工夫する。

安全対策をしないという伝統をつくったカール・ワレンダは、サーカスのテントや大きなホールなどの屋内でだろうと、川や峡谷や街中の建物などの屋外でだろうと、自身のすべてのパフォーマンスを安全対策なしでやってきた。しかし、最後にその信条があだになり、自身が墜落死してしまうのである。

11　綱渡りのレジェンドの墜落死

一九七八年三月二十一日、カール・ワレンダの孫デリラー・ワレンダが家でくつろいでいたときに、カールがサンファン（プエルトリコの首都）の街なかで綱渡りをするという知らせがあった。海に面したコンダド・プラザ・ホテル二棟の高所に三百フィート（九十一・五メートル）の長さのワイヤーを渡して綱渡りをするというのである。高さは三十七メートルもある。デリラーはなんとなく、納得できずにもやもやした気分でいた。もともとのカールの予定では、サンファンでふつうのショーとしての綱渡りをすることになっていて席の予約も受け付けていたのに、どういうことだろう。綱渡りのための器材も、このホテル二棟間の頭上でやるためのものがすべてそろっているわけではない。急に決まったので足りない器材は調達しなければならない。彼女のなかで、何かすっきりしないものをぬぐいきれなかった。

どうしてこの綱渡りが気にさわるのか、彼女は自分でもわからなかった。祖父がたくさんの困難なことに挑戦し、何も問題がなかったことを彼女はよく知っていた。ファティ（祖父カールの愛称）はタルラー峡谷の谷間に七百五十フィートにわたりワイヤーを渡して、歩ききったこともあるし、フィラデルフィアのヴェテランズ・スタジアムの頭上に張った六百四十フィートのワイヤーを渡ったことだってある。それに比べればサンファンのホテルでやることなど、彼が七十三歳だとしてもたやすいはずだった。以前に心臓の手術はしているが、いまは回復して彼の体は二十五歳の若者のように強健だ。また、彼はワイヤーの上を五十七年間も、最高の状況だろうと最悪の状況だろうと関係なく、世界中で渡ってきたのだ。

デリラーは彼がエキスパートであることは百も承知だった。彼は天候が大丈夫か、ワイヤーのサイズはどれがいいのか、バランス棒の重さはどのくらいで、どの長さがいいのか、そんなことはすべてわかっている。にもかかわらず、心のどこかで恐怖感を覚えていた。彼女はあの七人を襲った痛ましい悲劇では何があったのか、いまだに考えていた。ファティの空中綱渡りが近づくにつれ、彼についていろいろ思いを巡らさざるをえないのだ。叔父マリオが言ったことを思い出す――「父はワイヤーの上では何が起こりうるかを知っている。でも父はそんなことで気をもんだりはしないよ。彼には人生それしかないんだ。ほかにできることなんか何もない。ワイヤーは彼の糧であり、彼の命なんだ」。マリオの言葉やファティの技術について十分にわかってはいても、何らかの理由でデリラーは心配しつづけざるをえなかった。(14)

国際的に知られた綱渡りのカリスマでレジェンド、ワレンダ家の大黒柱で自分の祖父でもあるカール・ワレンダ。デリラーは、彼を中心とする世界にも類がない綱渡りに生きる一族のなかで育ち、自分自身も綱渡り師として活動していた。彼女にとって、この胸騒ぎはそんな特殊な家族の一員として幼いころから身についたテレパシーのような感覚だったのだろうか。不安の直接の引き金になったのは、カールが突然予定を変更したことだ。それで万全の準備ができるだろうか――ワイヤーの太さ（直径）、バランス棒の重さや長さ、ロープの張り具合、揺れを防ぐためのガイロープなど。

デリラーは不安を打ち消そうと、祖父がかつてタルラー峡谷に七百五十フィート（二百三十メートル）のワイヤーを渡して綱渡りをしたことを思い出してみる。八年前の一九七〇年七月のことである。タルラー峡谷は観光地としても有名で、最も深いところでは千メートルもあり、ふつうの人なら上から谷底の渓流をのぞき込むだけで足がすくむ険しい渓谷である。カールはその二つの高所をロープでつなぎ、安全対策なしで渡ったのである。これは綱渡りの歴史でも匹敵するものが見当たらない。そんな空前絶後の綱渡り師カール・ワレンダの過去の偉業に比べれば、明日おこなうものなどは、たいしたことはない……と自分に言い聞かせるのだが、それでも不安を止めることができない。

身内の人間がデリラーのような心配ばかりしていたら、綱渡りという職業は続けられるものではない。綱渡り一家というのは、目に入れても痛くないほどかわいがっている年端のいかない娘や息子を、自分の肩に乗せて綱渡りをするのだ。余計な心配や不安は技術の修練のじゃまになり、それが原因で事故につながることもなきにしもあらずである。しかし今回は別だ。自分もベテランの綱渡り師であるからこそ感じられる何か虫の知らせのようなものが、デリラーのなかでくすぶっていた。

カール・ワレンダの最も近くに長年いて一緒に数限りなく芸をやった経験をもつ妻ヘレンも同様の不安をぬぐうことができず、その日の夜、夫に進言している。

その晩、ヘレンは夫が気持ちを変えるようにはたらきかけたが、彼はますます頑なになり、綱渡りをすることに集中していた。「すべてうまくいくから、大丈夫だよ。心配しなくていいから」と、彼女に言い聞かせた。デトロイトで七人のピラミッドが崩れ落ちて以来、ヘレンはカールが死を賭した挑戦をするのをあえて見ないようにしていた。彼女はその晩、不安を抱えたままベッドに入った。

翌朝、カールは晴れやかな気分で起きて、やる気十分という態勢だった。外を見渡して、地上百二十フィートの高さでロープを歩行するには風が強いことがわかった。突風は平均時速三十マイルあった。「風が最大の敵だ」と、かつて野外のパフォーマンスをするときに語っていたことがある。それでも、ひどい荒れ模様の嵐のなかでもワイヤーを歩いていたのだ。

（略）

次にヘレンはサーカスのプロモーターのところに行き、空中の綱渡りを中止するように頼んだが、彼は拒絶した。ホテルのオーナーにも頼んだが、彼もこれに関わりたくなかった。もはや夫を除いては誰も彼女を助けられないような情勢に思えた。観客が払う金にふさわしい芸を見せることにカールが誇りをもっている、ということを、彼女はよく知っていた。死んでもいいから芸をやるというほどカールが無鉄砲でないことは、よくわかっていた。それでも彼は、神が許してくださるかぎり、自分は綱渡りをやるんだと、彼女に語ったことがある。許してくださるってどうしてわかるの？と彼に聞いてみた。「神がわたしを見捨てるときには、自分でわかるよ」と答えた。

地上では時速十二マイルの風が吹いていた。「たぶん、吊るされたロープを歩くには風がちょっと強すぎないか？」と誰かがカールに忠告した。

しかし彼はほほ笑んでいるだけだった。(15)

カールの妻ヘレンと孫のデリラーが、綱渡りの前日から不安を抱いていたことがよくわかる。カールと前妻の孫娘であるデリラーは一緒には住んではいなかったが、サラソタの住宅地のなかに家があった。同じ街で近所に住んでいたのだ。ずっとカールのそばにいる妻ヘレンは、かなり積極的にカールや主催者やプロモーターに綱渡りを中止するようにはたらきかけた。屋外で綱渡りをするときには、ロープを固定するにあたり、建築物の特徴（とくに屋上）をしっかりチェックしておくことが不可欠だ。また、ロープの揺れをできるだけ抑えるためのガイロープをどのように設置するかというプロフェッショナルな判断も必要になる。これらの準備作業に一点も抜かりがあってはならない。

準備の過程での不安もあったが、追い打ちをかけたのはやはり風である。風のせいで命を落とした綱渡り師も一人や二人ではない。一九七八年三月二十二日。綱渡りを遂行することが不可能というほどの強風ではないが、気になる風が吹いていた。カールがロープの上を歩き始めたときにも、風が凪ぐことはなかった。そして悪夢のような瞬間がやってくる。

朝十一時を過ぎたころ、風が少し吹いていたが、カールはアシュフォード通りの上に張られたワイヤーの上に一歩を踏み出した。手には重さ三十五ポンド、二十五フィートの長さがあるポールを持っていた。すぐに観衆はシーンとなった。彼は二、三歩歩いた。二棟のホテルのあいだを通り抜ける風が彼の体を打つように当たる。

また別の突風が一瞬、彼をムチ打つように襲った。一歩前進して、彼は止まった。観衆があまりに静かになっているのでヒューという威嚇するような風音が彼の体を打つのが聞こえ、彼はふらついた。気をとりなおし、彼は前に進んだ。ワイヤーの上をそんなふうにして――一歩前進、そして立ち止まり――と進み、ワイヤーの中央まできた。それから彼は歩みを止めた。

風は無慈悲にも彼をもてあそび、シャツを膨らまし、パンツに吹き付け、顔を真正面から攻撃し、呼吸をしにくくした。彼は頑張って十歩か十五歩ほど進み、それから風を避けるように体を丸くして膝を低くするが、結局は風に立ち向かうかたちになってしまう。彼の足元のワイヤーは、まるでギター弦をかき鳴らしているかのように振動していた。

リエッタが地上から叫ぶのが聞こえた。「しゃがんで、おじいちゃん、座って！」

カールはうずくまって、ロープの設置をした九人のクルーに「しっかり締めてくれ！　締めてくれ！」と叫んだ。

突然の突風に彼の体はバランスを失い、片足がロープからはずれ、彼の表情が驚きに変わり、彼は必死になってワイヤーをつかんだ。

ほんの一瞬、右手でワイヤーにぶら下がったが、左手はバランス棒を持ったままだった――「決して棒を落としちゃいけない」――そしてもはやワイヤーをつかんでいられなくなり、ワイヤーから手を離し、棒をつかんだまま、まるで綱渡り師がロープの上を歩くような体勢のまま落下した。墜落する瞬間でさえも突風が彼を容赦なく追撃した。彼が持っている棒が空気を真っ二つに切り裂くように、真っ直ぐに落下した。路上に止まっていたタクシーの屋根にバシャンと落ち、その弾みで歩道に強く叩き付けられた。カールは内臓に深刻なけがを負い亡くなった(16)。


一般の客には知る由もない、バランス棒の重さと長さの記録がこの文中に残っている。綱渡り師たちは屋内か屋外か、ワイヤーの太さ、屋外の場合は風の状態や雨など天候の状況に応じて、さまざまなバランス棒を使い分ける。三十五ポンドと二十五フィートはざっと十六キロの重さで七・六メートルの長さだ。これを左右の肘を曲げたままの状態で保持するのだ。ベテランのカールが選んだとはいえ、かなりの長さと重量である。ネットやハーネスなどの安全装置を使わない場合、このポールこそが唯一の頼りになる安全装置なのである。

「しゃがんで、おじいちゃん、座って!」と叫んだ孫のリエッタはこのとき十七歳。リエッタは地上からすべてを見ていた。ちなみに、このリエッタはカーラの娘である。先述したスウェイポールから墜落死したリエッタはカールの妻ヘレンの妹である。つまり、カーラは自分の娘に叔母の名前をつけたのだ。

「まるで綱渡り師がロープの上を歩くような姿勢のまま落下した」というふうに見えたのは、そう見えるだけの高さがあったということだ。通りを挟んで二棟のホテルの屋上に張られたロープの高さは三十メートル、十階建てのビルの上から落下したのに等しい。二、三階建ての高さであれば傷は負っても命は助かった可能性もあるのだろうが……。バランス棒を持ったまま、まるで綱渡りをしているかのように足から落ちたというのは、幼少のころからの修練で身についたバランスをとろうとする本能的な体感だろうか。これを思うと胸を突かれる。カールは死の直前の最後の最後まで「綱渡り師」だったのである。

12　落下死の本当の原因はどこにあるのか

引用した文から推測すると、二十世紀最大の綱渡り師カール・ワレンダが落下死した原因は風にあるように思える。野外の高所で本格的な綱渡りをする者にとって風は最大の敵である。ワイヤーそのものの質、その設置方法、バランス棒、綱渡り師の体調など、すべてが完璧な状態でそろっていたとしても、予期せぬ突風に突然襲われれば危険であることは素人目にも明らかだ。

カール・ワレンダと並んで二十世紀を代表する綱渡り師——というより綱渡りの回数や挑戦の難度ではカールに及ばないが、その個性的な存在感でカールよりもはるかに名を知られているのがフィリップ・プティである。プティはアクロバットとしての綱渡りよりも「アート」であり「詩」である綱渡りを目指し、ある意味でカールとは対極の生き方をとおしてきた。また、綱渡りの技術や哲学について興味深い書物を何冊も世に送っている。このような綱渡り師は歴史をみても例がない。プティは自著のなかで高所の綱渡りについて、さまざまな角度から考察し、風がいかに危険であるか述べている。

> 風より強いものはない。誰も風には勝てないのだ。勇気ある鳥でさえも。ロープを自転車や一輪車で渡ろうとすれば、風はかなり危険である。であるから、できるだけ長く重いバランス棒を使わなければならない。
>
> 高所の風のなか、バランス棒なしでやろうとすれば、それは地獄への近道である。[17]

なるほど、先にみたカールのバランス棒の意外なほどの重さと長さにも納得がいく。しかし六十年以上にわたり、フィリップ・プティよりも数多くの高所の綱渡りをやってきたカール・ワレンダは風がいかに危険かを知悉していたはずだ。風の様子をみて、そのための対策として最良のバランス棒を選んでいただろう。かなり強い風のなかで綱渡りをした経験も一度や二度ではないはず。そう考えると、落下の原因が必ずしも風とはいえないとする指摘にもうなずける。

この日、孫のリエッタばかりでなくワレンダ一座の綱渡り師たちが現場を見ていた。準備の段階で何らかの不具合があったと明言する者もいる。綱渡り用のロープの固定の仕方に問題があった、とか、そのロープを支えて揺れを抑えるためのガイワイヤー（ガイロープ）が一カ所、きちんと設置されていなかった、とかの指摘もある。

いろいろな説があるが、デリラーは祖父がガイワイヤーをまったくチェックしていなかったと信じている。「いずれにしろ、ケーブルを設置するクルーはいた。そのうちの一人はファティ（カールの愛称）のために働くのが初めてだったけれど、ほかの人たちは、わたしたちの一座と長いあいだ仕事をしてきているので、新人も何をどうすればいいのかはちゃんとわかっていたはずよ」

彼女は、親戚の何人かも同じ意見だったのだが、二棟のビルをつなぐワイヤーを設置するのに、クルーのうちの一人が過ちを犯したと思えてしょうがなかった。

デリラーがさらにいうには、「それが起こってしまったとき、何もしゃべるなよとみんなが言っていたけれど、過ちを犯した男は知っておく必要があると思ったわ。人による過失なのか、それとも何かもっと修正しにくいものだったら、余計に怖いし、だから原因を知っておきたいの」。

マリオは姪（デリラー）と同意見である。「ガイワイヤーが全部だめだったんだ。誰かがガイワイヤーをちゃんとケーブルに結んでいなかった。父（カール）はその日いつもと違う人たちに設置作業をやらせていた。それをきちんとできる家族の者が誰もいなかった。すべてのガイワイヤーをしっかりチェックする責任は、究極のところその日作業をした者たちにあるんだ[18]」

二棟の高層ビルのてっぺんを、一本の鋼鉄のワイヤーでつなぐ。たるみがないようにピーンと張り、末端の部分はそのビルの構造を利用して確かな精度で固定しなければならないことはいうまでもない。ただし、それだけでは十分ではない。風や綱渡り師の動きによる余分な揺れを少しでも抑えるために、ワイヤーには何本ものガイワイヤーが設置される。この作業もまた、綱渡り用のワイヤーを設置するのに劣らず専門的な知識と技術が求められる。すべての建築物は、その屋上や最上階にワイヤーを結んで綱渡りをすることなど想定していない。そのためガイワイヤーをしっかりと固定できる箇所を屋上のどこかに探さなければならない。

カールの息子のマリオ（幼いころにカールの養子になった）、孫のデリラーやリエッタなど身内の者が異口同音に指摘しているのは、綱渡りのワイヤー、それを支えるガイワイヤーなどの設置に何らかのミスがあったのではないかということである。その意見に基づけば、ある程度の風なら問題にならないのに、ワイヤーやガイワイヤーの設置ミスに起因する想定外の揺れが起こり、カールは体のバランスを失ったのだ、ということになる。

フィリップ・プティは、器具の設置の不具合が原因で綱渡り師が高所から落下することに関して次のように指摘する。

ワイヤーについて考えると、すべては落下に行き着く。器具が原因で起こる事故は、決して起こしてはならない。

多くの綱渡り師はそれが原因で死んでいる。それはばかげたことだ。しかし、ときには、ワイヤーのほうが綱渡り師からするりと逃げていくこともある。それはバランスという法則の外に自分を置いてしまったからである。そんな瞬間、死ぬか生きるかは、どれほど直感力があるかに関わっている[19]。

プティがいうとおりである。綱渡りの器材の調整がうまくできていなかったせいで落下事故を起こすようなことがあれば、それは本当にばかげたことだ。しかし、落下事故死の原因の多くがそこにある、とプティはいう。カール・ワレンダは高所綱渡りの回数やワイヤーの上で試みた芸の多彩さ、そのほかすべての面で、プティをはるかに上回っている。綱渡りでは安全対策をしないのが信条のカールは、準備段階での器材・器具類の点検に関して誰よりも経験豊富で、抜かりなくやっていたはずである。そのカールが、ガイワイヤーなどの設置ミスを見落とすことがあるだろうか。

カールの孫であり、綱渡り師として目覚ましい活躍をしてきたティーノ・ワレンダも自著のなかで、カールの事故死について言及している。ティーノによれば、カールがこの街なかでのパフォーマンス（「スカイ・ウォーク」と命名していた）をすることは、もともとのスケジュールにはなかった。この街でこれから六週間のサーカス公演があり、そこにワレンダ一座も参加することになっていた。一カ月半にわたる長期間のサーカス公演を盛り上げようと、急遽カールがその前座として「スカイ・ウォーク」をやることを買って出たようである。間近に見ていたティーノも、ガイワイヤーの設置に不備があったと明言する。

ワイヤーを固定するために使われるロープの何本かが、しっかりと設置されていなかった。そして、カールがワイヤーのなかほどに行くころにワイヤーが揺れ始めた。カメラが彼に向けられていたので、次に引き起こされたことは永遠にフィルムに焼き付けられた。何度も何度もよみがえる悪夢になってしまった。カールは膝を曲げて重心をうまく低くし、持っているポールをほとんどワイヤーにつくぐらいにまで下げた。しかし振動が激しく、あっというまにバランスを失った。彼はポールを離し、手を自由にしてどうにかしてワイヤーをつかもうとした。しかしその弾みで静かにワイヤーからすべっていった。静寂のなかでワイヤーから落ちていったのだ。本能的に彼は手を伸ばし、バランスポールを両手でつかんだ。そしてポールとともに百二十フィート落下し、死亡した。祖父を失うというのは誰にとってもつらいことだろう。でもカール・ワレンダを失うなんて、あの偉大なワレンダ、我らが家族の長であり、我が師であるカールを決して起こってはならない事故で失うなんて、想像を絶することだった。[20]

カールは落下する瞬間、ワイヤーをつかもうと一瞬バランス棒から手を離すのだが、いつもの習慣から本能的にバランス棒をすぐに握り、まるで綱渡りをするそのままの格好で墜落したのである。ガイワイヤーは綱渡りをする芸人以外の人々には、たんに綱渡り用のワイヤーを支えているだけのものと思われて、その重要性が見過ごされがちだ。だが、綱渡りをする者にとっては自分の歩行や風による揺れを防ぎ、揺れを最小限度にとどめるために点検は抜かりなくしなければならない。正式のプログラムとしては予定されていなかった「スカイ・ウォーク」は、カールがいわばサービス精神でやったことでもあり、ガイワイヤーの設置に手落ちがあったのだろうか。

他方、ティーノと同じワレンダ一族の身内でも、カールの墜落については違った見方をする人もいる。たとえばリンダ・ワレンダ（Linda Wallenda、一九三九―二〇一四）である。リンダは一九六二年、デトロイトでの七人のピラミッドの墜落事故で半身不随になったカールの養子マリオの妻である。リンダは妻としてマリオに五十年寄り添い、車椅子の夫のケアを続けた女性で、のちに看護師の資格をとっている。マリオが重傷を負いながらも七十五年の人生をまっとうできたのは、リンダに負うところが大きい。リンダは、カールの事故原因がワイヤーやガイワイヤーの設置以外のところにあったとして次のように語る。

カールの優れたテクニックからすれば、時速十五マイルほどの風で落下するようなことはないわ。わたしは彼の健康状態がよくなかったと思っている。彼は動脈瘤の治療をしたばかりで、いつもの健康状態を維持していたわけじゃあない。風がワイヤーの上にいるカールを翻弄しはじめたとき、わたしが思うに、彼は諦めたのよ。彼はそこで戦うのをやめたの。みんなそんなふうに思いたくないのはよくわかるけど、わたしはそう感じている。ヘレンはとくに、わたしがそんなふうに言うと激怒するけどね。[21]

カール・ワレンダの墜落死の直接の原因はどこにあったのか。それは永遠の謎である。健康状態に問題があったといわれると、彼の年齢からもありえない話ではない。しかし、そうであれば彼の体調のことをいちばんよく知っている妻ヘレンがそのことに触れていてもよさそうなものである。ところがヘレンは、リンダが健康状態のことを言うと激怒したという。この墜落事故の四年前の一九七四年、カールはオハイオ州キングズアイランドで千八百フィート（五百五十メートル）の距離を綱渡りしている。これは高所の綱渡りの距離として、驚異的な世界記録である。カールはこのとき六十九歳だった。それに比べればプエルトリコでの綱渡りは体力的には何も問題なかったのではないか、と思われる。いずれにしろ、風、ワイヤーそしてガイワイヤーの設置の不具合、あるいはカールの体調……。以上のうちいずれか一つ、あるいは複数の因子がはたらいたのだろう。

13　ワレンダ一族存亡の危機——ニック・ワレンダはそれを救えるか

カールの事故原因の究明は重要だが、それよりも歴史上例がない綱渡り一族がその大黒柱を失った打撃はあまりに大きすぎた。ワレンダ一族が存亡の危機に立たされたのである。突然、失意のどん底に突き落とされたような衝撃。それがデリラーの状況をとおして語られている。

そのあとに続く何週間かのあいだ、愛する祖父の死を悲しみながら、同時に自身の妊娠と格闘しながら、デリラーはこれからの仕事をどんなふうにしていったらいいのか考えあぐねていた。カールの死は、世間がこれまで親しんできた綱渡り師としてのワレンダ一族に死をもたらしたも同然である。デリラーは、もはや祖父から仕事をもってきてもらうなんてことに頼ることはできない。祖父は一族の家父長として、ワレンダ家の全員の収入源としての仕事をしてきた。デリラーの将来の生活がおびやかされるばかりでなく、祖父の死は彼女にとてもつらいものだった。決して起こってはいけない死、避けることができたはずの死だと、デリラーは信じていた。

（略）

祖父の死の情景は、デリラーを苦しめていただけではない。同時にその死が家族内に途方もない嫉妬の感情を生み出しつづけているのが、彼女にとって憂鬱の種だったのだ。カールに後継者として指名されているのは自分だ、と誰もが主張するかのようにみえた。祖父の死とそれがもたらした分裂はそれまで親密に結ばれたワレンダ一族を永遠に変えてしまった。ときたまデリラーと夫のテリーは、ショービジネスはもうやめてふつうの仕事についたほうがいいのではないかと思ったりもした。でもやっぱり人前で演技するのが好きでしょうがないのだ。そこで彼らは不安や憂鬱な思いを心から遠ざけるようにして新年を迎え、新たな子どもの誕生を祝うなど、より幸福な方向を見つめようとした[22]。

祖父カールの突然の死。その事実をなかなか受け入れられないまま苦悶しながらも、翌年の一九七九年に子を出産したデリラー。不思議な符合としかいいようがないが、ちょうどカールの事故死のあたりで妊娠し、出産したのが翌年一月二十四日である。このとき生まれたニック・ワレンダが新しい世代の綱渡り師として、のちに母デリラーの想像をはるかに超える活躍をすることになる。九九年に二十歳を迎えたニックは、まるで曾祖父カール・ワレンダがＳＮＳに世界がおおわれていく時代に生まれ変わったかのように、高所綱渡りの記録を次々に塗り替え、新しい世紀を代表する綱渡り師へと成長していく。

注

（1） Delilah Wallenda and Nan DeVincentis-Hayes, *The Last of Wallendas,* New Horizon Press, 1993, pp. 78-79.

（2） Tino Wallenda, *Walking the Straight and Narrow: Lessons in Faith from the High Wire,* Bridge-Logos, 2004, pp. 112-113.

（3） *Ibid.*, pp. 122-123.

（4） *Ibid.*, p. 113.

（5） Wallenda and DeVincentis-Hayes, *op.cit.*, pp. 5-6.

（6） Nik Wallenda, with David Ritz, *Ballance: A Story of Faith, Family, and Life on the Line,* FaithWords, 2013, pp. 11-12.

（7） Wallenda and DeVincentis-Hayes, *op.cit.*, pp. 8-9.

（8） Ron Morris, *Wallenda: A Biography of Karl Wallenda,* Sagarin Press, 1976, p. 84.

（9） *Ibid.*, p. 120.

（10） J. Y. Henderson and Richard Taplinger, *Circus Doctor,* Bonanza Books, 1951.

（11） *Ibid.*, p. 175.

（12） Walleda and DeVincentis-Hayes, *op.cit.*, p. 23.

（13） Tino, *op.cit.*, pp. 105-106.

（14） Wallenda and DeVincentis-Hayes, *op.cit.*, p. 192.

（15） *Ibid.*, pp. 193-194.

（16） *Ibid.*, pp. 194-195.

（17） Philippe Petit, *On the High Wire* (translated by Paul Auster), Weidenfeld & Nicolson, 2019, pp. 81-82.

（18） Wallenda and DeVincentis-Hayes, *op.cit.*, p. 198.

（19） Philippe *op.cit.*, pp. 83-84.

（20）Tino, *op.cit.*, p. 126.
（21）*Ibid.*, p. 198.
（22）*Ibid.*, pp. 202-203.

第8章　偉業か、狂気か——SNSの時代にあえて仕掛けるワレンダ一族の末裔

1　サーカスで生活する者たちの窮状

カール・ワレンダの最初の妻マーサとのあいだに生まれた娘がジェニー（二〇一五年没）で、ジェニーの娘がデリラーであり、デリラーとテリー・トロッファーとのあいだに誕生した二人の子どもが姉のリヤーナ（Lijana Wallenda、一九七七—）と弟のニック（Nik Wallenda、一九七九—）である。つまり、リヤーナとニックにとってカール・ワレンダは曾祖父にあたる。彼らはすべて綱渡り師である。

二〇〇〇年にニック・ワレンダは二十一歳になった。ニックは、綱渡り一家に生まれ、二、三歳から綱渡りなどのアクロバットを経験し、一族の栄光も失敗もすべてを自分の目で見てきた。家族や血のつながった者たちから、ワレンダ家の歴史を繰り返し聞いてきた。残念ながらカール・ワレンダの生前にこのカリスマに会うことはかなわなかったが、カールが墜落死した翌年一九七九年に自分が生を受けたことに何か運命的なものを感じていた。

これまでニックは綱渡りの記録を次々と塗り替え、SNSはもちろん新聞・雑誌・テレビなどのマスメディアを最大限に活用して、その記録を周知させてきた。それは彼が目立ちたがり屋だからというわけではない。危険な芸を見せることを生業とするサーカスが消滅の危機にさらされているのを目の当たりにしてきたからである。カナダで生まれたシルク・ドゥ・ソレイユや、フランスで小規模ながら新しいパフォーマンスとして注目を浴びるヌーヴォー・シルク（現在はコンテンポラリー・サーカスと呼ばれる）などの一九七〇年代から九〇年代の驚異的な躍進は例外である。昔からの伝統的なサーカスは今日も世界中に数多く存在しているが、その大半は地域の人たちが主な観客層であり、海外の人たちが知る由もない。二十世紀後半、そんな伝統的なサーカスは目に見えて衰退して数を減らしていったが、サーカス団が拠点とする街や村に行かないと出合えない小さなローカルのサーカスは、欧米にもアジアにもまだまだ少なくないのである。

だが実際にサーカスで生きてきた人たちが、どれほどの窮状に追いやられているかは、サーカスの内側にいる人だけが身にしみて知っている。ニックは子ども時代から成人するころにかけて、サーカスが置かれている厳しい状況を肌で感じてきたと自著で述べている。

そのころ、わたしが知っていたことといえば、せいぜい世界でいちばんいいオモチャを見つけた少年のそれだった。わたしが知らなかったことは、両親が生計を維持するのがやっとだったということだ。わたしは伝統的なサーカスの巡回興行が、ほとんどつぶれそうになっていることを知らなかった。エンターテイナーとしての生活から得られる喜びがあるにもかかわらず、彼らはみなつねに財政的には破綻する局面にいた。サーカスは破産しつつあったのだ。輝かしい名声をもっている最高の芸人たちである、わたしの母と父はあらゆる種類の臨時の仕事――窓拭きとかレストランで働くとか――をするはめに追いやられた。それもこれも屋根がついた家に住み続けるために。わたしが幼いころからどんなに早熟な才能を見せることができたとしても、ワレンダ家を二百年以上にわたり維持してきた分野で、わたしの未来に希望をもたせてくれるもの

は何もなかった。(1)

家族も親戚も綱渡り師ばかりという血筋に生まれたニックは、二歳で両親に支えられながらワイヤーの上に立ち、四歳でその上を歩き始める。地面から六十センチの高さだった。幼児が初めて一本のワイヤーを歩き始める感覚を以下のように記している。

わたしの最も初期の最も強い思い出というのは、絶対に渡りきると確信しながらワイヤーに踏み出したことだ。両親が高所のワイヤーを渡るのをすでに見ていた。それはすばらしかったし、自然なことだった。当然のことながら親と同じようにしようと動いた。

二、三歩行くと、落下する。

また、ワイヤーに戻るが、また落下する。

ワイヤーに乗り、落ちる。また乗って、また落ちる。それを繰り返すうちに短い時間でワイヤーを端まで歩けるようになる。ただし達成感は満足がいくものではない。とんでもないことを成し遂げたなんて感じたことはない。ちゃんとできたという、ただそれだけのことだ。

ワイヤーの長さが十分ではない――ほんの数ヤードしかない。もっと長いほうがいいのにと思う。その朝のあいだじゅう、そして午後にかけて、わたしはワイヤーを行ったり来たりする。足を置く感覚がわかった。わたしは落ち着きがなくエネルギーにあふれた子どもだったが、ケーブルの上を少し歩くだけで気分が落ち着き、言葉にできないほど気持ちが集中した状態になっていた。同じ年代の子どもにはこれは特徴的なことではないはずだ。まったく疑いなく、わたしは時間が宙吊りになるような魔術的な安らぎのゾーンを見つけたのである。(2)

赤ん坊が立ち上がって二本足で歩き始めるように、ニックはロープを歩き始めた。むろん、母か父のどちらかが、あるいは両親がそろってそばについていた。一般の子どもたちでは考えられない特殊な環境である。何世代も前から流れている綱渡り一族の血によるものなのか、まったく苦もなく、むしろ喜びをもって、ごく自然な体感として綱渡りを受け入れていく。しかし成長するにつれて、両親そしてワレンダ一族が働くサーカスが衰退していくのを知るようになるのである。アメリカと地続きの隣国カナダのモントリオールに誕生したシルク・ドゥ・ソレイユが驚くべきスケールとスピードでサーカスを復活させ、アメリカ公演でも大人気を博していた。しかし、その人気にあやかって昔ながらのアメリカのサーカス団の状況も好転したかというと、まったくそんなことはなかったのだ。むしろ逆だった。

2　悪夢のような「七人のピラミッド」を復活する

ニックは栄誉あるワレンダ家に生まれ、幼児のころからワイヤーの上を歩いてきた。成長してからは、ワイヤー上でのさまざまな技、自転車で渡る、目隠しをして渡る、さらには急傾斜したロープを昇り降りしたり、バランス棒を持たずに素手で綱渡りをしたりという危険な技までも、自信と野心の双方をもってこなしてきた。しかし、それを生業とする際の主な仕事場であるサーカスは、衰退の一途をたどっていたのである。そこでサーカスから急速に離れていく人々をどうにかして呼び戻そうとニックは、記録への挑戦を始める。一九九〇年代末から二〇〇〇年代に入ると、地球全体が急速にインターネットでつながっていった。人類初という記録を作れば、そのニュースは瞬時に世界を駆け巡る。記録を打ち立てて注目を集めることで、綱渡りというアクロバット芸、そしてサーカスという生のエンターテインメントへの社会の関心を取り戻そうとしたのだ。

まずニックがやったのは、一九六二年一月の公演中に起きた「七人のピラミッド」——あの忌まわしい落下事

「七人のピラミッド」公演。このパフォーマンスのごく初期のもの
（出典：Tino Wallenda, *Walking the Straight and Narrow, Lessons in Faith from the High Wire*, Bridge-Logos, 2004, p. 13）

故で二人が死亡し、一人が半身不随になった——の復活である。サーカスの歴史に刻まれたこの事故は悲惨であるばかりでなく、ワレンダ一族にとっては恥ずべきものだった。社会にはこれを早く忘れてもらったほうがいい。しかし、ニックはその芸をあえて復活させようとしたのだ。サーカスの芸として「復活させる」ということは一回だけやってみせるのではなく、繰り返されるレパートリーとして演じることである。技術面はいうまでもないが、精神面でも途方もない強さが必要とされる。何しろ「七人のピラミッド」はワレンダ一族にとって、これを演目としてずっとやっていた誇らしさと、例がない死傷事故をもたらした痛ましさというアンビバレントな感情をずっと引きずっていたのである。このスティグマから逃れるためには、ワレンダ一座こそがこの芸を見せられる唯一のカンパニーであることを証明するしかない。復活させレパートリーとして継続して見せる。それができてはじめて、三十六年間ワレンダ家について回った怨念を晴らすことができるだろう。……ニックを中心とするワレンダ一座は六カ月間集中してこの稽古に取り組んだ。

「怨念を晴らす」というと大げさに聞こえるかもしれないが、そんな気持ちが間違いなくあったはずだ。というのも、「七人のピラミッド」復活公演は、事故が起きたのと同じ街（デトロイト）の同じ建物（モダン・テンプル・シュライン・サーカス）で、同じサーカス団（ハミッド・サーカス）のプログラムとして披露されたのである。しかも事故のときとほとんど同じ場所を使った。三十六年間という長い年月が経過し、七人のメンバーは全員が入れ替わっている。ちなみに、ハミッド・サーカスは中東のレバノンに生まれ、一九〇七年にアメリカに拠点を移したサーカス団である。アメリカという大きな国では、このように海外ではほとんど知られていないローカルなサーカス団がかろうじて生き残っていた。

　過去の落下事故のことを、語り伝えられる話として聞いてきた新しいメンバーたちは、いったいどんな気持ちで半年間の稽古に臨んだのだろうか。復活に参加する主なメンバーは、ニックの家族である——父のテリー・トロッファー、母のデリラー・ワレンダ、いとこのアライダ・ワレンダ、義兄のトニー・ヘルナンデス、叔父のティーノ・ワレンダ、そしてニック自身など。万一何かが起これば、事故はそのまま家族の崩壊につながる。事故は起きないという前提なのだ。三層のピラミッドのいちばん上でバランス棒を持って椅子に座るのは、できるだけ体重が軽い若い女性を選んだかと思いきや、ニックの母デリラーである。バランス感覚と技術を見込んで決めたのである。いちばん下でロープに直接立つ四人はテリー、ティーノ、ニック、それにサッチャ・パヴィアータといずれも男性。二層目にアライダとトニー、三層目がデリラーということになる。女性はアライダとデリラーの二人である。

ニックが書いた本には、この七人のピラミッドを復活させることに関して興味をそそられる箇所がある。前に述べたように、三十六年前の事故で二人が死亡し、ニックの大叔父にあたるマリオが生涯半身不随の車椅子生活になってしまったのだが、稽古に入る初日（一九九七年の秋のある日）、当のマリオがそこに現れたのだ。ニックが生まれたときにはマリオはすでに車椅子生活で、綱渡りから引退していたが、マリオはカール・ワレンダが幼少のときから養子にして育て訓練したベテランの綱渡り師である。ニックはこの大叔父マリオを尊敬し、技術的なことも含めて多くを学んできた。マリオにしてみれば自分は現役としてはまったく活動できないので、さまざまな面でニックをかわいがっていたのである。マリオが初日に稽古場に現れたときの様子を、ニックは自分の気持ちに触れながら以下のように記している。

最初の日、みんながやってくるまでわたしはたっぷり一時間は裏庭にいた。プラットホームを設置していると、わたしは自分が家族の歴史のなかに入り込んでいくような感じになった。いまや、わたしがその歴史を変える一部分である。わたしは否定的な歴史を肯定的な歴史に変化させるのだ。あまりに長いあいだ、われわれの上に垂れ込めていた暗闇を少しでも払う手助けをしたい。

練習のつもりでワイヤーに一歩踏み出したちょうどそのとき、マリオ叔父さんが車椅子で近づいてきた。彼は養子として祖母の兄弟になった人だ。彼はつぶれたピラミッドの一員で、腰から下が麻痺したままである。

「やあ、ニック、あの頭で逆立ちするやつ、やってみてくれる？」と彼が言う。

　喜んでそれをやってみせる。ワイヤーの上で頭で逆立ちするのを最初に教えてくれたのはマリオ叔父さんなのだ。彼がけがする前、その頭立ちは彼の得意技だった。わたしがまだ十三歳を過ぎたばかりのころマリオ叔父さんがやってきて、ワイヤーのすぐそばで車椅子をグルッと回し、逆立ちするときはバランス棒をどう扱えばいいのか、教えてくれたのだ。

「ニュースを聞いたぞ、ニック」と彼。

「ピラミッドのこと？」

「そう」

「すごいでしょ？、マリオ叔父さん」

「そのピラミッドがデトロイトにやってきたとき、わたしは何歳だったか知ってるかい？」

「いや、知らない」

「ピッタリ、君の年だったんだよ」

　彼の言葉に、わたしのワイヤーの上での動きは止まる。

「止まっちゃだめだよ」と彼。「前に進んで、頭で立ってみて」

　わたしはやってみせる。

「パーフェクトだね。でも、頭で立つのは自分の技術さえあればできる。ピラミッドは違うんだよな[3]」

　三十六年前の落下事故以来ずっと車椅子生活をしているマリオと、三十六年ぶりに事故を起こしたピラミッドを復活させるべく稽古を始めようとするニック。マリオの心のなかではどんな感情が流れていたのだろうか。ニックは、カール・ワレンダをはじめとして尊敬すべき先達の記録や仕事を打ち破ろうとずっと挑戦しつづけてきた。叔父マリオに対しては彼が事故の犠牲者で生き残りだからではなく、とくに人間的に強く引かれるものがあり、特別な感情を抱いて指導を仰いでいた。またマリオもニックに綱渡り師としての未来を託すように指導し、愛情をもって接してきたのである。ニックはマリオのことを次のように語る。

叔父はわたしが挑戦したい人ではない。この人を心から尊敬している。この人を深く愛している。でも、わたしがワイヤーから降りて彼の目を見ると、わたしには三十年にわたる彼のやるかたないフラストレーションが見える。あのピラミッドは彼の体ばかりでなく、彼の夢も希望もぶちこわしてしまったのだ。空中芸人にとって車椅子に閉じ込められるほど残酷な運命はない。車椅子は彼の牢獄なのだ。だからわたしには彼が見ているものも、彼が言っていることもわかる。彼はわたしのなかに、自分自身を見ているのだ。彼は、わたしの夢や希望が壊されるのを見たくない。彼が表している警戒心は、すべて愛からきている。

（略）

叔父マリオはその日一日中そこにいて、われわれの稽古を見ている。次の日もやってきて、それから毎日やってくる。彼の存在は強力だ。彼が車椅子からじっと見つめていると、彼の視線にものに動じることがない鋼のような強さを感じる。彼はわれわれがやっていることを認めてはいないふうなのだが――危険を冒してまでやってほしくないという感じである――わたしはそのようには受け止めない。わたしは彼のエネルギーを何かポジティブなものとして吸収したい。彼は自分の苦々しい歴史にもかかわらず、わたしを愛してくれ、わたしに対して最も献身的な師匠の一人だったのだ。このピラミッドでほんのちょっとでも間違ったことをすれば、マリオ叔父さんが指摘してくれるだろう。わたしは彼がいてくれることに安心感を覚える。(4)

半年間の稽古を積み重ね、七人のピラミッドは完成した。どのようなプロセスを経てそれをレパートリーにできるほどにしたのか、ニックはその詳細を語っていないので不明である。両親や親戚など血がつながった者同士と、信頼できる仲間が一緒に高所でワイヤーを歩行する。七人は文字どおり、運命共同体である。それぞれが互

いの体のバランスを感じ受け止めながら、まず「ピラミッド」の体勢をつくる。そこに七人が立つこと自体、ワイヤーを歩くのと同じくらいに難しい作業である。そして……。

最後にわれわれ七人のすべてが、長いバランス棒を波打つように揺らめかせながら、ワイヤーをゆっくりと歩き始める。真ん中へんまできたとき、われわれは立ち止まる。そこで母が椅子の上に立って頭上にバランス棒を持ち上げるのだ。観客は思わず息をのむ。七人によるピラミッドの平衡感覚は完全そのものである。母が座り、数秒後にわれわれはワイヤーを渡りきる。歩くピラミッドは、動く詩である。すべての観客が――男性も、女性も、子どもも――息をころす。全体のパフォーマンスは四分以上はかからない――これは多くの観客が残りの人生で記憶に留めるだろう四分である。[5]

ワイヤーの上に四人、その上に二人、その上に一人――三層で「四―二―一」という体勢をつくる。ワイヤーという一本の線の上に全員が乗っているので、真横から見ればまさに古代エジプトの壁画や壺絵のように、平面的である。しかしこれを生で見ると、想像していたのとは違う印象を受けるにちがいない。というのは、七人のピラミッドは意外にも立体的なのである。理由はニックが「長いバランス棒」と言っているように、七人全員が長く両端がしなっているポールを持っているからだ。七人のバランス棒は七本が同じように動くのではない。各自が自分の体のバランスと自分の位置でのバランスを微妙に調整し、かすかに波打つようにポールを揺らしながら進行する。いちばん上にいるニックの母デリラーも、椅子の上に座ったままポールでバランスをとっている。つまり七人のバランス棒はそれぞれが違った波形で揺らめいているので、不定形のさざ波を見ているようだ。

多くの観客がそこまでやってほしくないと思うかもしれないクライマックスでは、デリラーがバランス棒を持ったまま椅子の上に立ち上がりバランス棒を頭上に上げる。

周到な稽古を経て、ニックとほかの六人はこれをやり遂げた。やり遂げるというのは一回だけできればいいということではない。繰り返してやっても失敗しないように完成させなければならない。その意味でも七人は不名誉な大事故を挽回すべく、初日のあとの十七日間に三十八回、このパフォーマンスをやってのけた。数分という短い時間だが、一歩間違えば命を落とすか一生障害をもって生きなければならないほどの危険な行為である。三十六年ぶりに七人のピラミッドを復活させたその初日、マリオはいつものように車椅子でそこにいた。無事に終わり、ニックと会って言葉を交わしたとき、ニックはマリオの目に涙が浮かんでいるのを見た。今世紀になってニックの叔父ティーノが書いた本 *Walking the Straight and Narrow* には「わたしたちはいまだに、七人のピラミッドを定期的に公演している(6)」とある。

3　さらなる限界に挑む——八人のピラミッドは可能か

二歳で母親の手を借りてロープを歩き始め、四歳のときにはすでに綱渡りをしていたニック・ワレンダである。十三歳でプロの綱渡り師としてデビューし、一九九八年にはワレンダ一座伝統の七人のピラミッド復活に全身全霊を捧げ、両親まで巻き込んで見事な成功に導いたのは述べたとおりである。

ニックは筋力トレーニングのほかに、綱渡りの訓練だけでも毎日六時間の稽古を週六日すると語っている。徹底した稽古を積み重ねてネットやハーネスなどの安全対策なしにやるというのが、曾祖父カール・ワレンダから引き継いだ家訓であり、ニック自身の信条である。その実力を武器にさまざまなサーカス団で公演するほか、サーカスとは離れた彼個人の野外でのパフォーマンスをおこなってきた。その一つひとつがメディアから大きな注目を浴びるほど挑戦的である。ワイヤーを歩行するだけでなく、自転車で走ったり、かなり傾斜があるワイヤーを昇ったり降りたり、そのほか目隠しして歩いたり……など、長さも高さも難度も「世界記録」と胸を張っていえるものが相当にあるだろう。ギネスが認定したニックの記録は二〇二四年現在十一。しかし、細かくみていけばはるかにその数を超えているはずである。

フランス生まれでアメリカ在住のフィリップ・プティは綱渡りの詩人・アーティストとして活動している。ニックはその対極にある。ニックは徹頭徹尾エンターテイナーであり、職業的な綱渡り師なのだ。そのためSNSをはじめとして、テレビ・新聞・雑誌などのメディアを彼は意識的に利用してきた。畏怖にも似た感情を抱いてきた曾祖父カール・ワレンダに対して自分こそが彼の精神を引き継ぎ、さらには彼を超える者だと決意を固めてきたのである。その野心がはっきりと表れたのが「八人のピラミッド」である。カリスマの綱渡り師カールさえ生前、七人までは可能だがそれ以上は無理だと語ったことがある。半年間の集中的な稽古ののち七人のピラミッドをレパートリーにできるまでに復活させたニックは、それだけでは満足せず、さらなる限界に挑戦する。

三人のピラミッドが四人のピラミッドになり、五人、六人、そして七人になる。最後に八人にたどりつく。それぞれの段階でわれわれはゆっくりと注意深く、動きを完璧なものにする。あわてる必要はない。落ち度がない稽古こそが成功の鍵になる[7]。

八人のピラミッドを最初に公開したのは日本である。二〇〇一年、倉敷チボリ公園（一九九七年にオープンし、二〇〇八年に閉園したテーマパーク）だ。このとき七人のピラミッドを目玉としたスペクタクルでワレンダ一座は連日、多くの観客を集めていた。八人でなく七人のピラミッドでも、日本の観客にとっては、おそらく誰一人として見たことがなかった大スペクタクルである。伝説の七人のピラミッドを復活させ、日本公演でそれを見せてくれるだけでも十分なのだが……。四人を下にして、その上にもう四人がピラミッド状に立つというのは度を超えている。

最初の三週間、何も支障なく過ぎる。日本の観客は開催されている場所に押し寄せて、われわれのショーに大喝采してくれる。七人のピラミッドが全体のパフォーマンスを締めくくるのだが、そのときにプロモーターが、来るべき記録破りのスペクタクルについてのニュースを会場で告げて、マーケットを盛り上げたのである。(8)

そしてついに、綱渡りの歴史上前代未聞の「八人のピラミッド」を倉敷で成功させる。それはどのような構成だったのか。まず四人の屈強な男たちがワイヤーの上に立つ。その上に乗るのはニックの姉とその夫、三層目にニックの母デリラー——ここまでは七人のピラミッドと同じ構成である。八人目はニックの妻の父（つまり義父）であるヴィニチオ・ヴァスケスが、椅子に座っている母デリラーの上にまたがるのである。綱渡りのスペクタクルとしては七人のピラミッドで十分であり、それだけで十分にスリリングだし、ビジュアルとしてもてっぺんにいる人が二人よりも一人のほうがかたちとして美しい。あえて八人でそれをやったのは、ニックが記録に執着したからだろう。そして、その野心は達せられた。

八人のピラミッドは完璧に遂行された。その反響は途方もない。世界記録が塗り替えられる。さらに喜ばしいことに、契約をすべて果たしたあと、プロモーターはわれわれにギャラを全額支払ったのである。わたしの一座と諸経費にそれを使ったあと、わたしに残ったのはほんのわずかだが、そんなことは問題ではない。わたしに関するかぎり、使命としていることは達せられたのだ。(9)

三十六年間封印されていた七人のピラミッドを復活させたばかりではない。信じられないことだが、ほとんど不可能といわれていた八人のピラミッドを成功させたのである。このあとニックの一座はアメリカのあちこちの州で八人のピラミッドを百回以上おこなっている。しかも、そのすべての公演で安全対策をしていなかった。

4　まるで復讐のような挑戦

ニックは一九九八年に七人のピラミッドを復活させ、二〇〇一年に八人のピラミッドを新たなレパートリーとして定着させただけで満足しない。ほとんど不可能にもみえるこの二つの難事業を若くして成功させたあと、二十一世紀に入ってからのニック・ワレンダの綱渡りはますます過激で挑戦的になっていく。二十一世紀の最初の二十年は、ニックの二十歳から四十歳とほぼ重なり、彼が最も精力的に活動できる時期でもあった。ニックがそのようにアグレッシブになった背景にはいくつかの理由があるが、そのうちの最も現実的な理由は、ニックのような力のある綱渡り師やアクロバット芸人が主なる収入源としていた伝統的なサーカスが、目に見えて衰退し消滅していったことである。ニックは、どうにかして空中アクロバット芸を盛り上げたいと思っていた。

伝統的なサーカスの消滅——それを象徴する出来事が二〇一七年に起きた。あの「地上最大のショー」リングリング・ブラザーズ・アンド・バーナム&ベイリー・サーカスが百四十六年にわたる歴史に幕を下ろしたのだ。五月二十一日に最後の興行をおこない、それが近代から現代に続くサーカスの歴史にエポックを画する記念すべき日になってしまった。だが実のところ、よく一七年までこの巨大なサーカス団が生き延びたと思ったほうが妥当だろう。欧米でもアジアでも多くの小サーカス団はとっくに消えてしまっていた。余談だが、リングリング・ブラザーズ・アンド・バーナム&ベイリー・サーカスが最盛期にはどんなものだったかを知りたければ、セシル・B・デミル監督の劇映画『地上最大のショウ』（一九五二年）をみるのがいい。映画は全編このサーカス団を舞台にしているので、フィクションであっても、撮影した当時のサーカス団のありのままの情景が背後に写っていて興味が尽きない。

ニック・ワレンダは、七人のピラミッドの復活そして八人のピラミッドの完成という二つの偉業を成し遂げたとき、弱冠二十歳前後だった。驚くべきことだ。ところが、これは野心あふれる彼にとってスタートラインにすぎなかった。それ以降彼がやり遂げた仕事の数々は、この二つの仕事に勝るとも劣らないほど挑戦的である。それらを見渡してみると、やはりニックは度を超えている。記録に対する執着も過剰といえるほどだ。ポジティブにみれば、冒険心に満ちているともいえるのだが……。

ニックにとってばかりでなくワレンダ一族すべての者にとって、忘れがたい不名誉な大事故が二つある。一つは、一九六二年の七人のピラミッド墜落事故。もう一つは、一族の頭領であるカール・ワレンダの思いもかけぬ落下死である。前者の不名誉は、前述したように三十六年たって完全に名誉回復させ、それればかりかさらに不可能と思われていた八人のピラミッドを完成させることで挽回した。残るはワレンダ家に永遠に語り伝えられるだろう綱渡り師のカリスマ、カール・ワレンダの事故死である。この記憶の怨念を払拭するにはどうしたらいいのか。ニックの挑戦は続く。

二〇一一年六月四日、ニックはカール・ワレンダが墜落死した、その同じ箇所にワイヤーを設置した。プエルトリコ北東部の街サンファンのコンダド・プラザ・ホテルの二つの棟である。二つの棟を結んだワイヤーの上を、ニックと母デリラーがそれぞれ両サイドから歩く。デリラーはカールの孫であり、ニックは曾孫である。まるで孫と曾孫による、事故そのものへの復讐であるかのような挑戦である。ケーブルの長さは三十メートル、高さは三十七メートル。そこを端まで行ってまた戻る。問題はケーブルの真ん中で、長いバランス棒を持った二人がどのようにして行き違うのか。なんと、デリラーがケーブルの上にしゃがみ、ニックがそれをまたいだのである。二人とも長い重いバランス棒を両手に持ったままなので行き違う何秒間かは危険をともなうが、それも芸のうちである。そのシーンをパフォーマンスのクライマックスとして演出したのである。

5　ナイアガラ滝で、最も難しい挑戦をする

畳み掛けるようにニック・ワレンダの挑戦は続く。翌年二〇一二年六月十五日には、ナイアガラの滝の真上にワイヤーを渡し、綱渡りをする。それまでブロンディンをはじめとする何人もの綱渡り師がナイアガラに挑戦してきたが、滝壺を見下ろす真上にワイヤーを張り渡したのはニックが初めてである。しかし、時代はブロンディンの十九世紀でなく、二十一世紀である。アメリカ側からはようやく許可が下りたが、カナダ側の国立公園管理局からはなかなか許可が下りない。ニックと父テリー・トロッファーはカナダに出向き、公園を管轄する委員会に出席するが、そこではっきりと告げられる。

「あなたがやろうとしている綱渡りは、センセーショナリズムをあおっているだけでしょ」とわたしは言われた。「ナイアガラはそういうものではない。ナイアガラは自然がつくった美そのもので、曲芸のためのものではないのです」

そのとき、わたしよりずっと我慢がきかない父が、声をあげなければならないことになる。

「当然あるべきリスペクトをもって言うのですが」と彼が発言する。「曲芸などではありません。これはわれわれの家族が二百年にわたって訓練してきていることなんです。樽のなかに潜り込んで、滝の端っこまで流されるとかの見せ物とは違うんです。身体能力の問題なのです。アーティストとしての技術の問題です。驚くべき技に関わることです。であるからお願いするのですが、われわれとわれわれの家族の歴史のために、これを曲芸などと呼ばないでほしい」

父の言葉に、わたしは感動していた――しかしながら不幸なことに、感動していたのはわたしだけである。[10]

委員会に出向いた二週間後、ナイアガラの綱渡りはカナダ側から正式に却下される。それがあとで可能になったいきさつは、ニック自身も正確に把握しているわけではない。どうやら委員会で反対していたメンバーが入れ替わったようだ、とニックは自著で語っている。いずれにしろ、最終的にアメリカ側とカナダ側双方からの承認を得た。綱渡りはアメリカの放送局ＡＢＣが実況中継することになったが、ニックがまったく納得できない条件がついてきた。万一に備えて安全対策をしろというのである。ワレンダ家の伝統は高所の綱渡りで安全対策をしないことであり、ニックもそれを遵守してやってきた。しかし今回はそんなわけにはいかない。テレビ局に中継してもらうには、安全対策をするという条件がはずせない。局側は「われわれは君の綱渡りに対してギャラを支払う。それはセイフティテザーをしておこなうことが必須だ。それなしには綱渡りはなしだ」とニックにはっきりと告げる。「セイフティテザー」とは体とワイヤーをロープでつなぎ、万一ワイヤーを踏みはずしても墜落を防ぐものである。綱渡りでは「ハーネス」と同じ意味で使われる。

いっさいの安全対策をせずに綱渡りをするというカール・ワレンダ以来のワレンダ家の伝統——ニックは新しい世代のワレンダ一族のなかでも心からカールに敬意を払い、その伝統を誰よりも尊重してきた。そのため以前には、行政からの要請でテザーを付けてワイヤーを歩き始めても、すぐにワイヤー上でそれをはずしてしまうということまでした。今回のナイアガラでの綱渡りは十九世紀以来おこなわれてきたもののなかでも、滝の瀑布そのものの上を渡るという、最も危険なプロジェクトである。万一踏みはずしたらまず助からないだろう。しかしニックの気持ちとしては、絶対にテザーなど使わずにやりたかった。事情を知らない多数の人たちからテザーを付けるのが彼自身の考えだと思われるのがいやだったということもある。

しかしながら、この条件をのまなければ実行できない。しかたなくセイフティテザーを装着する。ニックの本*Balance*のカバーにはナイアガラを渡っている写真が使われているが、よく見るとニックの腰まわりから足元の太いワイヤーにつながっているロープがあるように見える。

ニックの父や叔父を含む近親者たちが、このプロジェクトをなんとしても成功させようと努力してきたし、ニックもトレーニングに余念がなかった。本番二週間前には、父テリーがナイアガラのそばの駐車場に長いワイヤーを設置してくれた。これは霧や風などの自然条件をできるだけ本番に近い状態であらかじめ体験するためである。それだけではない、消防車が呼ばれ、瀑布からの水煙や水圧を想定して、ワイヤーの上のニックにホースから水を放った。また巨大な扇風機を持ち込み、瀑布の上での突風を想定した訓練もする。家族総出での猛訓練の連続である。ニックはいつも本心から安全対策をしたくないと思っていたし、そのように実際してきたが、その絶対的な自信は並外れた訓練に裏打ちされたものなのだ。

　ニックがテザーを装着することに同意して、問題がすべて解決したわけではない。この難事業を実現するために、新たな困難が次々に出てくる。高所の綱渡りの場合、ワイヤーを設置するだけでなく、揺れをできるだけ抑えるための補助ロープ、ガイワイヤーの設置が必須である。ニックはこれを「最も大切な安全対策」としている。しかし都会のなかの二棟の高層ビルにワイヤーを渡すのと違って、ナイアガラの大瀑布でガイワイヤーを設置するのは容易なことではない。そこで考え出したのが、一定の間隔ごとにワイヤーに柱時計の振り子のようなおもり（ペンデュラム）をぶら下げるという方法である。

> 　さらにこの綱渡りを難しくするのは、次のような事実がある。わたしが高所綱渡りをやりはじめてから初めてのことだが、父と叔父たちは最も大切な安全対策をできないでいる――設置作業でガイワイヤーという安定装置を使えないのだ。そのため、必要な張力を保つための対策として、ずっと太いワイヤーを使うことが必要になる。そうすると綱渡りという挑戦に加算するかのように、ワイヤーが大きく揺れることになるだろう。ナイアガラの上にワイヤー――長さが千八百フィートもあるのだ――を設置すること自体、決して簡単なことではない。巨大な巻き上げ機ばかりでなく、ヘリコプターも必要になってくる。ワイヤーがよじれるのを防ぐために、ペンデュラムが百五十フィートごとにぶら下げられる。すばらしい才能をもったわたし

の叔父たちの巧みな工学技術がなかったら、こんなことはすべて不可能だろう(11)。

写真をみると確かにナイアガラの滝の上に設置されたワイヤーには、一定の間隔をおいて振り子のようなものがぶら下がっている。ペンデュラムとは振り子のことだ。これによって綱渡り師にとって危険な風圧を最小限に抑えようということである。ペンデュラムはどのくらいの重さにするのか、そしてそこに一定の間隔でぶら下げるペンデュラムはどのくらいの重さにするのか、また安全装置としてのテザーは、腰に巻いた革ベルトのようなものと、ワイヤーをとおっていく金属の輪をつなぐものだ。ワイヤー側の金属の輪がぶら下がっているペンデュラムを通り抜けるようにしなければならない。つまり精密な金属加工が必要とされる。テザーは、「命綱」である。万が一にもテザーがワイヤーやペンデュラムに引っかかるようなことがあれば、すべてが水の泡となる。

このように現在の多様なテクノロジーを動員して数々の困難を乗り越えながら、ニックは十九世紀以来綱渡り師たちが挑戦してきたナイアガラの綱渡りのうちでも最も危険なパフォーマンスに向き合う。それにしても千八百フィートといえば五百五十メートル近い長さの鋼鉄のワイヤーであり、その重量も半端なものではない。しかも太めのワイヤーにするとなれば、その運搬から設置作業も、綱渡りに勝るとも劣らぬ難しい作業である。それらの一つひとつを慎重にクリアーして、いよいよニックはナイアガラに張られたワイヤーに一歩踏み出した。

そのとき履いていたのは、ニックの母が息子のナイアガラウォークのために特別に手作りしたシューズである。母デリラーはカール・ワレンダの孫娘であり、七十代になっても活躍する現役の綱渡り師である。カールの綱渡り師の血と精神がニックの体ばかりでなく、ナイアガラを渡るシューズにまでかよっているのだ。

わたしは母が作ってくれたシューズを履く。特注のダンス用のモカシン製上靴である。足が湿ったワイヤーの感覚をたどれるようにデザインされている。

スタートするポイントに行く。わたしは小さなマイクとイヤホンを付けていて、ポケットには、カナダ側

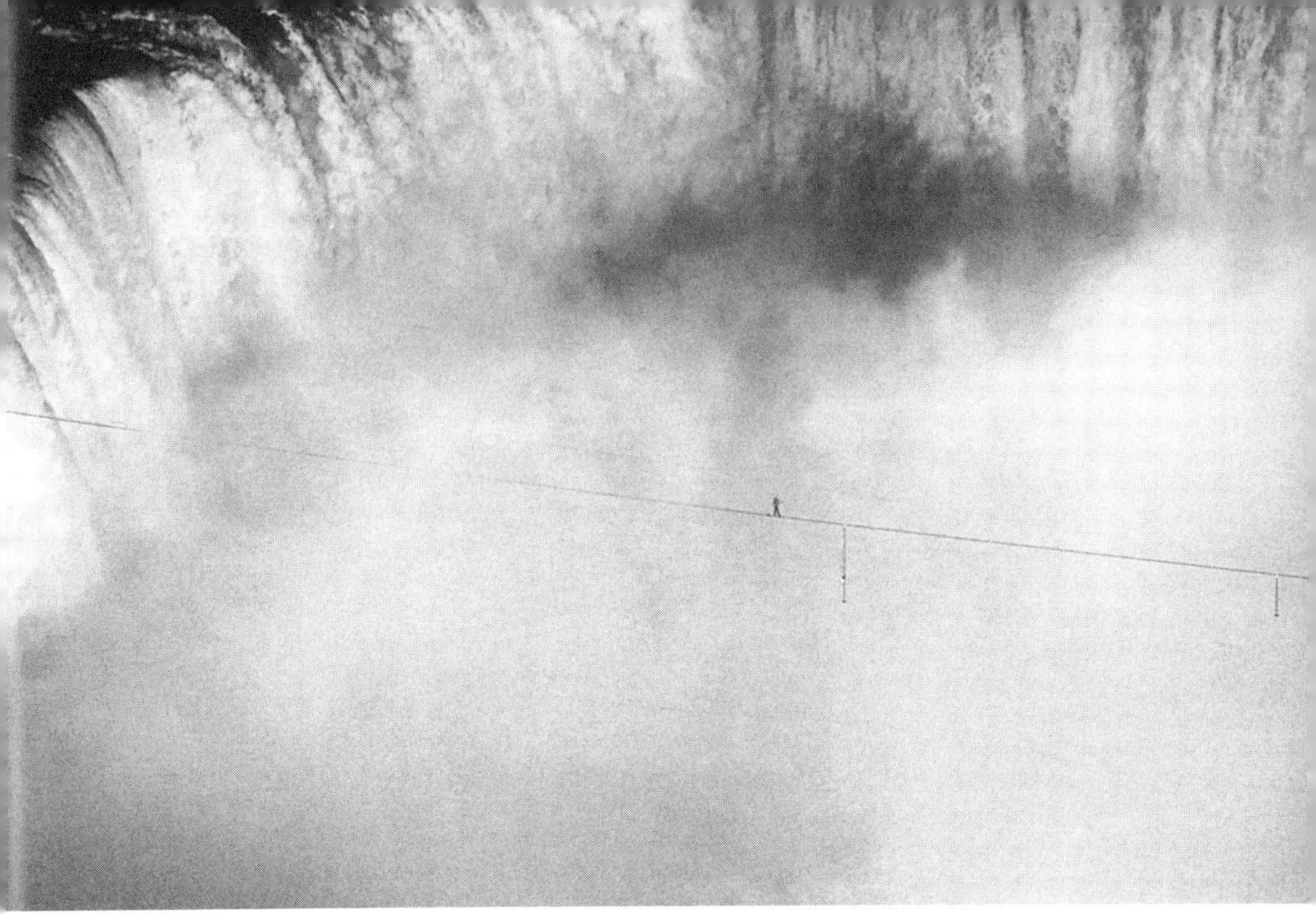

2012年6月、ナイアガラを渡るニック・ワレンダ
（出典：Nik Wallenda, with David Ritz, *Balance: A Story of Faith, Family, and Life on the Line*, Faith Words, 2013）

に着いたときに役人に提示できるようにアメリカのパスポートを持っている。ワイヤーに踏み出す前にこのばかげたテザーをとりはずしたいと思う。でもそれはやめることにする。そのままにしておこう。ナイアガラを見渡してみる。美しく、永遠で、夢のようなもの。自然の造形の底知れぬ力。神がつくりたもうたもの。

わたしは最初の一歩を踏み出す。そしてゾーンのなかに入っていく。

ゾーンは神とその栄光が、あらゆるところに顕現する領域である。ゾーンでは直感によって動く。優しい感情——何も強制されることなく、自分でつくったり戦ったりしない動きによって決められていく。[12]

バレリーナたちはトウシューズを自分の足に合うようにさまざまな工夫を凝らして改造するが、ニックの母は息子がナイアガラを渡るためのシューズを手作りしていた。母デリラーは数からいえば、ニック以上に綱渡りなどアクロバットを経験してきたベテランである。ナイアガラの上に設置されたワイヤーは、水しぶきのせいで湿気を多く含んでいるはずだし、またワイヤーの太さを考慮に入れて、シューズの靴底の素材や縫製の仕方を選んだことだろう。「ばかげたテザーをとりはずしたい」というニック。実際、以前の綱渡りではとりはずしたこともあったが、ここはテレビ局との契約でもあり、思いとどまる。

……二十五分後、ニックは無事に渡りきった。

ワイヤーを渡り始めて二十五分ほどたって、最終地点に近づいている。わたしは最後の二、三フィートを早足で歩き終える前に片膝をつき、そこに集まっている観衆に投げキッスをする。エレンディーラ、ヤンニ、アマダオス、エヴィータがそこで出迎えてくれる。世界中から集まったすごい数の記者や写真家も同じように出迎えてくれる。カナダの役人もお出迎えでそこにいて、パスポートを見せるように言われる。スピーチなど用意してなかったので、心からの気持ちを伝える――「この綱渡りが、世界中の人々が目的を達成し夢を実現することを鼓舞してくれるのがわたしの願うところです」[13]。

ヤンニ、アマダオス、エヴィータは、ニックが妻エレンディーラとのあいだにもうけた三人の子どもである。彼らは、先にカナダ側に渡っていて、ニックが無事にたどりつくのを祈るような気持ちで待っていたのだ。父のテリー・トロッファーはアメリカ側の出発点にいて、ニックが万全の態勢でワイヤーに踏み出せるようにすべてをチェックしていたはずである。

ニックは五百五十メートルを二十五分かかって渡りきった。アメリカ側には三万八千人、カナダ側には十二万人の観衆が集まったといわれる。テレビをとおして見た人の数を含めると途方もない数になり、それは綱渡り史上最多だっただろう。テレビやインターネットなどメディアでこのニュースを知る人は世界中で五百万人になると予想されていたが、実際はその倍の人々の耳目に届いたといわれている。まさに世界中が高度に情報化された今世紀ならではの冒険であり、ブロンディンが夢想さえしなかったナイアガラの綱渡りであった。

　この歴史的な快挙のおかげでニックはさぞかし莫大なギャラを手に入れたのでは、と勘ぐる人がいるかもしれない。しかし、そんな憶測とは裏腹に彼は途方もない資金難に直面していた。最終的には自己資金を投入するはめになったのだ。ナイアガラの綱渡りは、アメリカにとってもカナダにとっても、市や州など行政や観光局による公的な企画ではなく、あくまでニック・ワレンダ個人が、世界的な観光地の公共空間ナイアガラを使うというプロジェクトである。これに警察、消防署、医療関連者を動員する費用はニックが負担しなければならない。それだけではない。このプロジェクトのための鋼鉄ワイヤー二本は、新たに発注したものである。一本は本番用、もう一本は稽古用である。またニックが望まなかったセイフティテザーの設置にも相当な費用がかかった。ヘリコプターを使ったり、鋼鉄のワイヤーを巻き上げ締めて固定する作業も、想定以上の出費になった。

　最終的に大きな赤字を背負うことになったが、子どものころからの夢をかなえたことでニックは満足していた。金はいつもやってきたように全米を巡回するサーカス団の公演で稼げばいい。フィリップ・プティが野外の高所での綱渡りの出費を大道芸の投げ銭でまかなっていたのと同じような感覚である。プティは世界貿易センターの綱渡りをすべて無断でやったが、それは四十年も前のことである。デジタル情報が空気のようにあふれている二〇一〇年代、プティのように無許可でやることは不可能だ。ニューヨークという大都会の高層ビルと誰もが知るナイアガラという違いがあるにしても……。ニックはアメリカ、カナダ双方の行政から許可をとり、テレビ局やほかのメディアとも契約し、なおかつ綱渡りそのもののテクニカルな準備に関してはワレンダ家の技術的な知を総動員し、そのうえ心から尊敬する曾祖父以来の「安全対策はしない」という伝統を心ならずも捨て、綱渡りひと筋に生きてきた幼少のころからの夢を成し遂げたのである。

6　これはもはや「狂気」でしかないか――グランドキャニオンへの挑戦

ナイアガラで歴史的な快挙を果たした翌年、二〇一三年の六月二十三日にニックがやったことはさらに危険な挑戦である。ちなみに、彼の挑戦が六月に集中している理由のひとつは、気候にあるのかもしれない。今回はグランドキャニオンの目もくらむような険しい峡谷で、セイフティハーネス（胴体とロープを結ぶ安全対策で、登山などで使われるものと同じ系統のもの）をつけずに綱渡りをやったのである。観光客が入ることを禁止されている保護区でおこなったので観客はゼロ。しかし独立系メディアとインターネットによって放映され、千三百万人が映像を見たといわれる。ケーブルの長さは四百三十メートル、高さは四百六十メートル。途中、ニックは予想以上の風にあおられ、ケーブルの上でただただ祈り、堪えるしかない場面もあった。これを偉業というのか、狂気というのか。事実、「これは狂気か」と書いた新聞もあった。

無謀にも見えるニックのチャレンジ精神の根底には、一族のすべてが綱渡り師かアクロバット芸人であるという血筋への自負がある。歩き始める年齢になったころにはロープの上を歩いていた。幼児のころからの特訓のおかげで、ロープの上を歩くことはごく自然のこととしてニックの身についていく。二歳で母親の手を借りてロープを歩き始め、四歳のときには危げなく綱渡りをし、十三歳でプロの綱渡り師としてデビュー。一九九八年にはワレンダ一座伝統の七人のピラミッド復活の中心になり、二〇〇一年には日本の倉敷チボリ公園で、後にも先にも例がない八人のピラミッドの綱渡りを成功させる。高所のロープ上を歩くことは特別なことではなく、どのような状況と条件でそれをおこなうのかという野心がニックのなかにずっとあったのだ。

前述したようにニックは当時、筋力トレーニングのほかに綱渡りの訓練を毎日六時間、週六日すると語った。徹底した稽古を積み重ね、ネットやハーネスなどの安全対策なしにやる。それは曾祖父カール・ワレンダから引き継いだ家訓であり、ニック自身の信条である。その実力とアグレッシヴな挑戦心を武器にさまざまなサーカス団で公演したり、彼個人の野外でのパフォーマンスをおこなってきた。七人のピラミッドの復活、八人のピラミッドへの挑戦、ナイアガラ、そしてグランドキャニオンでの綱渡りは、それぞれがニック・ワレンダが若くして収めた華々しい成功の記念碑である。しかし彼の野心と実力がいかに突出したものであっても、いつも「成功」という栄誉がついて回るわけではない。

7　存在を揺るがす大事故が起きた

十代前半でプロとしてデビューし、絶え間ない稽古を自分に課し、数々の前人未到の記録を作ってきたニック・ワレンダ。自分の実力に対する自信と、その実力を社会に知らしめたいという功名心、その二つが合わさった大きなエゴが彼のなかで絶えずうごめいている。ただし、彼が書いたものを読むと彼は敬虔なキリスト教徒であり、その信仰がエゴと野心と名誉欲を抑制し、自制を促している部分もある。そのあたりのことを彼は率直に自己分析する。

> 自分のエゴと傲慢に対する闘争は続いている。ときにはいともたやすくそれをコントロールできる。ときにはコントロールできない。傲慢さが頭をもたげると、それをできるだけ認めようとする。それを自分のものとして容認するが、十分に打ち勝つことはできない。エゴはそれ自身のエネルギーをもっている。わたしは主張する人間だし、攻撃的だし、野心家である。これまで以上の力を得ようと懸命に努力する自分を止めることができない。それが変わることはないだろう。変わることができるのは、祈る人間としてのわたしだ。自我が膨れすぎて、他者に対する意識が十分でなくなる——こういうことにはすぐに気づくことができるよ

うにとわたしは祈る。より前進したいという欲望と、称賛されたいという媚びへの欲望のあいだのバランスをとることができる。

わたしは注目を浴びたい。そういう欲望なしには、わたしが命知らずのパフォーマーでありつづけることは一日たりともない。スポットライトを浴びていたいという欲望は、わたしのDNAのなかにある。でも同じように、わたしは神そして神の恩寵を必要としている。(14)

膨張するエゴと、それが過剰になることを抑える信仰心のあいだのバランスをとりながら、ニック・ワレンダは家族と親族を大切にし、仲間の面倒をよく見てきた。七人のピラミッドを復活させ、八人のピラミッドを成功させ、ナイアガラを渡り、グランドキャニオンを渡った。たまたまそれが成功したわけではなく、十分な稽古を積み重ねたからこそ可能になったのである。だからこそ、その後の全米各地の公演で百回以上も繰り返し演じることができたし、基本的には安全対策のネットなど設置せずに、危険で際どい挑戦を成功させてきた。

しかし、稽古のときにもネットなどをいっさい使わないというのは、それこそニック自身がいうように彼のなかでエゴが肥大してしまった結果ではないだろうか。一九六二年の綱渡りの歴史に残るあの不名誉な大事故――決して繰り返してはならない、あの墜落事故――に匹敵する惨事を引き起こしてしまったのである。

それは公演中ではなく、稽古中のことである。二〇一七年二月、フロリダ州サラソタで、サーカス・サラソタというサーカス団での公演に向けて、八人のピラミッドを本番とまったく同じようにやっていた。八人の綱渡り師がピラミッド型になり、ワイヤーの上をゆっくりと進む。いちばん下に四人、その上に二人、てっぺんに二人という構成である。このかたちが崩れないほうが不思議というくらい、どうみても危険極まりない体勢である。二十一世紀になって、これを繰り返し公演してきたニックのなかには、衰退の一途をたどるサーカスを何とか盛り上げてどうにかして挽回したいという気持ちと、「綱渡りのワレンダ」という名声を輝かせ続けたいという野望とがあっただろう。加えてニックの告白にあったように、彼自身のエゴもうごめいていたはずだ。

高さは三十フィート（九十一メートル）以上あったといわれる。本番と同じ状態で設置したワイヤーを注意深く歩行しはじめたが、途中でバランスが崩れ八人のうち五人が落下する。ニックは直接ワイヤーの上にいる四人の最後尾にいて、ワイヤーにつかまり無事だった。墜落した五人は全員けがをし、うち二人は重傷だった。奇跡的に死亡者は出なかったものの、ニックの姉のリヤーナが生き延びられないかと思われるほどのダメージを全身に負ってしまったのである。

姉弟の父であるテリー・トロッファーが彼女の病室に行くと、目や耳からも出血している。娘の想像を絶する悲惨な状態を見て、父はしばらく立ち直れなかった。リヤーナは肝臓裂傷、肋骨の骨折、右耳の外耳道破裂、上膊骨（肘から肩にかけての骨）の骨折を負った。そのうえ彼女にとって最もショックだったのは、顔面の骨すべてを骨折していたことだ。

この事故でリヤーナはもちろん、ニックやほかの者たちも多かれ少なかれＰＴＳＤ（心的外傷後ストレス障害）を患うことになる。とりわけニックは八人のピラミッドの旗振り役である。この事故は新聞、雑誌、テレビなどのメディアで全米に報道される。当然のことながら、一般の人々の非難の矛先はすべてニックに向けられた。非難の多くは、本番でなく稽古であるのに墜落防止のネットを設置するなどの安全対策をしていなかった点に集中した。八人がロープ上でつくるのは相当に危うい体勢であるのに、ネットを設置しないなんて愚かというしかない、しかも本番でなく稽古なのに……。てっぺんの一人を除き、ほかの七人は長いバランス棒を両手で抱えているので、命綱を装着するのは難しい。いちばんの安全対策は、ワイヤーの下に大きめのネットを設置することだ。稽古中でありながらそれさえもしていなかったとは、あきれたことだ……と、そんな誹謗中傷がたくさん舞い込んだ。

生まれてこのかた、綱渡りの世界で生きてきて、綱渡りだけに夢を託してきたニックだが、さすがにこのときばかりは、綱渡りをやめようと思うと妻に相談した。確かに稽古でそれだけ危険なことをするのに、安全対策をしないのはばかげているという批判はよく理解できる。しかしニックにしてみれば、ハーネスやネットなどの安全対策をすることでどこかに気の緩みが生じ、それがまた別種の危険を生むかもしれないという、カール・ワレンダから受け継いだ信条がある。さらに、二〇〇一年の倉敷公演以来、すでに百回以上この八人のピラミッドの綱渡りをやり続けてきたという経験がある。

十九世紀から二十世紀初頭のサーカスなら、このような命をかけた危険な芸に観衆が殺到したかもしれない。エスケープ・アーティストと呼ばれる一刻一秒を争って死を賭した脱出芸を見せる芸人たちも出現し、人気を博していた時代である。しかし、二十世紀に入って人々は二つの世界大戦を経験し、数千万の人々の命が奪われるのを世界は目撃した。それ以外にも数多くの紛争や虐殺を見てきた。サーカスは楽しむために行くものだ。サーカスで、いまさら「死を賭した」「命知らずの」パフォーマンスなど見たくはない。綱渡りの圧倒的な魅力を開示したカリスマ、ブロンディンやカール・ワレンダの時代ではないのだ。危険な芸をスペクタクルとして見せることを二十一世紀は歓迎しないのである。そんな状況の変化をニックは見誤っていなかっただろうか。

8 奇跡的な復活

実の姉が顔面の骨を折るなど瀕死の重傷を負い、ほかの一人も重傷、そのほか三人が負傷した。そのすべての責任が八人のピラミッドを計画して指導し、安全対策をいっさいせずに稽古したニックにあることは明らかである。彼の苦悩も理解できる。しかし結局、綱渡りをやめるという選択肢は彼にはありえなかった。綱渡りは彼が生まれ育ってきた環境そのものであり、心臓の鼓動や呼吸するのと同じように生きていることの証しである。そしてそれはニックばかりでなく、このときピラミッドを作って綱渡りをしていたほかの七人も、大なり小なり同じ気持ちだった。

驚いたことに、あれほどの重傷を負い、誰だかわからなくなるほどの顔の損傷を受けたリヤーナでさえ、傷が少しずつ癒えていくにつれて綱渡りの稽古を始める。打ちどころが悪ければ生涯が車椅子生活になるほどの重傷だったが、不幸中の幸いだったのは下半身の損傷が比較的軽かったことかもしれない。また、脳、頸椎、脊椎にダメージを受けた者もいなかった。治療に多くの時間を要するリヤーナを除いて、みんな少しずつ綱渡りに戻っていった。精神的に最も深刻なダメージを受けたニックも、ニューヨークを代表する人気サーカス団ビッグアップル・サーカスで綱渡りをしたのをきっかけに、気持ちの面でもゆっくりと立ち直っていく。五人が高所から落下し、死亡者なし。そして全員が綱渡りに復帰していく――その一連の流れ、そしてそれぞれの強靭な心身の力はまさに奇跡であり、驚異としかいいようがない。

さらにその奇跡に輪をかけるようなパフォーマンスが、事故の二年後の六月におこなわれる。ニューヨークのタイムズスクエアにある二十五階の高さの摩天楼。そのなかの二棟にワイヤーを設置し、ニックと姉のリヤーナが千三百フィート（三百九十六メートル）もの高さをそれぞれのワイヤーの端から歩行し、真ん中ですれ違って反対側の端にたどりつく。はるか眼下にこのパフォーマンスを見るために集まった群衆がアリのように小さく見える大通りである。大都会の空中四百メートル近い距離を、端から端までバランス棒を持って渡る。ニューヨーク市のよく知られた繁華街は、頭上を見上げる人々で埋め尽くされた。リヤーナにとって、顔に大けがを負い九死に一生を得た大事故以来、これが初めての綱渡りである。彼女は一見しただけでは事故の傷跡がわからないほどに、顔も含め体全体が回復していた。彼女のもって生まれた体の構造そのものが常人と違うのではないか。信じがたい回復力である。

しかし、精神的にはあの凄絶な事故の生々しい記憶から、たった二年でたやすく立ち直れるはずがない。事故の数カ月後から綱渡りに復帰していたニックと比べると、たとえ体の傷が少しずつ癒えていてもリヤーナが今回の途方もないスペクタクルに躊躇し、恐怖心があったことは容易に想像できるし、実際彼女はそのことを語っている。そう考えるとこの大都会ニューヨークでの高所のパフォーマンスは、深刻に体を破損したリヤーナがそれから逃げることなく、あえてふたたび難度が高い綱渡りに挑戦することによって、ダメージから立ち直るための通過儀礼のようなものだったかもしれない。何が起ころうとつねに前進することを信条とするニックが、姉を説得してこのプロジェクトを後押ししたのだろう。

そして二〇一九年、ワレンダ一族の末裔である姉弟はこれを実現した。それまでのワレンダ家の伝統とまったく違うのは、ワイヤーとガイロープの設置にあたって最新の器材が導入され、万全の安全対策が施されたことである。二人はセイフティハーネスを体にしっかりと着装した。このハーネスは、歩行する足元のワイヤーでなく二人の頭上にある一本のロープにつながっている。これで安全性はずっと高まる。万一ワイヤーを踏みはずしたときにも、逆さにぶら下がってしまうことなく、直立したまま、バランス棒を維持した状態で、ワイヤーに戻れるのだ。すれ違うときには、リヤーナがひざまずいてお辞儀をするように身をかがめ、ニックがリヤーナのハーネスのフックを一度はずしてリヤーナをまたぐようなかたちをとる。もちろん、はずしたフックはすぐに再度かけられる。ニックはナイアガラでの綱渡りのときには胴から足元のワイヤーにつながる安全装置テザーをつけていた。今回のハーネスは胴体のレザーベルトと頭上のロープがつながっていて、見るからに安全である。

唯一の欠点は（それを「欠点」というならだが）、胴体から頭上にロープが延びているため、それを装着していることが観衆からもよく見えることだろう。操り人形を思い浮かべる観客もいるかもしれない。しかし、いまは時代が違う。観客の誰も高所から落下する痛ましい死傷事故の目撃者などにはなりたくないのだ。綱渡りそのものが成功すれば、安全装置なしでやったのと同じように観客は心からの喝采を送る。こうしてニックとリヤーナは、この大都会のど真ん中でのセンセーショナルなパフォーマンスを成功させた。これは同時にもう立ち直れないのではと思われたリヤーナの信じがたい復活を人々に印象づけた。そしてワレンダ一族にとって、とくにニック・ワレンダにとって大いなる変化は、いうまでもなく最も信頼できる安全対策を積極的に取り入れたうえで綱渡りを実行したことである。

先に述べたように、ニックと妻のエレンディーラのあいだには三人の子どもがいる。ニックが二歳で綱渡りを始めたように、彼の子どもたちも幼いときから綱渡りをやり、何世代にもわたる血筋を受け継ぎ、三人ともに綱渡り師としての才能も実力ももっているようだ。しかし、現在のサーカスやアクロバット一般の状況からすれば、この三人のうち誰かがこの芸を引き継ぐのかどうか。長男は海軍、次男は陸軍、いちばん若いエヴィータは、二〇二三年に結婚、という記事があるが、誰かが綱渡りをやっているという情報は見当たらない。

注

(1) Nik, *op.cit.*, pp. 6-7.
(2) *Ibid.*, pp. 5-6.
(3) *Ibid.*, pp. 72-73.
(4) *Ibid.*, pp. 73-74.
(5) *Ibid.*, p. 77.
(6) Tino, *op.cit.*, p. 64.
(7) Nik, *op.cit.*, p. 95.
(8) *Ibid.*, p. 95.
(9) *Ibid.*, p. 96.
(10) *Ibid.*, pp. 188-189.
(11) *Ibid.*, p. 196.
(12) *Ibid.*, pp. 202-203.
(13) *Ibid.*, p. 205.
(14) *Ibid.*, p. 164.

第9章　完全なる犯罪——創造する者はアウトローでなければならない

1　フィリップ・プティという生き方

歴史のなかには今日まで、数限りない綱渡り師たちが存在してきた。そのほとんどは無名である。われわれが知っているのはごく少数であり、十八世紀以降の歴史に名を残し、語り伝えられる綱渡り師に限られている。それだけ綱渡り師は一般の人にとってきわめてまれな存在だ。しかし二十世紀後半から現在にかけての高度情報化社会では、とくに一九九〇年代以降インターネットが普及してからは、綱渡り師に電子媒体をとおして接する機会は拡大している。彼ら／彼女らが生活の糧を稼ぐ主な場だった伝統的なサーカスが衰退していったことを考えると皮肉な状況である。

わたしが知る綱渡り師たちのなかでも、フィリップ・プティは最も個性的な存在である。サーカスでアクロバット芸を見せる芸人は「アーティスト」と呼ばれるが、彼はまさにそう呼ばれるにふさわしい。さらにたんに「アーティスト」であるばかりでなく、綱渡りについて哲学的ともいえる思考を巡らす。このようなタイプの綱渡り師は、これまでほとんど存在していなかったように思われる。

「哲学」とはいっても、フィリップ・プティの生き方は決して学術的ではないし、学者ぶることもない。そんなことはいっさい無縁である。彼がやってきたこと、しゃべったこと、書いたことをみればみるほど、彼がいかに家庭や学校や社会の外に身を置き、多くの人が当たり前に受け入れている体制という枠にあらがい、そこから逸脱し、闘ってきたかがよくわかる。これだけ制度化された今日の世界のなかで、自分で自分を鍛え、教育し、既成の権威におもねることなく、真にインディペンデントに学んできた者だけが語れる哲学——それがプティの世界である。いったいどんなふうにしてフィリップ・プティという人間はできあがったのだろうか。

　プティはたった一回の行為によって、突然その名を世界中に知られるようになった。いまとなっては伝説として語り伝えられているが、一九七四年にニューヨークの世界貿易センターで、違法であることは十分承知のうえで綱渡りを決行したのである。七棟のビルで構成されている世界貿易センターの中心にあったのがツインタワーである。百十階建てのその屋上にロープを渡して綱渡りをしたフィリップ・プティの行為は、情報化が加速しつつあった七〇年代半ばに世界を駆け巡った。プティは二十四歳だった。

　それから四十年が経過した二〇一四年、プティは *Creativity: The Perfect Crime*

フィリップ・プティによる *Creativity: The Perfect Crime* の表紙
（出典：Philippe Petit, *Creativity: The Perfect Crime*, Riverhead Books, 2014）

という本を書き下ろした。そのなかでプティは、綱渡り、アクロバット、ジャグリング、大道芸などをとおして何が「創造性」なのかを自由な言葉で問いかけている。副題が示すように創造力とは、プティの考えでは「完全なる犯罪」である。「犯罪」とは多少大げさかもしれないが、誰にもじゃまされることなく――それが違法とわかっていながら――当初の目的を完遂することを意味している。プティは大道芸や綱渡りで警察に追われた経験は枚挙にいとまがないし、いくつかの裁判も経験しているので、そんな副題が出てきたのだろう（警察に逮捕された回数は五百回を超えている、とプティはいう）。この本の冒頭で彼は自身の生い立ちを、彼らしい飾らない言葉で語る。

厳格な親のもと、出口がないようななかに生まれ、抑圧的な学校、三百六十五種類のチーズを生産するのにあくせくしている国の偏狭さのなかで育ち、とても幼いころからわたしは権威に対して反抗するようになっていた。まわりに追従することはうまくできなかった。自分自身にたどりつくために、規範に対しては距離を置き、孤立した道を歩まなければならなかった。

六歳で独学でマジックを学び、十四歳でジャグリングを、十六歳で綱渡りを学んだ。その過程でわたしは、五つの学校を退学させられた。それにもかかわらず、わたしは決して学校に、自分自身の教育をじゃまさせようとはしなかった。

（略）

十代になると途方もない時間をサーカスやボードビルのなかで過ごし、世界で最高のものを目撃した――これはのちにわたしが目指す芸術的な基準を、常識を超えた高いところに置く理由になる。違った種類のパフォーマンスがわたしに与える全体的な効果を比べてみて、誰が最高のダンサーだったか、誰が最高の腹話術師だったか、誰が最高のお笑い芸人だったかを自分のなかで決めるようになる。わたしは彼らのスタイルをやってみて、彼らがふだんやっていることを試みる。ハッ、ハッ、ハッ！　試行錯誤がいろんな結果を生

み出した。

そんなふうにして試みては失敗し、じっと観察してはふたたびやってみる。これがわたしのなかに横柄で、尊大で、攻撃的な決意を育むことになる。どんな発見も、いかに未熟なものであっても、残りの世界から隠されている嫉妬でなければならなかった。

どんな勝利も、盗まれた宝石のようなものだった。わたしはひとりでに知的な自己防衛の姿勢をとるようになった。説明しよう。

いつも持てる力をすべて発揮し、完璧を目指すという罪を背負うことになる。想像してほしい！

いつも絶え間なく働き続け、わたしは頑固になった——そのことについて悪いと思っている。

自分の創造力を始動させるものを守ろうとして、わたしは隠し立てをするようになった。

ぜひとも発見してほしい、でも捕まるのがこわい。そんなふうにしてわたしはいつも警戒するようになる。

（略）

十八歳になる前に、わたしはそれまで押し付けられていた社会的な倫理をすっかり書き換えていた。そして気づかないうちに、わたしは犯罪者の心を手に入れていたのだ。

アーティストとしてのわたしの姿勢は、幼少のころにたどりついた認識から生まれたものだ。わたしの知的な活動、わたしの想像的な自由に対しては代価を払わなければならないということである。その代価とは禁じられたものだ。わたしが何かをしようと決めると、それはすべて許されないことだったのだ！「創造とは法に反することである」がわたしの決まり文句になった。

創造する者はアウトローでなければならない[1]。

2　私的サーカス体験——綱渡り以前

フィリップ・プティほど、わたしはサーカスやアクロバットを子ども時代に見ていたわけではない。しかし、プティというアーティストに出会い、綱渡りという空中芸を仕事にする人たちに強く引かれたのも、わたしがもともとサーカスそのものが好きだったからだ。ダンスを中心に現在のパフォーミングアーツ全般に関心をもつようになったのも、すべて幼少期に母に連れられて見ていたサーカスに端を発している。秋になると地元の大きな神社の境内に「ボロ市」と呼ばれる市が立ち、近くにある空き地にはサーカス団がやってきて、テントを張って興行していた。ボロ市を見て回りながら、そのあとに足を踏み入れるはずのサーカスのテントのことを思うと胸が高鳴った。馬糞のにおいとブランコ乗りのきらびやかな衣装が同居するテントのなかは、異次元の空間であり、サーカスの人たちは異形の人たちだった。この一年に一度だけやってくる人たち——文字どおりの「マレビト」たち——への好奇心がつのり、すべての公演が終わった翌日、一人で歩いてテントを目指したことがある。母に連れられるのではなく、幼い足でそこに行くのは初めてだった。

着いてみるとテントが解体されている真っ最中だった。サーカスの人たちが、作業衣で働いている光景を見て、彼らがふつうの人たちであることを知った。決して異形の人たちではない。自分と同じふつうの人たちだ。そのとき、ちょっとがっかりした気持ちとともに、妙な安堵感もあった気がする。

サーカスという集団移動のシステムは、二十世紀に入ってから映画やテレビなどメディアの急速な膨張と、世界の高度情報化に適合しなくなり、衰退の一途をたどる。「ボロ市」は相変わらず持続し現在まで続いているものの、いつのころからかサーカス団が興行することはなくなった。時折ロシアからやってきて、動物芸やクラウン芸のほか、サーカス芸本来の魅力をふんだんに見せてくれたボリショイサーカスは楽しく見ていたが、日本のサーカス団の数は名前を挙げられるほどに少なくなっていた。

しかし、一九八〇年代になると変化の兆しが見えてくる。カナダのモントリオールに誕生しアートフルに多彩な要素を取り入れて世界中を席巻したシルク・ドゥ・ソレイユ。さらに演劇、ミュージカル、オペラ、現代アートの要素を巧みに取り込んでフランスで雨後の筍のように増えていった実験的な小サーカス——当時「ヌーヴォー・シルク」と呼ばれていて、最近は「コンテンポラリー（現代）・サーカス」と呼ばれるもの——が登場した。彼らは古い衣をいさぎよく脱ぎ捨て、これまでになかった新しいサーカスを創出している。サーカスを、既成のジャンルにはない、新鮮な息吹を感じるパフォーマンスに変貌させた。

しかし、新しいサーカスがすっかり伝統的なサーカスにとって変わったのではない。イギリスやアメリカ、そして東ヨーロッパ、インドなどの小さな街や村を訪れると、意外にもいまだに昔のままのサーカスに偶然出食わすことがある。南インドでは馬だけでなく、大きなカバを連れて巡回しているサーカス団に出会ったことがある。リングにノッソノッソと歩いてきたカバが何をするのかと思ったら、リングの中央で調教師の号令で大きく口を開けただけだった。これだけを見せるために、彼らは大きな檻にカバを入れ、その面倒を見ながら移動していたのだ。とてつもない労力を要することである。何よりもそのことに感動した。アフリカのどこかの川のなかのカバが顔を出して口を開けても驚かないだろうが、これをサーカス団の芸として見せるというのは想像することさえできなかった。ロンドンの郊外の住宅地のなかに、こぢんまりとしたテントを設営した小さなサーカス団も印象に残っている。新鮮な芸などはいっさいなく、むしろ伝統的なサーカスなのだが、新しいものばかりに囲まれているいまだからこそ、昔ながらの手作り感が大人にも子どもにも受けていた。

サーカスを演目別に考えたとき、心引かれるのは曲馬と空中ブランコである。シルク・ドゥ・ソレイユは動物芸をやめて、さまざまな芸人たちが織りなすアート志向のサーカスを展開しているので曲馬がない。しかし現代的な演出の空中ブランコは、トリを飾る演目として相変わらず健在だ。曲馬……なんとなく古いイメージを感じる言葉である。その昔、サーカス団は「曲馬団」と呼ばれていたこともある。サーカスの原点は曲馬にあるのだ。

近代サーカスが発祥したといわれる一七七〇年代に、イギリスのフィリップ・アストリーが始めたショーも曲馬である。馬たちが円形のリングを駆け巡るのを見るのは、演劇や舞踊を劇場で見るのとはまったく違った経験で、気持ちが浮き立ってくる。ちなみに、音楽と馬術と人間の芸を取り混ぜ、人馬一体のパフォーマンスを崇高なショーとしたのがジンガロである。伝統的な「動物芸」は、人間が優位な立場にあるヒエラルキーのなかで動物の芸を見せるものだった。それに対してジンガロは、ヒエラルキーを極限まで希薄にしていき、人間と動物との親和力をパフォーマンスとして見せるという方向にもっていった。ジンガロを率いるバルタバスは、数千年の動物芸の歴史に革命を起こしたといえる。彼らは昔「曲馬」と呼ばれていたものを、それまでとは違う新たなショーとしてよみがえらせたのだ。

空中ブランコは昔も今もサーカスの花形である。きらびやかな衣装のブランコ乗りが空中を回転して「受け手」(日本のサーカス界では「中台」といった)が垂らした腕に飛び移るのを見上げるのは、ほかのパフォーミングアーツでは味わうことができない体験だ。空中ブランコが多くのサーカス団の公演で、パフォーマンスの「トリ」としておこなわれるのが理解できる。ブランコ乗りが高所の空中で二回転、そして三回転をし、さらには三回転半、四回転……と限界を超えていくだけで十分な話題性がある。

空中ブランコはサーカスの花形であるばかりでなく、映画の花形でもあった。ブランコ乗り同士の恋物語は、サイレントの時代からトーキー以降も繰り返し描かれてきた。サーカス映画のなかでも最初期のものといえる『四人の悪魔』(一九一一年のデンマークのサイレント映画。その後二八年にF・W・ムルナウが再映画化している)は、四人の空中ブランコ乗りの嫉妬と殺人を扱ったメロドラマである。その後、空中ブランコ乗りを主人公にした映画は『三つの恋の物語』(監督:ゴットフリード・ラインハルト/ビンセント・ミネリ、一九五三年、アメリカ)のなかの「バランス」(カーク・ダグラスとピア・アンジェリがブランコ乗りを演じる)、そのものずばりのタイトル『空中ぶらんこ』(監督:キャロル・リード、一九五六年、アメリカ。バート・ランカスター、トニー・カーティス、ジーナ・ロロブリジーダ主演)、『ベルリン・天使の詩』(監督:ヴィム・ヴェンダース、一九八七年、西ドイツ・フランス合作。ソルヴェイグ・ドマルタンが空中ブランコ乗り）、日本映画なら『母紅梅』（一九四九年。三益愛子と三條美紀が演じる母娘が空中ブランコ乗りという設定）ほか、数多く製作された。空中ブランコはテントの下から見上げる生のそれであれ、映像に収められたものであれ、サーカスの魅力そのものなのである。

3　フィリップ・プティを知る

空中ブランコ、曲馬、ライオン・クマ・馬などの動物芸といったサーカス公演の多様な演目のなかで、綱渡りというのはどうしても印象が薄い。綱渡りは動的でなく静的なものなので、とくに強く印象に残るわけではない。馬の集団がテントのなかを疾駆する情景は、瞬時に日常を忘れさせファンタジーの世界に引き込んでくれる。サーカスの最後の演目で、空中ブランコの振り子のような振幅が次第に大きくなり、ブランコ乗りが宙を舞い受け手のブランコに飛び移るときの胸躍るドキドキ感は格別である。それに比べると綱渡りは、芸人たちがたゆまぬトレーニングを重ねているわりには、「歩行」というその動きの単純さのせいで地味な印象を与える。それを補おうとＭＣががなりたてたり音楽で盛り上げようとしたりすると、観客の気持ちは逆に引いてしまいかねない。

綱渡りに対するそんな偏ったイメージを根底からくつがえしたのがフィリップ・プティである。ニューヨークのオフィス街でもいちばん高い四百メートル以上もあるツインタワーにロープを渡し、安全対策をいっさいせずに綱渡りを決行したのだ。彼はその行為を、ニューヨーク市から許可を得ることもなく違法と知りながらやった。それを目撃したのは彼の友人・知人とたまたま通りがかった通行人と、急遽そこに駆けつけた警察である。かなり限定された人たちだけだ。市当局に許可を申請すれば、どんな安全対策を講じてもおそらく許可が下りることはなかっただろう。時代は十九世紀ではなく二十世紀。しかも一九七〇年代である。ナイアガラで綱渡りをすると大宣伝して観衆を集め、そこから得た投げ銭を資金にし、伝説のヒーローになったブロンディンやファリーニの時代ではない。無名のフランス人の若者がニューヨークに乗り込み、「アウトローとして」それをやったというだけである。

わたしは幸いにも、たった一度だけプティのパフォーマンスを生で見たことがある。それはアウトローとしてのゲリラ的なイベントではなかったし、スケールの点でもツインタワーのものとは比べようもないが、本格的な綱渡りである。一九八七年十月、ニューヨークのグランドセントラル駅で開催された「グランド・セントラル・ダンシーズ」という二日間にわたる無料のダンス公演の初日に、プティのパフォーマンスがあったのだ。ダンシーズというだけあって、ダンスの公演がメインである。観客は立ち見だが、とてもいい雰囲気に包まれていた。夜八時に四つの舞踊団の公演が駅の構内にある大きなホールでおこなわれる。演目のなかにはマース・カニングハムや、ルシンダ・チャイルズなど当時のポスト・モダンダンスを代表する振付家の作品が入っていた。カニングハムやチャイルズ自身も踊っていた。いずれも劇場とは違う駅構内の空間を生かした演出だ。

休憩を挟んで最後にプティの綱渡りがあった。グランドセントラル駅のホールの天井は相当に高い。その高所にワイヤーが渡されていた。ホールを埋め尽くした観客は、全員が天井を静かに見上げる。その静寂のなか、タイツ姿のプティが両手に抱えた長いポールでバランスをとりながらワイヤーを歩く。安全ネットは設置されていなかった。もしもそれがあれば観客はネットの網目ごしにプティを見ることになり、じゃまになっただろう。下から見たところ、ハーネスやテザーなどの安全対策もされていなかったようである。ワイヤーの途中で座ったり横になったりなどちょっとした演技もして見せて、無事に渡りきったときにはホール全体にわれんばかりの拍手と歓声が湧き上がった。

綱渡りは死と隣り合わせのパフォーマンスだが、プティはその危険をことさらに誇張することなく、行為そのものを淡々と見せていた。彼がやっていることを古来からある「曲芸」というイメージで捉えようとしても、その範疇には収まらない。プティには綱渡りを「素の行為」として見せるアーティストとしての矜持があり、彼のパフォーマンスには詩情のようなものが漂っていた。

4　ポール・オースターが、パリでプティを見ていた

プティはアメリカ在住のフランス人だが、彼にとって出自などは何の意味もなさない。不法侵入や治安紊乱ほかさまざまな罪状で警察に逮捕されたことは五百回以上という。多少の誇張はあるにしろ、プティはそんな日々を生きてきたのだ。彼は、人種、国籍、国家にまつわる規範にあらがって生きてきたノマドであり、アウトローである。十八歳になるまでに五つの学校で退学処分になり、放浪するように街頭で芸を見せてきた。彼が学んだマジックや綱渡りほかのアクロバットも、生活していくために（もちろん、それが好きということもあっただろうが）独学で学んだものである。ニューヨークの超高層ビル世界貿易センターへの挑戦は、たんに冒険心を満たすためにとどまらない。彼を取り巻く家庭や学校という環境、社会という体制、それらが掲げる価値観に対する彼の違和感の表明であり、それらに対する全面的な挑戦でもあっただろう。

『文化空間のなかのサーカス』という大著で、サーカスについて文化論・記号論的な分析をおこなったオリガ・ブレニナ＝ペトロヴァは、社会文化のなかに存在する多様な要素間の変動を「動的バランス」と呼び、フィリップ・プティの挑戦について以下のように述べる。

> バランスの破壊は、文化の対立へと至り、あるいは錯綜した場合は破局、戦争やテロにも至りかねない。これに関連して思い起こすべきは、一九七四年八月七日にニューヨークで起こった有名な象徴的出来事である。この日、世界貿易センターの二つのタワー間にぴんと張られたワイヤーの上を、安全装置をまったくつけずに、綱渡り芸人フィリップ・プティが伝説的な綱渡りを敢行した。フィリップ・プティ当人にとっては、決死物は、月並みな現実にたいする勝利であり、ツイン・スカイスクレイパーの建設時からあこがれていた長

年の夢の具現化となった[2]。

プティはパスポートでアメリカに合法的に入国しているが、アメリカに「侵入した」というほうがふさわしい。パリとはまた違う意味で刺激的なニューヨークという街に入っても観光にはいっさい関心がなく、目的は非合法なプロジェクトを秘密裏に進めることである。ワイヤーを渡るのはプティ一人だが、それを実現するための膨大な作業は彼ひとりではこなせない。プティに全面的に、あるいは要所要所で協力する者たちがいる。世代も職業も国籍も異なる者たちの集団だ。フランス人、アメリカ人以外の者もいる。プティが逮捕されれば彼らも共犯者になる。彼らはプティのプロジェクトを実現するために、制度的に引かれた境界線など存在しないかのように行動する一団である。彼らは芸人ではないが、サーカスの芸人のように基本的に制度や国籍というくくりの外を移動するノマド的な性格をもつ者たちである。そのような非定住的な生活スタイルとは……。

サーカス空間においては、サーカスそのものだけでなく芸人の身体も、非国家世界に属している。

サーカス芸人たちは、恒常的に固定された生活場所をもたない「車輪の上の生活」〔非定住生活〕ゆえに、絶えず他者の空間を領土化したり脱領土化したりせざるをえない。根っからのノマドであるサーカス芸人は、演し物を提供するための領土をつねに獲得していく。（略）非定住文化とは、サーカスのノモスが他者の空間を獲得し、住み慣れるための方法であり、他者の空間をわが家に変え、どんな場所にも自身の記号論的宇宙を形成する方法なのである。すなわち、サーカス・キャラバンは地平線上を絶えず動くことによって、空間的、人種的、民族的、社会的、意味的境界を侵犯しているともいえよう[3]。

ここで「サーカス・キャラバン」という言葉が使われていることに注目したい。ニューヨークの世界貿易センタービルで綱渡りをしたのはプティ一人だが、それを決行するために働いた者たちにはじつにさまざまな顔があり、まさに「キャラバン」なのである。そのことはプティの著書『マン・オン・ワイヤー』で明らかにされている。サーカス団ではないが、直接的・間接的にプティの途方もない行為を実現するために惜しむことなく協力する「キャラバン」が存在したのだ。彼らなくして、プティの仕事は不可能だった。途方もない重量の鋼鉄のワイヤーを誰にも怪しまれることなく、二棟の超高層ビルの片方の屋上まで運び、それを他方のビルの屋上にどのように渡すのか。ワイヤーを渡されるビルの屋上にも何人かの仲間がいる必要がある。しかもそれを限定された時間のなかでやり終えなければならない。誰かが彼らを見つけて不法侵入者だと通報すれば、長い時間をかけて準備した計画も労働もたちまち水の泡となってしまう。プティを終始支えてきた裏方、つまり実働部隊としてのキャラバンが果たす役割は大きい。

サーカスアーティストを支えるキャラバンということでもう一つ思い浮かぶのは、シルク・イシというサーカス団である。サーカス団とはいっても芸を見せるのはジョアン・ル・ギエルム一人だけ。たった一人のサーカス団なのだ。ただしギエルムがさまざまな芸を披露するあいだ、四人のミュージシャンがいて彼の芸の展開に合わせて生演奏をおこなう。これほどユニークで魅力的なサーカスはまれだろう。ギエルムは観客に媚びるところなどこれっぽっちもなく、むしろ無愛想で、淡々と芸をこなしていく。彼は綱渡りのロープを張ることから道具の移動まですべて自分でやる。準備作業そのものが本番の綱渡りと同じパフォーマンスなのである。

一九九八年にシルク・イシが来日したとき、神戸でこの極小のサーカス団を見た。世界のあちこちから最高の芸人を結集させて時代を席巻するシルク・ドゥ・ソレイユの一大スペクタクルに勝るとも劣らぬ感動を、一人だけのサーカスが与えてくれた。ギエルムは誰にもまねができないサーカスを創造する独立独歩のノマドである。その意味でフィリップ・プティに通じるところがある。

ポール・オースターは現代アメリカを代表する作家の一人で、日本にも多くの作品が紹介されている。オースターは大学卒業後の一九七〇年から七四年までフランスに住んでいて、たまたまパリでフィリップ・プティの大道芸を見た。そして、そのときの記憶を八二年に発表した初期のエッセー「綱の上で On the High Wire」に記している。フィリップ・プティという特異なアーティストについて、オースターの個人的な視点から書いたものだ。当時無名の大道芸人だったプティのパフォーマンスのスタイルを鋭敏に捉えていて興味深い。オースターのこのエッセーに引かれるのは、プティについて書いてあることがそのままギエルムのパフォーマンスにもそっくり当てはまるように感じたからである。以下は七一年、パリのモンパルナスでオースターが、フィリップ・プティが路上で芸をやっているのにたまたま出くわしたときのことである。

ほかの大道芸人たちと違って、彼は人に向かって演じなかった。むしろ、まるで自分の思考の動きを観客が共有することを許しているような、自分の裡《うち》の奥深くにある、言葉にならない烈しい思いを見せてくれているような雰囲気があった。にもかかわらず、その演技のどこをとっても、あからさまに私的なところはなかった。何を伝えるにしても、すべて隠喩的に、パフォーマンスという媒体を通して一段距離を置いているかのように明かされていった。投げ物の曲芸を行なう彼は、正確に演じると同時に、自分自身に没入してもいた。あたかも、自分と会話をしているように見えた。この上なく複雑な組み合わせ、入り組んだ数学的なパターン、奇怪な美しさを備えたアラベスク、それを精巧に作り上げながらも、一つひとつの仕種は極力簡潔にとどめていた。それらすべてを通して、彼は催眠術のような魅力を発散し、悪魔と道化師のはざまを揺れ動いていた。誰も一言も発しなかった。まるで彼の沈黙が、ほかの人々にも黙れと命令しているかのようだった。人々は見つめた。パフォーマンスが終わると、誰もが帽子に金を入れた。こんな光景ははじめてだ、と私は思った。(4)

わたしがシルク・イシのギエルムを見たときの感想をひと言でいえば、「まるで虚無僧のようだった」のである。オースターがプティについて語っている「一つひとつの仕種は極力簡潔」「催眠術のような魅力を発散し、悪魔と道化師のはざまを揺れ動いていた」もギエルムの印象に当てはまる。

「投げ物の曲芸を行なう彼は」と書いているところをみると、プティは輪投げのようなことをやっていたようだ。一方、ギエルムが輪投げのかわりにやっていたのは、これ以上シンプルになりようがないほどシンプルなものである。紙を折って紙ヒコーキを作り、それを右手で飛ばすと同時に空中で一回転し、差し出した左腕で受け止めるというものだ。ユーモア、シンプル、そしてマジカル。空中ブランコで四回転を見るのと同じくらいに、もしかしたらそれ以上に鳥肌がたった。パフォーマンスとはテクニックの問題ではないのだ。それがどう提示されているかというプロセスとコンテクストの問題である。

5　世界貿易センターでの「行為」が解き明かされる

パリで生活するフィリップ・プティは、ニューヨーク世界貿易センターのてっぺんで綱渡りをしようなどという大それたことをどうして思いついたのか。その実現のために実働部隊として動いた友人・知人を、どのようにして巻き込んでいったのか。一九七四年に彼が綱渡りをやり遂げてから三十五年も経過した二〇〇九年、日本にいるわたしにもその経緯の詳細を知るチャンスが巡ってきた。映画と書物である。ドキュメンタリー映画『マン・オン・ワイヤー』(*MAN ON WIRE*)は、プティ自身が全面的に製作に協力したものと思われる。貴重な映像と証言が満載で構成も編集も見事だ。

書物の原題は *To Reach the Clouds : My High Wire Walk Between the Twin Towers* だが、二〇〇九年の日本での映画公開と同時に発表された翻訳本のタイトルは、映画と同名の『マン・オン・ワイヤー』とされている。この行為に至るプティ自身の考えや行動、彼をサポートして一緒に行動する者たちとの人間模様、そして彼らがそれぞれ何をどのようにしたのか興味深い描写が満載だ。翻訳もとてもよく、プティのユーモア、皮肉、毒舌、ウイットあふれる独特の文体が伝わってくる。

それにしても、一九七四年八月のプティの前代未聞の行為に対して、どうして二十一世紀になって急に注目が集まったのか。この背景には明らかに、二〇〇一年九月十一日に起こった、アメリカというよりアメリカ合衆国に対するあの同時多発テロ事件がある。ニューヨーク市のシンボル、というよりアメリカという資本主義国家繁栄の象徴ともいえる世界貿易センターの二棟（ツインタワー）に旅客機が突っ込み、膨大な数の死傷者を出した。この時点でプティはアメリカに居住していたはずだが、どのような思いでこのニュースを見ていただろうか。現代史に残るテロのひとつであるこの事件は、同時に一人の綱渡り師の行為の痕跡を跡形もなく消し去ったのである。プティの本 *To Reach the Clouds* が出版されたのは、翌年の〇二年である。ただし、ツインタワーが破壊されたせいで、その建物で綱渡りをしたという自伝を書き始めたわけではない。それ以前から執筆に取りかかっていたのだ。巻末には「あとがき」のような「いかにしてこの本を書いたか」と題した一節がある。

突如、私は執筆を中断した。わがタワーが攻撃を受け、その後破壊され、膨大な数の命も奪っていった。次にわが聖堂が燃えた。破壊。大嵐。混沌。省察。しばらくして、血に反抗を潜め、私は記した。「芸術家としての私の使命は創造である」。そして、再び執筆に戻った。

すべての上を流れ、もっとも予期せぬときにさっと私の傍らを流れてゆくのは――ああ、風だ……常に風！――私の苦悶を宥《なだ》めたり、私の業績を祝ったり、優しくからかったり、あるいは微笑みかけてきたりするのは、九歳半で何の予告も後悔もなく、地球から飛び去っていった小さなジプシー少女の霊妙な存在だ。

安らかに眠れ、コーディア＝ジプシーよ、聖ヨハネ大聖堂の地下遺骨安置所で。近年の火事はお前の遺灰を四方に散らしはしなかった――君はここにいて、書きつづけるよう私を励ましてくれている。

この本と共に、私と飛べ。

段落のはざまで、私はしばしば思った。「綱は常に私を突然殺す準備ができている。一歩一歩どの地点でも」――それを知っていたかい、私のジプシーよ？(5)

『マン・オン・ワイヤー』を、世紀の挑戦を成し遂げた人物が誇らしげにつづった本だと思ったら大間違いである。微細に、詩人のような感覚的な言葉で、この行為に至る経緯が描かれている。本を執筆する時点でプティはアメリカに二十数年住んでいて英語が相当できたはずだ。それでも、巻末で彼が述べているようにパートナーであるアメリカ人女性キャシー・オドネルの全面的な協力なしには本は完成しなかっただろう。彼女が、ワープロに打ち込んでは推敲する作業を根気よく繰り返してくれたのだ。オドネルはダブルデイという当時の有名な書店の重役の娘であり、出版について熟知し、事務的な作業がかなり得意だった。現在に至るまでプティに関するすべての渉外業務を担当している。

　ここに出てくるコーディア＝ジプシーとは、プティがオドネルに出会う前にパートナーだった画家エレイン・ファスーラとのあいだにもうけた愛娘である。コーディア＝ジプシーは、一九九二年に九歳半で病死してしまった。プティは長いあいだその悲しみから回復できずにいた。聖ヨハネ大聖堂安置所とはその亡き愛娘が葬られているところなのだが、大聖堂はくしくも同時多発テロと同じ年の暮れに火事に見舞われたのである。この世紀の変わり目にツインタワーの綱渡り、娘の死、タワーの崩壊など、彼のなかをさまざまな思いが駆け巡っていたことだろう。それを支え続けたのがオドネルである。それにしても「綱は常に私を突然殺す準備ができている」とは、プティならではの言葉である。高所綱渡りをする多くの者たちの心情だろう。

　ドキュメンタリー映画『マン・オン・ワイヤー』（監督：ジェームズ・マーシュ）は *To Reach the Clouds* が出版された六年後の二〇〇八年に完成し公開された。サーカスについてのドキュメンタリー映画は、各国でテレビ用に数多く作られてきたし、劇映画もたくさんある。ただ本格的な長篇のノンフィクションはそう多くはない。記憶にあるのは『ベンポスタ・子ども共和国』（監督：青池憲司、一九九〇年）である。ベンポスタはスペインにあった子どものための共和国であり、その「共和国」が経済的に自立していくための方策のひとつがサーカス公演だった。サーカスが内包する親和力を自らの手で実現していこうと国籍を問わず多くの子どもたちが勉学、農業、稽古に励む姿を美しい映像で描いている。地味だがドキュメンタリー映画の佳作である。

綱渡りはサーカスの演目としては一般的だが、映画『マン・オン・ワイヤー』はサーカス映画ではない。これは、ありえないと思われることを決行したフィリップ・プティの挑戦とそれに協力する者（あるいは脱落する者）たちの人間模様を、それぞれの証言と貴重な動画や静止画像でつづった濃密なノンフィクションである。

この記録映画が完成したのは、プティのあの前代未聞のパフォーマンスから三十年以上も経てからである。にもかかわらず、三十年という隔たりを感じさせない。*To Reach the Clouds* という自伝が先に出版されていたことに加えてプティ自身が写真や映像を惜しみなく提供していること、同時に彼を取り巻く人々がまるで昨日のことのように生々しく語っていることも映画の魅力を倍加している。映画のなかでは、同時多発テロでツインタワーが瓦礫の山と化してしまったことにはいっさい触れていない。これはツインタワーという建築物に対して、そしてそのてっぺんを何の予告もなしに渡ったフィリップ・プティの行為に対して、過剰な意味を後付けすることはしないという、監督の意思の表れだろう。時代と空間と行為が純粋に、言葉と映像によって描き出されているのだ。

ブレニナ＝ペトロヴァは、その点も含めて映画についてコメントしている。


幾年も経た二〇〇九年に撮られたジェームズ・マーシュのドキュメンタリー映画『マン・オン・ワイヤー』では、ワイヤー上の運動は、綱渡り芸人が動的バランスをうちたてるという象徴的行為として示されている。世界で「もっともクリエイティヴな犯罪」と当時称されたものをなしとげた綱渡り芸人をめぐって映画をつくらねばという考えは、おそらく、映画監督の文化・政治問題にたいする関心とも、さらには二〇〇一年九月十一日というはじまったばかりの新世紀の、もっとも破壊的ともいえる出来事にたいする関心ともむすびついていた。この日、世界貿易センターのタワーがテロリストによって壊滅させられたのである。マーシュはこの出来事についてスクリーン上でまったくコメントしていないものの、世界貿易センターの完工に寄せ

る芸人の期待や、これからの演目への綿密な準備を軸に展開している映画の筋全体が、監督がテクストの下に隠した意味戦略を示している。[6]

映画『マン・オン・ワイヤー』には、全編をとおしてツインタワーが頻繁に出てくる。プティだけでなく、この天を射抜くばかりの超高層ビルも物言わぬ主人公なのである。同時多発テロによるこの建物の破壊についてまったく言及していないことも納得できる。ツインタワーという建築物と、フィリップ・プティの綱渡りという行為こそがすべてであり、テロによる破壊はいまはまだ起こっていないのだ。

6　ヨーロッパでやっていた数々の冒険

フィリップ・プティがニューヨークのツインタワーで綱渡りを敢行したというニュースは地球を駆け巡り、およそサーカスや曲芸の類いに関心がない人までも彼の名と行為を知ることになる。彼は決してそれを突然思いついてやったわけではない。思いつきではできないことだ。決行した一九七四年八月の夜、彼はまだ二十四歳の若者だった。それに先立ってすでに同じようなやり方で無許可の綱渡りをしていた経験がある。すでに二度、ツインタワーに類した野外の高所で綱渡りを試みているのである。

一つは、一九七一年、パリのノートルダム大聖堂の北塔と南塔にロープを渡し、路上の通行人たちを喫驚させたパフォーマンス。この作業は決して簡単ではなかった。許可を得ていない冒険を可能にするために相当な歳月をかけて周到に準備をしたのである。すべてを秘密裏に決行したので、目撃したのはプティの関係者と、たまたま路上にいて気がついたごく少数の者だけである。幸いにも貴重なモノクロの記録映像が残っていて、その一部は映画『マン・オン・ワイヤー』で確認できる。十六ミリカメラで撮ったと思われる映像は、ロープの上に立つプティの姿を多少のザラつき感のなかに詩的に捉えている。プティのパフォーマンスは成功したのだが、ノートルダム大聖堂にもパリ市当局にも許可を取っていなかったので、プティは塔から降りてくるや否や逮捕された。もっとも、事前に申請しても許可されることはなかっただろう。

面白いことに、そのころパリに住んでいた作家のポール・オースターは、大道芸人としてのプティのパフォーマンスをモンパルナスで見かけた数週間後、真夜中のパリでプティをはじめとする一団が道具類を持って足早に通り過ぎていくのを見たという。なんというすばらしい偶然。「不法な行為」をするために、ノートルダム大聖堂に人目を避けて向かうプティとその仲間たちだった。

次にフィリップ・プティを見たのは、数週間後だった。深夜、午前一時か二時ごろ、ノートルダムにほど近いセーヌの川辺を歩いているときだった。突如、通りの向こうで、闇に紛れて足早に動く数人の若者の姿が目に入った。彼らの手には、ロープ、鋼索、工具、重そうな手提げカバンがあった。例によって好奇心をかき立てられた私は、通りをはさんで彼らと平行に進み、やがて、彼らのなかにモンパルナスの曲芸師がいるのを見つけた。そのとたん私は、まもなく何かが起こることを悟った。だが、いったい何が起こるのか、想像もつかなかった。

翌日、『インターナショナル・ヘラルド・トリビューン』の一面に、求めていた答えが載っていた。一人の青年がノートルダム寺院の塔から塔に綱を渡して、三時間のあいだその上で歩いたり、投げ物芸をしたり、踊ったりして、下に集まった人々を驚愕させたというのだ。青年がいかにして綱を取りつけ、当局の目を逃れたのか、誰にもわからなかった。彼は地面に降り立ったとたん、逮捕された。治安妨害、そのほか種々の軽犯罪に問われたのだ。(7)

オースターはアメリカに帰国後、著名な作家になり、ほぼ同年代のプティと親交を結ぶことになるが、パリ時

代の二人は面識がなかった。もし何らかのつながりがあり、この綱渡りのことを事前に知っていたならば、彼は間違いなく朝のノートルダム大聖堂に駆けつけてプティのパフォーマンスを見届けていたはずだ。オースターは翌日の新聞で何があったのかを確認したのである。

「インターナショナルヘラルドトリビューン」紙は、多くの国で読まれていたグローバルな英字新聞である。それにしてもフィリップ・プティのノートルダム大聖堂での綱渡りを報じる記事が、新聞の一面をにぎわせたというのは驚きだ。同紙がパリを拠点にして発行されていたにしても、無名のアーティストのパフォーマンスを一面で扱った背景には、売名のためでなく孤高な冒険心を満たすためにあえて人知れず違法な行為をやった、ということに対する称賛の念もあったのだろう。オースターは生死の淵に立つ綱渡りという芸の鮮烈さだけでなく、それを秘匿のうちにやり遂げることについて、いみじくも指摘している。

> ノートルダムでのスペクタクルで、私の心を動かした要素がもうひとつある。それが人目につかなかったという事実だ。フィリップは、銀行破りを計画している泥棒のごとき用意周到さをもって、沈黙のうちにすべてを進めたのだ。記者会見だの、宣伝だの、ポスターだのはまったくなし。驚くほどの清廉さだ。だって、いったいどんな利益を見込めたというのだ？　もしも綱が切れたり、取りつけに不備があったりしたら、彼は死んでいただろう。一方、成功によって何がもたらされたのか？　この冒険によって彼が一銭も儲けていないことは確かだ。その後も、つかのまの名声に乗じて金儲けをしようともしなかった。つまるところ、唯一の具体的な結果は、パリの留置場での短期滞在だったのだ。[8]

大聖堂の塔で綱渡りを決行したのが、六月二十六日という記録が残っている。ということは、プティ一行がノートルダム大聖堂に足早に歩いていくのをオースターが見たのは、同日の午前一時か二時ごろだったろう。当時プティはパリのラプラス通りにある小さなアパートに住んでいて、そこからノートルダム大聖堂の塔が見えていた。大道芸で生計を立てながら塔を眺め、いつかあそこにロープを張って綱渡りをしようという野心を育んでいた。世界的に知られ、絶え間なく観光客が集う大寺院ですべてを人に知られずおこなおうとすると、周到綿密な計画と準備が必要である。この準備には三年を要した。観光客に紛れて寺院のなかに足を運び、手はずを考えた回数は数えきれない。結局、ワイヤーを設置する作業は寺院が閉じた夜のあいだにおこなうことになる。数百キロにもなる鋼鉄のワイヤーとほかの器材をどこから、どのように運び入れたのか。すべてを夜中にやったのか、あるいは大聖堂のどこかに昼のうちに一部を隠しておいたのか。詳細は不明である。いずれにしろプティ一人ではまったく不可能な作業だ。いつものように彼の仲間の何人かが全面的に協力した。そのうちの一人にプティの片腕だったジャン＝ルイもいたはずだ。ルイは三年後、ニューヨークツインタワーの大仕事でも活躍する。また肉体労働以外の部分では、プティの恋人のアニー・アリックスも行動をともにしていただろう。

高所の塔から塔へワイヤーを渡し、抜かりなく固定するのは、難しい作業である。彼らはまずゴムボールに釣り糸をつけて投げ、次にその釣り糸に紐を結びつけ、最後にワイヤーを結びつけるという手順でおこなった。ワイヤーばかりでなく、揺れを防ぐための補助ロープ（ガイロープ、サーカスではカヴァレッティなどと呼ばれる）も取り付けなければならない。そして何よりもワイヤーの完璧な安全性を確保するための設置作業をしている現場を、パリの夜道を歩く人や、警備員に見つかってはならない。作業は決してたやすいものではない。

どうにかこうにかすべての作業をやり終えると、翌朝十時に塔のどこかに隠れていたプティがバランス棒を持って現れ、ワイヤーの上を歩き始める。落下防止の安全対策はいっさいしない。十時まで待ったのは、できるだけ多くのパリっ子に見てもらいたかったからだろう。プティはワイヤーに寝そべったり、片足を垂らしてしゃがんだり、さまざまな芸をやってみせる。たちまち路上には多くの人が集まり、ノートルダム大聖堂の屋根の上を驚きをもって眺めた。警察が駆けつける。彼は逮捕され、パリの街にちょっとした騒ぎを引き起こした。

プティはこのあと、パリっ子たちが意外に熱しやすく冷めやすいことを実感する。いっときは注目しても、しばらくするとケロッと忘れてしまうのだ。そこでパリばかりでなく、フランスの地方都市、そしてロシア、オーストラリア、アメリカなど海外でも積極的にパフォーマンスを展開するようになる。ニューヨーク世界貿易センターのツインタワーへの挑戦は、ノートルダム大聖堂から始まったのである。

7　真っ青な空のもと、シドニーのベイ・ブリッジで……

ノートルダム大聖堂から二年後の一九七三年、すなわちツインタワーの綱渡りの前年に、プティはオーストラリアのシドニー・ベイ・ブリッジで高所の綱渡りに挑む。この映像の一部も映画『マン・オン・ワイヤー』に収められている。また、シドニーでのこのパフォーマンスを記録した、カラーの短篇記録映画もある。車が行き交う通りの頭上にワイヤーを渡し、さらにそれをガイロープ（補助綱、支え綱）でしっかりと固定する。そのための周到な準備が必要である。この記録映画では、現地の仲間何人かと議論を重ね、実行に移す姿がシドニーの美しい青空とともに描かれる。おそらくは資金集めのため、プティが街頭でジャグリングや簡単なマジックを手際よく見せるカットもいくつかある。これを見ると彼がこのころどんな芸を路上でやっていたのかがわかり興味深い。プティの大道芸は観客に媚びないのだが、かといって無愛想というわけでもない。スピーディーで、無駄がない。また、抜けるようなブルーの空を走る一本のワイヤーの上に、プティがポツンと立つ映像はシドニーならではの美しさだ。

シドニーのこのパフォーマンスも、ノートルダム大聖堂でのそれと同じく無許可である。そしていつものように安全対策はしていない。このゲリラ的な予期せぬ出来事に驚いた通行人たちが橋のたもとに増えていく。パトカーがやってきて、警官の姿もあちこちに見えてくる。ワイヤーから降りたプティが、猛烈なフランス語訛りの早口の英語で警官に向かって何やらまくしたてている場面がある。まわりにいる通行人はなんとなくプティに味方しているような雰囲気だ。プティは映画『マン・オン・ワイヤー』で、このとき警官から腕時計をすったと語っているが、その時計を警官に返したかどうかは不明である。子どものころからマジックやジャグリングで稼いできた彼にとって、当時多かった革ベルトの腕時計ならスルのは難しいことではなかっただろう。ちなみにフランス映画界の名匠ロベール・ブレッソンの映画『スリ』（一九五九年）には、人の腕に巻かれた時計をどのように盗《と》るのかを見せるシーンがある。

8 徹夜で人知れずおこなう仕事は過酷である

十九世紀の最もセンセーショナルな綱渡りはブロンディンがナイアガラ峡谷でおこなったものだとすると、二十世紀のそれはフィリップ・プティがニューヨークの世界貿易センターで告知することなくおこなったものである。そう断言しても大方の人は納得するだろう。歴史に刻まれる偉業をやり遂げた二人だが、時代背景ばかりでなく、性格も方向性もかなり異なっている。ブロンディンにはショーマンシップと綱渡り師としてのプロ意識があったが、プティにはそういうものが希薄である。自分がやりたいからやる。ただそれだけだ。世界貿易センターでの綱渡りを決行した直後、多くのアメリカ人から「なぜやったんだ？」「Why?」という質問を矢継ぎ早に投げかけられたが、プティは「アメリカ人はどうしてWhy? ばかり連発するんだ」と辟易していた。

ニューヨークのツインタワーをワイヤーで渡る。これは彼がまだ渡米経験がないときに、たまたま歯科医院の待合室に置いてあった新聞でこのタワーについての記事を見たのがきっかけだった。一九六八年冬のパリでのことである。ツインタワーの建設工事が始まったのは六六年なので、プティが見かけた記事には建設途上のタワーの、当時の常識からすれば異様なまでの高さについて書いてあった。プティがこのとき記事を見ていなかったとしても、いずれこのタワーのことを知れば同じことを考えたにちがいない。完成すれば、間違いなく世界一高い建物である。しかもそれが二棟ある。プティはこのときわずか十八歳、トップの綱渡り師になってやろうという野心こそあったものの、綱渡り師としてはまだ駆け出しだ。記事を見てから四年間はこの記憶を心の片隅に眠らせていた。

ノートルダム大聖堂やシドニーのベイ・ブリッジの挑戦を（警察には連行されたが）成功させ、綱渡り師としての経験を重ねるうちに、世界最高の摩天楼を征服することが大きな目標となって頭をもたげてくる。それを実現するには、気が遠くなるような難題が山積だ。マジックやジャグリングなどの大道芸で日銭を稼ぐことは難なく一人でできるが、異国のツインタワーを綱渡りする、それも違法におこなうとなれば、準備は一人では不可能である。身近な友人たちと相当な年月をかけて、周到な準備を進めなければならない。何しろ海外で、しかもニューヨークという大都会で、外国人の集団が違法なことをやろうというのである。挑戦したい気持ちは熟している。

しかしながら、いざニューヨークに渡航して本物の世界貿易センターの超高層ビルを見上げたとき、さすがのプティもこれは無理だと思った。それまで何度も高所で安全対策なしに綱渡りをしてきたプティも、経験したことがないこの建物の高さに恐れをなしたのだ。それだけではない。あそこに必要な器材を持ち込んでワイヤーで二つのビルの屋上をつなぐなど、準備作業そのものが不可能としか思えない。仕事に慣れた高層ビルの建設業者がやるとしても難しい作業である。経験がない若者たちが、目もくらむような高所で鋼鉄のワイヤーを双方のビルのてっぺんに渡すなんてできるのだろうか。しかもすべての作業を、誰にも見られることなく夜中におこなわなければならない。万一、ビルの守衛や管理人あるいは工事の担当者など第三者に見つかれば、すべてが水泡に帰す……。

自分たちがやろうとしている行為のすべてが違法で、見つかれば計画が頓挫するだけでなく、逮捕も免れない。成功したとしても逮捕されることは目に見えている。プティの友人で全面的にこの作業に関わるフランス人協力者たちは、逮捕されれば永久にアメリカへの入国を許されないかもしれない。

プティと友人たちは不可能を可能にするために、まるでスパイ映画のように、計画を練り、器材を調達し、高層ビルのなかに入る方法やエレベーター、屋上の状況を綿密周到に検分しはじめる。決して容易なことではない。国際的に注目されている摩天楼の屋上に、不審な外国人が潜入するなど許されるはずがない。事実、プティは建物を下調べしている段階で警察に捕まったことがあり、もうこの計画は実現不可能だとほとんど挫折しかけたこともあった。

> WTC（世界貿易センター）で、わたしは捕まった。綱渡りを決行する何カ月も前のことである。わたしはパリからニューヨークに戻ったばかりで、すぐに建設工事の進行状況をチェックするために、北棟の屋根に向かった。
>
> マンハッタンの上空千三百五十フィートの高さに固定されたコンクリートの平板の上にわたしが現れるとすぐに、一人の警察官が飛びかかってきた。彼はあとでわたしのパスポートをコピーし、もしわたしがふたたびこの棟に足を踏み入れるようなことがあれば――そうでなくてもこの近辺でわたしを見かけるようなことがあれば――ヨーロッパに送り返すと脅した。
>
> このことは、まるで静かなサムライが刀でまっぷたつに切るように、わたしの夢を打ちくだいた。これはわたしの創作過程を大きく頓挫させてしまうほどの出来事だった（ほかにはこんなことってないだろう）。
>
> わたしはツインタワーのことを忘れようとした。マンハッタンにある、そのかわりになるような新しい建物を探しもした。ほかの追求も始めたのだが……だめだった。二週間もたつ前にわたしの愛すべきあのタワーが戻ってきて、わたしの頭のなかにしっかりと立っていた。わたしの夢にふたたび火がついたのだ。[9]

もちろん警察は、いま捕まえたフランスの若者がこの超高層ビルにワイヤーを張って綱渡りしようと計画しているなどとは、夢にも思わない。捕まったのが器材を運び込もうとしている最中ではなかったのが不幸中の幸いだった。このときプティは極端なフランス語訛りのブロークン英語で警官になんと釈明したのだろうか。いつものとっさの機転で、（フランスやオーストラリアの警官にしてきたように）ニューヨークの警官を煙に巻いたものと思われる。しかし、パスポートのコピーまでとられてしまった。今後またこのビルのなかか近辺で捕まれば、そのときばかりはプティも本気でこのプロジェクトを諦めざるをえなかっただろう。身元を確認されてしまったプティは、プロジェクトが一巻の終わりになるかもしれないと不安になるほどショックを受けた。

　にもかかわらず、二週間もたたないうちにすっかり以前のようにやる気満々になる。とてつもない心身の回復力だ。回復できた大きな理由のひとつは、高所の綱渡りとは比較にならないほどの数の大道芸を、無許可の路上や広場でやってきて、警察に捕まるなど日常茶飯事だったことだ。先に述べたように、十代後半からこれまで五百回以上は警察のお世話になってきた。

> 路上でジャグリングをやっているときに警官にじゃまされたりすると、まさにピッタリと同じような衝撃を受けるものだ――べつに命が危険にさらされているわけでもないし、公園でたんに道行く人々にほんの二、三時間、楽しんでもらっているだけなのに。制服を着た者たちがわたしのパフォーマンスに侵入してきて（終わってからくることは決してない――どうしてなんだ？）、わたしのデリケートに構成された即興のじゃまをする。不思議なことに、わたしは彼らの残酷な行為に慣れっこになるなんてことは決してない、いままで五百回以上、逮捕されてきたけれど。そうだな、いまは数えるのをやめたけどね！[10]

とはいえ、いくら警官に路上のパフォーマンスをじゃまされたり、逮捕されたりしたことは数えきれないとはいっても、世界貿易センターのツインタワーの綱渡りは路上の大道芸とはまったく別物である。警察から解放されたら、またどこか別のスペースを探す大道芸と違って、これは決行の瞬間まで社会に知られてはならないのだ。安全対策なしに地上四百メートル以上の高さで綱渡りするなど狂気の沙汰とみられ、許されるはずがない。誰にも知られないまま万全の準備をしなければならない。どれほどの太さのワイヤーで、どれほどの長さが必要なのか。それとは別にワイヤーを支えて補強するための「カヴァレッティ」（ガイロープ）も必要だ。それもどれほどの長さを、どのように固定するのか。かなりの重量がある鋼鉄のロープを、大勢の人間が働くツインタワーで、誰にも気づかれないようにどうやって屋上まで運ぶのか。たとえ無事に運び終わったとしても、そこから別の難事業が始まる——二つのビルのあいだのめまいがするような高所で、どのような方法でワイヤーを渡すのか。助っ人たち（つまり共犯者たち）は、どのように仕事を分担するのか。

これらの作業を夜中に始め、人々が出勤してくる前の早朝にはすべての作業を終わらせておかなければならない。プティはこの設置作業の中心になって徹夜で働いたのちに、一睡もしないまま命がけの綱渡りをすることになる。想像するだけでも気が遠くなるプロジェクトである。

決行する日はいつにするのか。それによってあらゆる作業日程が決まってくる。

違法な綱渡りをするとなると、その大仕事をやるのに理想的な日にちを、わたしは早いうちに決める。たとえ、決めるには早すぎるとしてもだ。ばかでかい一年分のカレンダーにしっかりとマークをつける。週ごと、月ごとに、わたしはカレンダーから目が離せなくなる。外側からくるさまざまな状況の圧力から、決行の日を数回変えることは、いやではない……さらにまた引き延ばすなどということが耐えられなくなったり、そのプロジェクトが臨界点に達して窒息状態になるまで、日程は変更されていく。（世界貿易センターの冒険では、決行の日程は十七回変更され、ついに「どんな口実があれ変更不能な最終の日」に自分を無理やり張り付けるのだ）[11]。

一九六八年の冬のある日、パリの歯科医院の待合室でたまたま手にした新聞で建設途中のニューヨーク世界貿易センターの記事を見て以来、心の底にしっかりと温め、執念としてきたプロジェクトの決行の日は七四年八月七日になったのである。

9 「共犯者」がいなければ綱渡りはできない

映画『マン・オン・ワイヤー』のなかでも、同タイトルの本のなかでも、たくさんの助っ人が紹介されるが、その中心にいるのがフランス人の三人、ジャン＝ルイ・ブロンデュー、アニー・アリックス、ジャン＝フランソワ・ヘッケルである。

とくにジャン＝ルイはフランスで計画を練る最初の段階からロープの持ち込み・設営に至るまで徹頭徹尾プティと議論し、彼に寄り添って仕事をしてきた重要な親友である。アニー・アリックスは当時のプティの恋人である。プティとは正反対の性格でシャイで内気、プティが危険な挑戦をしようとしていることを心から心配している。田舎の鬱蒼とした緑のなかで、ツインタワー攻略の議論を重ねたり、ロープを張ってプティとアニーが戯れながら綱渡りを稽古したりする光景は、文字どおり青春のひとコマであり、よくぞこんなフィルムが残っていたものと感心してしまう。アニーに惚れ込んだプティが猛アタックを繰り返し、二人は恋人同士になった。その初々しさが草がいっせいに息吹くような緑にぴったりだ。この牧歌的で幸せな光景は、友人の一人が撮影していたようである。

ジャン＝フランソワは少し遅れてニューヨークに飛び、あとから参加するのだが、プティに全面的に協力する。映画にはツインタワーのワイヤーから降りたプティに手錠がかけられるシーンがあるが、同じく手錠をかけられたジャン＝フランソワも一瞬映る。

映画のパンフレットにあるようにプティは「首謀者」（The Mastermind）であり、この助っ人の中心にいた三人は「共犯者たち」（The Accomplices）なのである。実際には「共犯者たち」は現地のアメリカ人も含めてたくさんいたのだが、プティの綱渡りが警察沙汰になることを恐れて脱落した者もいる。映画のなかで、プティだけでなくジャン＝ルイ、アニー、ジャン＝フランソワが当時のことを回顧しながら、何ひとつ隠すことなどないとばかりに率直に語っているのが小気味いい。

この首謀者と共犯者による最初の作業は、ワイヤーを誰にも見られることなくビルのなかに持ち込み、屋上まで運ぶことだった。そのあと、ワイヤーをタワーからタワーへと空中で渡し、固定する。このすべてを工事の作業員でもない素人が真夜中に、誰にも気づかれずにおこなわなければならない。高所綱渡りの準備作業は、（とくに違法と知りながらゲリラ的にやるとなれば）綱渡りそのものに勝るとも劣らぬ難事業である。

ワイヤーは亜鉛メッキを施した鋼鉄で、七十五メートルある（ビルとビルのあいだの距離は四十二メートル）。これを警備員の目に入らないようにどのように運び入れるのか。見つかったら最後、すべての計画はそこで終わる。さらに運よく運び終えても、それを向こうのビルに渡す作業が容易でない。まず釣り糸のようなものを結んだ矢を弓で射て向こうのビルに届ける。次に、その糸に少し太目の紐をつなぎ、最後にワイヤーをつなぐ。こうして無事にタワーのあいだに鋼鉄のワイヤーを設置できたら、カヴァレッティと彼らが呼んでいる補助綱・支え綱を張って、綱渡りのワイヤーが緩むのを最小限に抑えなければならない。ガイロープとも呼ばれ、本来なら三角形を描くようにして地上に留めなければならないが、ここでは不可能である。そこで何本かの補助ロープを横に延ばして屋上のどこかに留める。闇のなかで警備員が巡回してきたときには彼らはシートのなかに隠れて身じろぎをせず、息をころして相手が去るのを待つ。

10　すべてを見ていた謎の訪問者

肉体的にも精神的にも消耗し尽くしてしまうような準備作業である。このあと朝になって、プティの綱渡りをたまたま路上から見上げるチャンスに巡り合った通行人たちは、プティ一行がこのために徹夜の準備作業をしていたなんて想像もつかないだろう。朝、この作業をやり終えたときプティも仲間たちもヘトヘトになっていた、とジャン＝ルイは語る。ちょっとしたエピソードがある。重量がある器材を超高層ビルのてっぺんまで運び、綱渡りのワイヤーを設置し終わる。そのあとカヴァレッティと呼ばれるガイロープをさらに設置しなければならない。カヴァレッティの作業をするのは、綱渡りのためのワイヤーを設置したあとなので、夜がしらじらと明けてくるころである。このとき一人の人間が――明らかに警備員ではない――屋上に上がってきて、彼らの作業を間近に目撃する。

> ＷＴＣでの冒険の日の朝早く、徹夜で作業をやってきたあと、ジャン＝フランソワとわたしはカヴァレッティのロープを締める作業を全力でやり終えるところだった。作業員たちがいつ現れてもおかしくない時間であることはわかっていた。
>
> 突然、どこからともなく身なりのきちんとした訪問者が現れた。とっさにわたしは、建築現場の典型的な作業員であるかのようなボディーランゲージをやりはじめた。ヘルメットをちょっと上げて、額を掻いてみる。ゆっくりとコントロールした手の動きで、道具類を手に取るなど。わたしは無関心をよそおい、チラッと面倒くさそうな様子を見せ、ただここでやるべき仕事をしているだけで、早朝なんでまだ気持ちが乗っていない、という感じで仕事をしつづけた。一緒にいる友人がわたしをしっかり観察して直感をはたらかせ、わたしの動きをまねていた。その男は二つの棟のあいだに張られたケーブルを見た。彼はケーブルにつなげられたカヴァレッティに沿って視線を走らせた。彼は屋根の端に置いてあるバランス棒に気がついた。しかし彼は一分ほどわれわれを見つめてから、おそらくわれわれがいつもここで仕事をしている作業員だと思い、安心して立ち去った。(12)

綱渡りと同じくらいにハラハラさせられる瞬間である。この訪問者とはいったい何者なのだろうか。彼はすべてを目撃していたのだ——摩天楼のてっぺんに渡されたケーブル、その両端でケーブルを支えるカヴァレッティ、屋上に立ててあるバランス棒。彼が少しでもいぶかしく思い、プティ一行を作業員でなく不審な侵入者と判断したなら、プティが数年がかりで周到に計画し、フランスやアメリカの友人・知人たちを巻き込んだ一大プロジェクトは、その実現がすぐ目の前に迫っているのに水の泡となる。しかしプティ一行があまりに「ふつう」に作業をしているような様子を見せたので、彼は立ち去った。そこにあった器材やケーブルも、屋上の整備作業の一部としてあると思ったにちがいない。訪問者は誰だったのだろうか。プティはこの見知らぬ訪問者について『マン・オン・ワイヤー』でもドラマチックに描いている。血が脳天に逆流するほどの緊張を強いられたのだ。その男の正体は？　『マン・オン・ワイヤー』によると……。

私は作業をできるかぎりゆっくり続行しながら、目は訪問者に釘づけだ。警備員ではなく、警察官でもなく、現場作業員でも現場監督でもない。普通の男に見える。

（略）

謎めく訪問者は——おそらく、タワーで働くビジネスマンで、始業前に夜明けを愛でたいのだろう——登場したときと同じく、ゆったりと平和的に私の屋上から去る。(13)

「タワーで働くビジネスマン」ではないかというプティの推測は、おそらく当たっているだろう。早朝出勤で誰よりも早く会社に来て、屋上から大都会の一日の始まりを眺めるつもりだったのかもしれない。訪問者は作業現場のことなど知らないので、屋上で建築関連の作業員が朝早くから何らかの仕事をしていると思い戻っていったと想像できる。違法な綱渡りを世界一の高層ビルのてっぺんで、誰にも知られずにやり遂げる——その準備作業がなんと至難であることか。

11　決行のとき

そんなこんなで彼らは疲れきっていた。共犯者たち、つまり助っ人たちはこれでひとまず作業を終えたが、プティはこれからが命をかけた本番である。ジャン＝フランソワは「彼は落ちると誰もが思っていた」と語る。綱渡りをする前に心身を消耗しきったプティ自身も「落ちて死ぬだろうと思った」という。

それでも前に進むしかない。何年ものあいだこのプロジェクトを目標にしてあらゆる準備をしながら生活し、仲間たちを巻き込み、やっといまここにたどりついたのだ。一睡もしていないし、おまけに見つかって通報されたらすべてが終わる……とハラハラしながらやった徹夜の肉体労働で、心身の疲れがピークに達していた。しかし、これが最初で最後のチャンスである。あとはワイヤーに足を載せるだけだ。

プティは八・五メートルのバランス棒を持って地上四百十メートルを超える高さのワイヤーに最初の一歩を踏み出した。ツインタワーの南棟から北棟への第一歩である。万一の落下に備えた安全装置はいっさいない。その瞬間をプティは次のように記している。


私は竿を持ち上げる。竿をゆすり、指のあいだで操り、中心を見つけたり、重さに両腕を慣らしたり、いつもパフォーマンス前に行なうことをやる。

私は端に近づく。梁を乗り越える。

左足を鋼鉄のロープに載せる。

体重は、建物の側面にしっかりとつけた右脚にかかっている。

私はまだ物質界に属している。

ほんの少しでも体重を左側にかけたら、右脚から負荷が取り除かれ、右足は自由に綱に出会う。

一方には、山のごとき塊。私の知る人生。

もう一方には雲の世界があり、未知の部分が多すぎるため、我々には空漠として映る。ありあまる空間。

二つのはざまに細い線があり、私という存在は、どれほど残っているかわからない力をそこに配分することをためらっている。

私を取り巻いているのは思考ではない。ありあまる空間だ。

足許には、一本のワイヤー。ほかには何もない。

私の目は正面に立ち上っているものを捉える。北棟の頂点。

(略)

内なる苦痛の叫びが私を襲う。逃げ出したいという激しい願望だ。

だが手遅れだ。

綱の用意は整った。

心臓が綱に力ずくで押しつけられているため、心拍ひとつひとつが響き、響いては、訪れてくる思考をひとつひとつ下界へ投じていく。

きっぱりと右足はみずからケーブルに載る。(14)

逃げだしたいけれど逃げられない。下を見ると路上の人たちがアリか米粒のように見える高所で、一本のケーブルに足を載せる。その恐怖と緊張感が、詩のような文からプティの心拍とともに蘇ってくる。高所での綱渡りはフランスでもオーストラリアでも経験してきたが、すべての点でこれは比較にならないほどの難事業である。警備の目をかいくぐり、夜を徹しての準備作業が終わり、疲れ果てた朝方、遠く下界のアスファルトと近く足元の鋼鉄のワイヤーを見下ろしながら、最初の左足をそこに載せる。足の感覚がすべて、それだけが頼りだ。プティは「私の足に住まう神々」と表現する。

もし神々が足の裏に、ケーブルにべったりと降りることを許したら、綱渡りに不粋や危険という色付けをしてしまう。そうではなく、彼らは足の裏に求める――足の裏はそれに応じる――鋼鉄にそっとつま先から降りること。そして、そこに滑らかにすべらせる足の裏は眠っておらず機敏であること。そうであれば、足の裏はケーブルを平面ではなく曲面として感じとることができる。足裏が皮膚に求めるのは、あの円柱状のケーブルの表面をなるべく多く見つけ、抱擁し、それにしがみつくことだ。それは安全な抱擁である。

私の足に住まう神々は、ケーブルにどんなふうに当たってはならないかを知っていて、片足ずつ下ろすときにケーブルを動かさない術も心得ている。どうやって身につけたか？　稽古を重ねた数えきれない日々のなかで理解していった。懸垂線の活発なダンスにわずかでも何かが加われば、それが綱渡り師にとって命にかかわる危険を意味することを神々は知っている。そこで神々は、一歩一歩が与える衝撃がケーブルの横揺れ、縦揺れ、進行方向に沿うねじれを吸収するような方法で鋼索に降りるよう両足に求める。それに応えて両足は、穏やかで物わかりがよくなり、綱と対話し、自分たちに載っている、やきもきしている生き物に向かって、どうしてもコントロールしなければという激しい欲望を手放すよう誘う。

綱渡り師よ、自分の足を信じよ！[15]

プティの「足に住まう神々」は、鋼を縒《よ》り合わせた鋼索の感触を慎重に確かめるようにして、慎重な一歩を踏み出す。この朝は霧が少し立ち込め、微風もあったようだ。プティがカヴァレッティと呼ぶ支え綱がある程度揺れを防ぐように張られてはいても、十分ではない。綱渡り師は揺れの度合いを確認しながら、バランス棒と足の裏にかかる自分の体重とで揺れを吸収しながら進む。そんなふうにして少しずつケーブルに体がなじんでくる。

プティの、のちのちまで語り伝えられるこのツインタワーの綱渡りのことを知ったとき、これほどの危険な挑

地上410メートルの高さでパフォーマンスを見せるフィリップ・プティ
（出典：Philippe Petit, *To Reach the Clouds: My High Wire Walk between the Twin Towers*, Faber and Faber, 2002, p. 180）

戦なのだから、おそらく一回だけ、つまり片道を渡っただけだろうとわたしは想像していた。多くても行って戻る、つまり往復だろうと。ところが実際にはプティは四十五分ものあいだ、計八回も行ったり来たりしたのである。しかもそのあいだ、ロープに寝そべったり、片足を折り曲げて座ったりもしている。最初の数歩を歩んだあと、プティはまるで地上にいるかのように、戯れるようにしてワイヤーの上にいたのだ。

路上には空を見上げる人たちが増え続けた。警官、そして警察車両も次々に到着し、そのうち何人かはワイヤーを張った屋上にまで登ってきた。彼らはすぐにワイヤーにいるプティを戻るように説得しはじめる。プティはとうとう諦めてワイヤーから降りる。プティとその場にいたジャン＝フランソワは即座に手錠をかけられ、警察署に連行された。不法侵入ほかいくつかの罪に問われ、精神鑑定までされたが、最終的には後日セントラルパークで子どもたちに芸を見せることを条件に釈放される。ニューヨーク市らしい粋な計らいの結末だった。

12　ポール・オースターとの親交

フィリップ・プティが世界一高いツインタワーで綱渡りをしたというニュースは、瞬く間に地球を駆け巡る。彼は一夜にして著名人になったのだ。さまざまなメディアから取材や仕事のオファーがあり、それらを利用すれば、いくらでも大金を稼いでさらなる名声を得るチャンスがあった。しかし、プティはそんなことには関心がなかった。

面白いことにパリでプティの大道芸をたまたま見ていたポール・オースターは、フランスで四年間暮らしたあと、一九七四年の七月にニューヨークに戻っている。プティもオースターもほとんど無名といっていい時期である。本人同士も互いにまったく面識がなかった。プティがツインタワーの綱渡りをする前の月に、オースターが四年ぶりにニューヨークに戻ったのは偶然である。オースターはウォール街の現場にいなかったので、プティの突然のパフォーマンスを見ていないが、新聞やテレビをとおしてそのニュースは知った。パリでたまたま見かけたあの青年が夢を見続け、それを実現したのがうれしかったとあとで語っている。

一九八〇年にオースターはついにプティに会うことができ、親交を結んだ。そのとき以来、二人は親友のように親しくなる。ニューヨークで大仕事をやり遂げたこと、そしてそのあとのプティのことを、オースターは次のように記している。

フィリップが相変わらず彼独自の夢を見つづけていると知って、嬉しかった。いい時に帰ってきた、そんな気分にもさせてくれた。ニューヨークはパリに較べて寛大な都市であり、ニューヨークっ子たちはフィリップの功績に熱狂的な反応を見せた。だがフィリップは、ノートルダムの冒険後と同じく、自分のヴィジョンに忠実だった。手に入れた名声を使って一儲けしようなどとはしなかった。アメリカがいくらでも差し出す安手の誘惑もすべて拒んだ。彼に関する本は一冊も出版されなかったし、映画も一本も作られなかった。フィリップを商品として売り出すべく捕まえた山師もいなかった。世界貿易センターの一件で彼が金持ちにならなかったことは、その綱渡り自体と同じくらい特筆すべきことである。(16)

オースターが語るようにプティはアメリカ流の商業主義に便乗することはなかったが、信頼できる筋からのインタビューの依頼は受けていた。このフランス人を知らないニューヨーカーはいないほどで、それが、その後の大道芸のパフォーマンスに大いにプラスになったことはいうまでもない。ツインタワーの綱渡りのセンセーショナルな成功。物心両面にプティに全面的に協力してきた三人のフランス人――ジャン＝ルイとジャン＝フランソワ、そしてアニー・アリックス――は、役割を終えてフランスに帰国する。これは、数年間プティのそばにいてつねに心の支えだった恋人アニーとの別れでもあった。プティはフランスに帰国せず、アメリカに残ることを選択したのだ。

プティにはアメリカという新世界で新たな道を切り開く日々が目の前にあったが、アニーにとってはどうだったのかと思うと複雑な気持ちになる。せめてもの救いは、映画『マン・オン・ワイヤー』のなかで、アニーが二人の出会いから別れに至るまでのことを屈託なく語っていることだ。アニーはツインタワーに器材を運び、鋼鉄のロープを渡すなどの肉体労働には参加しなかったが、タワーの下の路上に早めに到着し、そこから恋人フィリップ・プティが途方もない夢を実現するのを見届け、ニューヨークを去った。

13　「地上最大のショー」の巨大サーカス団で一年、仕事をする

ツインタワーの綱渡りを成功させた歴史的な「事件」の翌年一九七五年、プティは名実ともに「地上最大のショー」を標榜するリングリング・ブラザーズ・アンド・バーナム＆ベイリー・サーカスで一年ほど芸を見せていた。このサーカス団は地上最大というばかりでなく、動物を擁するサーカス団として史上最大である。このサーカス団が超弩級のテントの下に三つのリングを設営して公演するのを見たことがある。目の前のリングを見ていると、ほかの二つのリングで進行していることは遠すぎてほとんどきちんと見ることができない。まさにアメリカ的な「大きいことはいいことだ」の精神を臆することなく体現したサーカス団だった。

このサーカス団の全盛時代の様子は、セシル・B・デミル監督の『地上最大のショウ』（一九五二年）をみるとよくわかる。劇映画だが、主要な俳優陣の演技以外、日常の風景は全面的にこのサーカス団のありのままの姿なので、サーカス好きの人にはいい資料にもなるだろう。サーカス団の規模が肥大しすぎたため、そして時代の変化に敏感に対応することができなくなったため、この地上最大のサーカス団は二〇一七年五月二十一日の公演をもって百四十六年の歴史に幕を下ろした。その大きさゆえの資金難や、動物芸を「虐待」と見なすようになった社会の風潮も一因である。また、スポーツやコンサートなど数えきれないほどのエンターテインメントビジネス

が興隆したことで、サーカスが次第に過去のものになっていったこともある。それらに加えてカナダに生まれたシルク・ドゥ・ソレイユなどの、サーカスの過去のイメージを一新する新感覚のサーカス団に客層を奪われたこともある。

それにしても、リングリング・ブラザーズ・アンド・バーナム&ベイリー・サーカスという、資本主義と商業主義に彩られたスケール感あふれる巨大なサーカス団と、個人主義に徹して綱渡りという行為のなかに自分の「アート」を追求しつづけてきたプティとは、どうみても対極にある。ツインタワーのセンセーショナルな成功で世界に衝撃を与えたプティは、その後続々と舞い込む高額のギャラが得られる仕事を退けてきた。アメリカ的な夢をテントのなかに実現するサーカス団で仕事をするのは、プティには似つかわしくない。どうしてプティはこのサーカス団と契約し、一年ものあいだアメリカ国内の巡回公演に参加したのだろうか。

生活のためであれば、いまや有名人である彼は得意の路上パフォーマンスの投げ銭で十分に稼ぐことができる。サーカス団と契約したのは、滞在許可、つまり、労働許可に関するビザのためではないかと考えられる。この時点では彼はアメリカで仕事を続けるために必要な正式なビザをもっていなかった。また親友や恋人がフランスに帰ってしまい、アメリカにも頼りになる少数の友人・知人がいたとはいえ、きわめて不安定な立場にいた。アメリカのサーカス団と雇用契約を結べば、滞在を法的に認められて綱渡りを続けられる。サーカス団にとっても「偉業」を成し遂げた彼を売りにすることができ、それだけで集客につながる。プティという小さな巨人にとっても、リングリング・ブラザーズという大きな巨人にとっても、いわば双方ウインウインのかたちになったのである。

14　その後のプティ——故郷パリに錦を飾る

プティの、その後の長い人生と活動についてはあまり語られることがない。一躍時代の寵児になり、テレビや雑誌、新聞などメディアのインタビューには頻繁に登場するようになったが、綱渡り師、そして大道芸人という彼のありようは変わることなく、このあと居住したアメリカやそのほかの国でも積極的にパフォーマンスを披露していた。

ツインタワーの綱渡りで若くして「伝説の人」になったことで仕事がやりやすくはなったが、安易なエンターテインメントやコマーシャリズムには便乗しないという矜持を保ったまま、いまに至っている。そのあいだ『マン・オン・ワイヤー』以外にも、綱渡りというパフォーマンスについてさまざまな角度から考察する本を何冊も書き下ろした。国際的に著名な演劇人や舞踊家が著した本が時代や国を超えて読まれるのは珍しくないが、綱渡り師がその技術と哲学を書きつづった書物は歴史的にみても例がないだろう。

本章の冒頭に引用した *Creativity: The Perfect Crime* と題された書物は二〇一四年、ツインタワーの綱渡りの四十年後に書かれたものだが、一般的なアート本とは一線を画している。プティならではの「創造力」についての柔軟な思考が全編にあふれる。またポール・オースターが、プティがフランス語で書いた初期の著作を英訳した *On the High Wire* は、高所での綱渡りについてプティらしい簡潔な言葉で語り尽くしていて興味深い。

ツインタワーのあとにおこなった綱渡りで彼の人生のなかで重要な意味をもつのは、ニューヨークのセント・ジョン・ザ・ディヴァイン大聖堂でおこなったパフォーマンスである。最初のものは一九八〇年のこと。ツインタワーから六年が経過して、彼のことを知らないニューヨーカーも少しずつ増えてきた。プティは、ツインタワーで逮捕されて警察と市当局の寛大な処置で釈放された過去など忘れたかのように、というよりもその過去を無視して、大聖堂には何も通知せず、聖堂のなかの高所にロープを張って綱渡りをおこなったのだ。

プティはここでも自分の方法論を貫いている。基本的に綱渡りはゲリラ的に誰にも知らせずおこなう。安全対策としてのネットや落下防止のハーネスは使わない。当然のことながら、綱を降りると警察に逮捕され手錠をかけられる。ここまでがいつもの流れだ。しかしこのときは、セント・ジョン・ザ・ディヴァイン大聖堂の首席司祭であるジェームズ・パークス・モートンが、「プティはこの教会専属のレジデンス・アーティストである」と警察に告げて無罪放免になったのだ。

じつのところ、セント・ジョン・ザ・ディヴァイン大聖堂は多様な領域のアーティストをレジデンスさせて支援する活動をしていたのである。無許可パフォーマンスのあと、プティ自身もニューヨーク市のこの教会に実際にレジデンスして活動を続けることになる。一九八二年にはこの大聖堂の南塔が完成したのを祝して、十六階建てのビルからアムステルダム・アヴェニュー越しに大聖堂の北塔まで地上四十六メートルの高さに張ったワイヤーを渡るパフォーマンスをおこなう。これは教会の祝典行事の一環として白昼堂々とおこなわれた。

このときの様子を収めた短いカラー映像が残っている。映像の最後、綱渡りが無事に終わり、ロープから降りてすぐ、幼児を抱えた女性が駆け寄り、プティに熱いキスをする。女性は、著書『マン・オン・ワイヤー』で「友人の画家エレイン・ファスーラ」と語られている当時付き合っていた女性である。抱かれていた幼児はプティと彼女のあいだに生まれた娘コーディア＝ジプシーだと思われる。娘は九歳半で病死し、プティはあとまでその悲しみを引きずっていた。コーディア＝ジプシーはセント・ジョン・ザ・ディヴァイン大聖堂の遺骨安置室に葬られている。そうした背景もあり、プティはこの大聖堂とは現在に至るまで深い縁があり、折に触れて大聖堂を支える活動をしてきた。

プティはその後、ニューヨーク州中部のキャッツキルという自然豊かな環境に家をもち（庭にはいつでも綱渡りができるようにロープが張られている）、編集者兼プロデューサーで彼のパートナーであるキャシー・オドネルとともに暮らすかたわら、ニューヨークのこの大聖堂の一室をもう一つの仕事場としてきたのである。

一九八九年、ニューヨークのツインタワーで綱渡りをしてから十五年が経過し、プティは久々にパリに里帰りする。ずっとアメリカに住んでいたプティの名誉ある帰国である。この年はフランス革命からちょうど二百周年の記念すべき年だった。その記念行事のために、当時のパリ市長ジャック・シラク（のちのフランス大統領）がプティをアメリカから呼び寄せたのだ。プティは、エッフェル塔とセーヌ川を背景に前代未聞の綱渡りのスペクタクルを展開する。トロカデロ広場からセーヌ川を挟んでエッフェル塔に渡されたロープを渡るのである。地上から川を越えて、塔にたどりつく最後の部分ではロープを斜めに昇っていくことになる。これは地上と並行に設置されたロープを歩くよりもずっと難しい技である。サーカスのなかでもふつうの綱渡りのほかに、このような傾斜のあるロープを昇り、ツーッとすべって降りてみせる芸がある。日本では「逆綱」「坂綱」（両方とも読みは「さかづな」）と呼ばれる。坂を昇るように、角度があるロープを昇る。これは日本に限らず、綱渡り芸のひとつとして古来、西洋でも盛んにおこなわれてきた。

セーヌ川を見下ろしながらエッフェル塔にたどりついたプティも立派だが、こんな計画を実現させたシラク市長もすばらしい。同じような状況があったとして、日本で政治や行政のトップにいる人が、国と街を挙げての祝賀行事に綱渡りのパフォーマンスを企画するなど考えられない。ちなみに、プティは落下防止の安全対策はしていなかったようである。

15　危険は敵ではない

一九九九年、アメリカの雑誌 *The New Yorker* に、フィリップ・プティについての長文の記事が掲載された[17]。書いたのは、マルセル・デュシャン、ジョン・ケージ、マース・カニングハムらの仕事に注目し、ジャンルを超えて現代芸術を論じる著名な評論家カルヴィン・トムキンズである。

「フランスには大好きなものがたくさんある——ワイン、チーズ、パン、芸術、建築、歴史——でも、フランスのシステムで嫌いなこともたくさんあるんだ」と打ち明けた。「アメリカが好きかって？　いいや、そんなことはないね。お金にも、権力にも、成功にも縁がないからね。わたしがこの国を選んだわけじゃない。

わたしが選んだのはツインタワーなんだ。一週間、一カ月、一年と滞在しているうちにいまや二十五年。でもわたしはアメリカじゃなくて自分自身の世界に住んでいる。どこにでもいることができる」

長年アメリカに住んできたプティが、「べつにアメリカが好きなわけじゃない」と語っているのは、いかにも社交辞令がないプティらしい。一年間サーカス団で仕事をしたプティは、そのときの印象を聞かれ「夢と悪夢が混ざったようなものだった」という。サーカスで綱渡りをすることと、彼のような立場で仕事をすることの違いについては以下のような興味深いコメントがある。

「サーカス団のなかにはわたしよりうまい綱渡り師もいる」とプティは語る。「彼らは毎日やっているからね。わたしが絶対にやらないこともやる——人間ピラミッドとか、自転車から宙返りしてみせたりね。でもわたしのほうが彼らよりも綱渡り師として優秀だね。彼らが決してもちえないものをわたしはもっている。綱渡りの世界では、ワイヤーの上をただシンプルに歩くこと以上に美しく本質的なことはないのに。でもサーカス学校では綱渡り師たちは誰もそんなことを学んではいない。彼らは美しく、気高く歩かない。なぜなら彼らは綱渡りをそんなに愛してないんだ。ワイヤーは彼らの体のなかに棲みついてはいないんだ」

サーカス団のなかでもプティは、野外でソロパフォーマンスをするときと同様、安全対策のネットを使わなかった。しかも、前方宙返り、後方宙返り、一輪車、ジャグリングなど、サーカスで綱渡り師たちがやることはすべてやってみせた。しかし、サーカスでよく綱渡り師たちがやるように故意にバランスをくずしてハラハラさせたり、難しいことをやっているかのように見せたりするなど、観客に媚びるような俗っぽさを見せることはなかった。

また、プティは足がロープからはずれたときに地面へ落下するのを防ぐネットを設置したり、ハーネスを胴体に装着したりするなどの安全対策をしてこなかった。素の身体で一本のロープを渡る——そんなシンプルなやり方が彼の信条である。

ところがプティは本番では一度も失敗していないのに、皮肉にも稽古中に墜落したことがある。ツインタワーの翌年、一九七五年一月七日に、あの大サーカス団で稽古をしていたときのことだ。肋骨を何本か折り、内臓も損傷するほどの大けがをした。稽古のときにもネットを使っていなかったのだ。ロープは十四メートルほどの高さがあった。しかし、事故後に奇跡的な回復力をみせたのは、落下する瞬間、本能的に頭や足腰をかばう体勢がとれたからだろうか。驚くことにプティはこの大けがから全快し、サーカス団との一年間という契約を完遂するのである。この時点でプティはまだ二十代半ばだった。その後の長い人生でサーカス団やほかのどのような団体にも属することなく、一人で活動を続けている。

カルヴィン・トムキンズの記事の最後でプティは語る。

「わたしは死んでもいいなどとは思っていない」と彼は言った。「年を取るまで長生きしたいね。死というのは、確かにフレームのなかにある。たとえば闘牛とかタイトロープとかは死と隣り合わせというフレームを作っている。わたしがやっている世界というのは、もちろん危険な世界だけれど、自分の限界を知っているということでは、わたしはすごく安全なところにいる。危険な賭けをしないというのは決して言葉遊びをしているわけじゃない。危険が限りなくせばめられていくと、危険というのが風変わりな同僚みたいなものになるんだ。危険は敵ではない」

「危険は敵ではない」と彼はいう。だからといって危険が友のはずがない。空中高所に延びる一本のワイヤーの上に足を降ろすとき、どうしたら「危険は敵ではない」と思えるのだろうか。綱渡り師は宙に浮かぶ一本の線を前にして、心身のすべてをかけてそのアポリア（難問）の扉に向かって歩き始める。

注

(1) Philippe Petit, *Creativity: The Perfect Crime*, Riverhead Books, 2014, pp. 1-3.
(2) 前掲『文化空間のなかのサーカス』二一一―二一二ページ
(3) 同書二九―三〇ページ
(4) ポール・オースター「綱の上で *On the High Wire*」『空腹の技法』柴田元幸／畔柳和代訳、新潮社、二〇〇〇年、二六一―二六二ページ
(5) フィリップ・プティ『マン・オン・ワイヤー』畔柳和代訳、白揚社、二〇〇九年、三〇一ページ
(6) 前掲『文化空間のなかのサーカス』二二ページ
(7) 前掲『空腹の技法』二六二―二六三ページ
(8) 同書二六五ページ
(9) Petit, *Creativity*, pp. 150-151.
(10) *Ibid.*, p. 151.
(11) *Ibid.*, p. 65.
(12) *Ibid.*, p. 133.
(13) 前掲『マン・オン・ワイヤー』二二〇―二二一ページ
(14) 同書二三〇―二三一ページ
(15) 同書二三七ページ
(16) 前掲『空腹の技法』二六六ページ
(17) Calvin Tomkins, "The Man Who Walks on Air: Philippe Petit is about to perform the greatest show of his life. Is it art?," *The New Yorker*, April 5, 1999. 以下の引用は同誌から。

参考文献一覧

阿久根巌『サーカスの歴史――見世物小屋から近代サーカスへ』西田書店、一九七七年

朝倉無聲『見世物研究』思文閣出版、一九八八年

石井達朗『サーカスのフィルモロジー――落下と飛翔の１００年』新宿書房、一九九四年

石井達朗『サーカスを一本指で支えた男』文遊社、一九九六年

石井達朗『アクロバットとダンス』（「寺子屋ブックス」２）、青弓社、一九九九年

石井達朗『身体の臨界点』青弓社、二〇〇六年

市川浩『〈身〉の構造――身体論を超えて』青土社、一九八四年

市川浩、中村雄二郎編『身体論集成』（岩波現代文庫）、岩波書店、二〇〇一年

鵜飼正樹／北村皆雄／上島敏昭編著『見世物小屋の文化誌』新宿書房、一九九九年

大島幹雄『〈サーカス学〉誕生――曲芸・クラウン・動物芸の文化誌』せりか書房、二〇一五年

オースター、ポール「綱の上で On the High Wire」『空腹の技法』柴田元幸／畔柳和代訳、新潮社、二〇〇〇年

尾崎宏次『日本のサーカス』三芽書房、一九五八年

ガースティン、モーディカイ『綱渡りの男』川本三郎訳（For you 絵本コレクション「Y.A.」）、小峰書店、二〇〇五年

斎藤偕子『19世紀アメリカのポピュラー・シアター――国民的アイデンティティの形成』（叢書「演劇論の現在」）、論創社、二〇一〇年

ジュネ、ジャン『アルベルト・ジャコメッティのアトリエ』鵜飼哲編訳、現代企画室、一九九九年

田中未知子『サーカスに逢いたい――アートになったフランスサーカス』現代企画室、二〇〇九年

ドゥリアーズ、ディアーヌ『恋する空中ブランコ乗り――私は翔んだ、空を、詩を シュールレアリストたちに愛されたある女性の回想』平井啓之／梅比良眞史訳、筑摩書房、一九九一年

ネクルィローヴァ、A・F『ロシアの縁日――ペトルーシカがやってきた』坂内徳明訳（叢書 演劇と見世物の文化史）、平凡社、一九八六年

バシュラール、ガストン『空と夢――運動の想像力にかんする試論』宇佐見英治訳（叢書・ウニベルシタス）、法政大学出版局、一九六八年

ブーイサック、ポール『サーカス――アクロバットと動物芸の記号論』中沢新一訳、せりか書房、一九八四年

フォール、アラン『パリのカーニヴァル』見富尚人訳、平凡社、一九九一年

プティ、フィリップ『マン・オン・ワイヤー』畔柳和代訳、白揚社、二〇〇九年
ブレナ＝ペトロヴァ、オリガ『文化空間のなかのサーカス――パフォーマンスとアトラクションの人類学』桑野隆訳、白水社、二〇一九年
ポラニー、マイケル『暗黙知の次元――言語から非言語へ』佐藤敬三訳、紀伊國屋書店、一九八〇年
マーティン、グラハム・ダンスタン『暗黙知の領野』長尾力訳、青土社、一九九五年
南博／永井啓夫／小沢昭一編『さすらう――サーカスの世界』（「芸双書」第二巻）、白水社、一九八一年
森田裕子『サーカス――そこに生きる人々』文遊社、一九九五年
森田裕子『内側の時間――旅とサーカスとJ・L・G』ぺらだん、二〇〇五年
山田稔『鳥潟小三吉伝――海を渡った軽業師』無明舎出版、一九八八年
ローゼンバーグ、ハロルド『芸術の脱定義』桑田光平／桑名真吾訳、水声社、二〇二〇年

Adrian, Paul, *Cirque au Cinéma, Cinéma au Cirque*, Paul Adrian, 1984.
Banks, George Linnaeus, *Blondin: His Life and Performance*, Routledge, 1862.
Bowman, Donna Janell, *King of the Tightrope: When the Great Blondin Ruled Niagara*, Peachtree, 2022.
Caleb, Sweet Robert, *The Circus: Institution in Continuity and Change* (Ph. D Dissertation), University Microfilms, A XEROX Company, 1971.
Croft-Cooke, Rupert and Cotes, Peter, *Circus: A World History*, Paul Elek, 1976.
Davies, Gareth H. H., *Pablo Fanque and the Victorian Circus: A Romance of Real Life*, Poppyland Publishing, 2017.
Demoriane, Hermine, *The Tightrope Walker*, Secker & Warburg, 1989.
Fenner, Mildred S. and Fenner, Wolcott ed., *The Circus: Lure and Legend*, Prentice-Hall, 1970.
Gromosiak, Paul, *Daring Niagara: 50 Death-Defying Stunts at the Falls*, Western New York Wares, 1998.
Henderson, J. Y. and Taplinger, Richard, *Circus Doctor*, Bonanza Books, 1951.
Kunhardt Jr., Philip B., Kunhardt III, Philip B. and Kunhardt, Peter W., *P. T. Barnum: America's Greatest Showman*, Alfred A. Knopf, 1995.
Morris, Ron, *Wallenda: A Biography of Karl Wallenda*, Sagarin Press, 1976.
Ogden, Tom, *Two Hundred Years of the American Circus: From Aba-Daba to the Zoppe-Zavatta Troupe*, Facts on File, 1993.
Peacock, Shane, *The Great Farini: The High-Wire Life of William Hunt*, Penguin Books Canada, 1995.
Petit, Philippe, *To Reach the Clouds: My High Wire Walk Between the Twin Towers*, Faiber and Faiber, 2003.
Petit, Philippe, *Creativity: The Perfect Crime*, Riverhead Books, 2014.
Petit, Philippe, *On the High Wire* (translated by Paul Auster), Weidenfeld & Nicolson, 2019.
River, Charles, ed., *The Greatest Show on Earth: The History of the Ringling Bros. and Barnum & Bailey Circus*, Createspace Independent Pub,

2014.
Robinson, Lisa and Green, Rebecca, *Madam Saqui: Revolutionary Rope Dancer*, Schwartz & Wade, 2020.
Sendak, Jack, *Funambule* (trad. de Françoise Morvan), Édition MeMo, 2017.
Tait, Peta, *Circus Bodies: Cultural Identity in Aerial Performance*, Routledge, 2005.
Tomkins, Calvin, "The Man Who Walks on Air: Philippe Petit is about to perform the greatest show of his life. Is it art?," *The New Yorker*, April 5, 1999.
Vesque, Marthe et Juliette, *Le Cirque en Images*, G. P. Maisonneuve et Larose, 1977.
Wallenda, Delilah and Nan DeVincentis-Hayes, *The Last of Wallendas*, New Horizon Press, 1993.
Wallenda, Nik, with David Ritz, *Ballance: A Story of Faith, Family, and Life on the Line*, Faith Words, 2013.
Wallenda, Tino, *Walking the Straight and Narrow: Lessons in Faith from the High Wire*, Bridge-Logos, 2004.
Ward, Steve, *Sawdust Sisterhood: How Circus Empowered Women*, Fonthill Media, 2016.

あとがき――いまなぜ綱渡りなのか

生成ＡＩとかChatGPTなどの用語が飛び交っている。人工知能がデータを学習するディープラーニングという言葉も耳にする。そんなことまでできるのかと感心して、それ関連のことを理解しようとは試みるのだが、自分に都合がいいほんの一部分だけわかったつもりになるだけだ。大きな森のなかで一葉の落ち葉の葉脈を見て感心しているようなものだろう。森の全体は見えていない。

いまやこの星の住人はＩＴ（インフォメーション・テクノロジー）という人工の森の住人になっている。学校教育から政治・経済、スポーツに至るまでＩＴはまるで毛細血管のように行き渡り、その恩恵に浴さずにはもはや生活できない。むろん恩恵ばかりではない。ＩＴは監視社会を加速し、迷惑行為や多様な犯罪を増殖し、戦争のための戦略を更新しつづける。

そんな時代にあって、デジタルテクノロジーが及ばない最後の砦が生身《なまみ》の体である。このところほとんど見られなくなった野外でおこなう高所綱渡りは、一本のワイヤーの上を生身の体が歩く、デジタルが遠く及ばない領域である。危険な雨風を予感し、空気の質を感じ、ワイヤーの油分や湿りけをシューズの裏でたどり、そのうえ、長く重いバランス棒を両手に抱え、それを左右に微調整するように小さく揺らしながら一歩一歩進む。体の五感を全開してこそ可能な高所綱渡りは、まさにからだはからだであり、それ以上でもそれ以下でもないことを見せてくれる。身体性ということで考えれば、綱渡りは多様なテクニックに彩られた舞踊やスポーツに対し、その極限までのシンプルさのために対極に位置している。「テクニック」という領域では捉えられない魔物が潜んでいるのだ。歩いたり、座ったり、寝転んだり、という動作だけ抽出すれば、人がふだんよくやっていることと変わらないが、これが地上から百メートルの一本のロープの上で、ということになると事態は一変する。誰にでもできることではない。というか、ほとんどの人はできない。

峡谷や大河、あるいは高層ビルに張られたワイヤーを歩行するとき、身体は最も自律している。「Google マップ」をチェックする必要もない。行くべき道も帰り道も百パーセント明らかだ。しかしそこに一歩踏み出すと、そこは生と死のボーダーがリアルな領域である。そこでは墜落のイメージがあまりに大きいために、綱の上の「生」が際立ってくる。フランスの哲学者ガストン・バシュラールは大著『空と夢』で語る。

かりに墜落の隠喩と上昇の隠喩の二重帳簿をつくってみたら、前者の数がはるかに多いことに驚かされるであろう。

（略）

墜落のイメージは多数あるけれども、ちょっと検べただけでそう思われるほどの力動的な印象が豊富なわけではない。《純粋な》墜落はめったにない。(1)

隠喩ということで比べれば、墜落のほうが上昇よりもずっと多い、とバシュラールはいう。多くの人の頭のなかにはまず墜落のイメージがあるから、綱渡りは落下しないことがスペクタクルとして成立しているともいえる。しかしバシュラールがめったにないという「《純粋な》墜落」は、綱渡りの世界では珍しくないのだ。墜落死した者、死こそ免れたが残りの人生を障害を負って生きた者も少なくない。空中を走る一本のワイヤーは、アクロバットであり、生の実感であり、死の恐怖であり、生死の境界をイメージさせる究極のポエジーなのである。

かくいうわたしは、高所綱渡りどころか地上数十センチの綱渡りもやったことがない。唯一それに近い経験といえば、近くにある公園の地上五センチぐらいに置かれた丸太の上を歩くこと。綱渡りならぬ、丸太渡りである。地面に転がっている丸太ではなく、丸太渡りをして遊べるように、地上からほんのちょっと高く（子どもが落ち

てもけがしない程度に）設置されたものである。最近は後ろ向きにも横向きにも歩けるようになった。この丸太渡りは、ロープ上の綱渡りとは比べるべくもないが、それでも平らな地上を歩くのと違って、ほとんど無意識のうちに体全体を微調整しながら、バランスをとらなければならない。

　超初歩的な丸太渡りを自分でやりながら、超高難度の高所綱渡りをやる人たちのことを思い浮かべてみる。すると、いつも疑問に思うことがある。彼らはどんなふうにして失敗しないという前提で、あれほど高いところを歩行できるのか。墜落するかもしれないという不安や恐怖からどんなふうにして自由でいられるのだろうか。もし不安や恐怖につきまとわれれば、すぐに押しつぶされてしまうはず――そうであれば、生業として高所の綱渡りなどできるわけがない。綱渡りというのは、たとえば踊りを覚えるとか、ジャグリングやアクロバットのテクニックを稽古して習得するとかとは、何かが本質的に異なる。それは何なのだろうか。

　そんなふうに思っているとき、マーク・ロスコやジャクソン・ポロックなどの抽象表現主義を論じる、アメリカを代表する美術批評家の一人ハロルド・ローゼンバーグの以下の言葉に出合った。『芸術の脱定義』という本のなかで、当時の美術の新しい動向について語っている一節である。

> 芸術はすべてが知識で構成されているわけではなく、知識がもたらす問いですべてが構成されているわけでもない。芸術とは、創作行為の原動力としての無知でもあり、得体の知れないものに対する強い意識でもある。あらゆる創造の主体は、いかに教養があろうとも、ある程度間の抜けた粗野なところがあって、自らに固有の才能である無知に基盤をおいている。これは、十分に開発されていない、おそらくは認識すらされていない心の領域であり、芸術はその最も理性的な側面においてすら、この領域を当てにしている。(2)

　この言葉、ジャクソン・ポロックのアクションペインティングばかりでなく、「行為」とアートとの境界を異化していったマリーナ・アブラモヴィッチや謝徳慶、浜田剛爾、首くり栲象《たくぞう》などのパフォーマンスアーティストにも通底するだろう。「十分に開発されていない、おそらくは認識すらされていない心の領域」――一寸先は闇のなかにあえて足を踏み入れようとするアーティストと同じく、綱渡り師たちもこれを抱えているように思える。綱渡り師の場合、「心の領域」とは心身の領域であり、名付けようがない体感の領域である。この核にあるものは、師から弟子に秘伝のように伝達できるものではない。自分で体得するしかない。

　ブロンディンやザゼルやワレンダ一族の綱渡り師たちは、誰から学ぶのでもなく、幼児が二足歩行を覚えるようにロープを歩くことを覚えている。彼らは幼児のころから、綱渡りを仕事とする大人がそばにいたために、綱と身体との独特の親和力を獲得していく。幸か不幸か、彼らはそんな家族のなかで育ったのである。ただし彼らが技術として学んだものは、綱渡りの表面の部分である。核にある領域は学ぶことができない。絶えず変化するバランスは自分の体で体得するしかない。バランスとは、自らの心身の状態とそれを包み込む皮膚の外側にある音や光や匂いや風までも含んだあらゆる環境的な要素との相互作用であり、それらによって変容しつづける。

　サーカスで生きる家族のもとで育たなかったファリーニやフィリップ・プティは、まったくの独学で綱渡りを学び、頂点に昇りつめた。彼らがもっている体感とは名付けようがない知覚であり、学校や師弟関係などシステム化された環境のなかで獲得できるものではない。ハンガリー出身の科学哲学者マイケル・ポランニーは、人間は語ることよりも多くのことを学んでいるといい、言葉の背後にある奥深い「知」の領域を「暗黙知」(tacit knowledge)と呼んだ。ポランニーは知覚について以下のように述べる。

> 実は、知覚の構造は、知覚以外の全ての知識の理解に光を投げかけるのである。対象を知覚するときには、我々の身体がそれに参加する。それゆえ、我々の身体は、身体の外部にあるいかなる事物を知ることにも参加しているのである。それだけではなく、我々は身体を世界へと拡張しつづけるのであった。つまり我々は、対象を構成している諸細目の集まりを統合して、対象を一つのまとまった存在として理解するが、そのとき我々は、それら諸細目の集合を身体に同化させることによって、身体を世界へと拡張させつづけているので

ある。(3)

ナイアガラのような大河や大滝の上を走る一本のワイヤー――そこを歩行する身体は自然の偉大さからみれば卑小な存在だ。しかし、綱を感じる足裏、喉や皮膚が感じる湿気、頬や腕などの露出した部分が感じる微風など、それらのすべてをトータルに知覚することが、ポランニーの言葉を繰り返せば、身体を世界へ拡張させる瞬間である。いまやスマートフォンをタップすれば、パソコンをクリックすれば瞬時に世界とつながる。しかしそれはバーチャルにつながっているだけで、身体は皮膚の内側で相変わらず閉じたままである。どうしたらその五感を、より広い世界へ開くことができるだろうか。

体、肉体、身体という表現のかわりに、あえて「身《み》」という古い広がりのある言葉を軸に独特の身体論を展開した市川浩はいう。

> 世界のなかで身が中心化し、自己を組織化することは、身が世界に開かれ、世界と関わる関係化によって可能になる。したがって身が世界によって分節化されつつ、身をもって世界を分節化する〈身分け〉が、世界との関係の根源的な事態であるのは当然であろう。(4)

「身をもって世界を分節化する〈身分け〉」とはわかりにくいが、身体が世界を測り、感得し、認識するということであるだろう。市川によれば、それこそが世界との関係性をたどる根源的なものである。大自然のなかの高所を走る一本のロープ――それを渡る綱渡り師は、外界と自己を隔てる皮膚を含めた五感をとおして世界（＝環境）を感知し、世界もまた綱渡り師の体を認識している。市川は『〈身〉の構造』という書物では、身体そのものが歴史や文化を抱え込んだものであることを、以下のように表現する。

身は解剖学的構造をもった生理的身体であると同時に、文化や歴史をそのうちに沈殿させ、身の構造として構造化した文化的・歴史的身体にほかなりません。つまり身体は文化を内蔵するのです。(5)

綱渡りのための麻や鋼などの素材、太さ、それを両端でどのように固定するのかという技術、メインのワイヤーの揺れを抑えるためのガイロープ、高所綱渡りには欠かせないバランス棒、安全性や難易度に対する意識、観衆の反応、メディアの報じ方、財政的な状況、そのほか多様な文化的・社会的、ときには政治的な状況など、それらのもろもろと綱渡り師の「身」は相関関係にある。高所綱渡りの時空は日常から切り離されているが、その身体は多様な日常を映す鏡なのである。

＊

わたしの手元に三冊の綱渡りの絵本がある。子ども向けの本である。リサ・ロビンソンとレベッカ・グリーンによる *Madame Saqui* は、どのページにも魅力的な絵が満載されている低年齢の子ども向け絵本だ。マダム・サキの人生を描き、きちんとその足跡を追っている。ドンナ・J・ボウマンの *King of the Tightrope* は、ブロンディンの業績を追う小学生向けの絵本。日付やロープに関連した数値まで記されていて充実した内容だ。モーディカイ・ガースティンの『綱渡りの男』（川本三郎訳、小峰書店、二〇〇五年）は、*The Man Who Walked Between the Towers* を翻訳した絵本で、これもまた迫力ある絵でフィリップ・プティがツインタワーでおこなった偉業を再現している。世界には、探せばまだいろいろな綱渡りについての絵本があるにちがいない。

これらの本のしっかりした内容もさることながら、感心したのは、歴史に残るほどの危険なことに挑戦してきた綱渡り師たちのことが子どもたち向けの絵本になっていることだ。日本では逆にこの領域のことが子どもたちから遠ざけられている気がしてならない。南博ほか編『さすらう』に収められた中谷ひろし「サーカスの歴史」にこんな一節がある。

新憲法を制定した政府は二十二年に労働基準法、翌年には児童福祉法と次々、新政策を打ち出し、サーカス界にも見世物的体質の払拭を迫った。これを機にサーカスは体質改善され、近代化へと進んでいくが、一方では空中演技やさし物、足芸など様々な制約を受け、アクロバットのあるものや蹴り合い人曲と呼ばれる足芸などが禁止された。また、女性の芸は大幅に制限され、十五歳未満の子供は舞台に立てなくなった[6]。

一九四七年、四八年に、年少者がアクロバット芸を見せることを禁止する法律ができたというのである。しかし、塾通い、ゲーム、スマホ、パソコン漬けの毎日を過ごすことと、簡単なアクロバットに挑戦することを比べてみれば、どうみても前者のほうがずっと不自然だ。体を使うことで人と人との連帯感や皮膚感覚をとおしての五感も磨かれる。自分自身の身体から、同じ構造の身体をもつ他者への想像力も生まれる。「危ない」と大人が考えることを、子どもたちから排除してしまわないほうがいい。子どもばかりでなく年齢がいった人たちについても同じことがいえる。

つい最近、フィンランドで六十五歳以上の人たちによるサーカスが活動しているという写真付きのレポートを読んだ。参加している高齢者たちはみな元気がいい。稽古しているときは真剣だが、そうでないときの笑顔がすばらしい。そういえば、昔も今も綱渡りをはじめアクロバティックなことを職業にしている人たちは、現役のときも引退してからも、概して物事にポジティブで朗らか、そして笑顔がすがすがしい。もう一つ、彼ら／彼女らには聡明な人たちが多い。この聡明さは名門大学の優等生のそれとはまったく異なる類いの聡明さである。それが何なのかずっと気になっていた。最近思うのは、ひと言でいえばその聡明さが「借りもの」でないということだ。風通しがよく、外に開かれた素の心身の聡明さである。

＊

青弓社で『身体の臨界点』（二〇〇六年）という本を出してから、かなりの年月がたってからの本書である。いつも拙著の出版を積極的に進めてくれた矢野恵二氏に今回も大変お世話になった。矢野氏および校正・編集ほかの作業に携わった方々に心からの謝意を表したい。

注

（1）ガストン・バシュラール『空と夢——運動の想像力にかんする試論』宇佐見英治訳（叢書・ウニベルシタス）、法政大学出版局、一九六八年、一三〇―一三二ページ
（2）ハロルド・ローゼンバーグ『芸術の脱定義』桑田光平／桑名真吾訳、水声社、二〇二〇年、五六ページ
（3）マイケル・ポラニー『暗黙知の次元——言語から非言語へ』佐藤敬三訳、紀伊國屋書店、一九八〇年、五一ページ
（4）市川浩、中村雄二郎編『身体論集成』（岩波現代文庫）、岩波書店、二〇〇一年、一四三ページ
（5）市川浩『〈身〉の構造——身体論を超えて』青土社、一九八四年、一九三ページ
（6）中谷ひろし「サーカスの歴史」、南博／永井啓夫／小沢昭一編『さすらう——サーカスの世界』（「芸双書」第二巻）所収、白水社、一九八一年、七三ページ

［著者略歴］
石井達朗（いしい たつろう）
舞踊評論家、慶應義塾大学名誉教授
関心領域は、舞踊、祭祀、呪術芸能、アクロバット、サーカス、ジェンダー・セクシュアリティからみる身体文化
著書に『マヤ・デレン――眼差しは何を見ていたのか』（水声社）、『ダンスは冒険である――身体の現在形』（論創社）、『身体の臨界点』『アクロバットとダンス』『ポリセクシュアル・ラヴ――ひとつではない愛のかたち』『アジア、旅と身体のコスモス』『男装論』（いずれも青弓社）、『異装のセクシュアリティ 新版』『サーカスのフィルモロジー――落下と飛翔の100年』（ともに新宿書房）、『サーカスを一本指で支えた男』（文遊社）、『アウラを放つ闇――身体行為のスピリット・ジャーニー』（PARCO出版）、共著に『天人戯楽――大野一雄の世界』（青弓社）、『見世物小屋の文化誌』（新宿書房）など

高所綱渡《こうしょつなわた》り師《し》たち　残酷のユートピアを生きる

発行――――2025年4月23日　第1刷
定価――――3400円＋税
著者――――石井達朗
発行者―――矢野未知生
発行所―――株式会社青弓社
〒162-0801 東京都新宿区山吹町337
電話 03-3268-0381（代）
https://www.seikyusha.co.jp
印刷所―――三松堂
製本所―――三松堂

ISBN978-4-7872-7473-1　C0076